Ln / 11004
C

HISTOIRE

DE LA VIE ET DES OUVRAGES

DE

J. DE LA FONTAINE

TYPOGRAPHIE DE H. FIRMIN DIDOT. — MESNIL (EURE).

HISTOIRE

DE LA VIE ET DES OUVRAGES

DE

J. DE LA FONTAINE

PAR C. A. WALCKENAER

MEMBRE DE L'INSTITUT.

> De ma rêveuse enfance il a fait les délices.
> Ducis.

QUATRIÈME ÉDITION,

CORRIGÉE ET AUGMENTÉE D'APRÈS LES NOTES POSTHUMES DE L'AUTEUR.

TOME SECOND.

PARIS

LIBRAIRIE DE FIRMIN DIDOT FRÈRES, FILS ET Cie

IMPRIMEURS DE L'INSTITUT

RUE JACOB, 56

1858

Droit de traduction et de reproduction réservé.

HISTOIRE

DE LA VIE ET DES OUVRAGES

DE

J. DE LA FONTAINE.

LIVRE QUATRIÈME.

1679 — 1685.

La Fontaine, quoiqu'il eût débuté dans la littérature par la traduction d'une comédie de Térence, n'avait pas songé cependant, depuis sa jeunesse, à travailler pour le théâtre. C'est surtout dans la poésie théâtrale qu'en peu d'années la gloire littéraire de la France s'était élevée bien au-dessus de celle de tous les peuples modernes, et avait peut-être surpassé celle des anciens. La variété et l'abondance se joignaient à la perfection, et il serait difficile d'imaginer un genre de composition scénique dont on ne pût trouver des modèles dans les théâtres de Corneille, de Racine, de Molière et de Quinault. Ces hommes illustres avaient déjà produit la plupart de leurs chefs-d'œuvre, lorsque Lully [1] crut qu'un poëte tel que la Fontaine pourrait facilement, et en peu de temps, composer un opéra auquel sa célébrité, bien supérieure à celle de Quinault, assurerait un succès certain. Plein de cette idée, Lully va trouver la Fontaine, le cajole, le berce des promesses les plus flatteuses, et fait si bien qu'il parvient à son but. La Fontaine se mit à composer l'opéra de *Daphné* [2]. Le musicien, pressé par le temps, obsédait sans cesse le poëte, habitué à travailler à loisir, et pour qui toute espèce de contrainte était antipathique; mais le pire fut qu'habitué à la docilité de Quinault et à tout assujettir à l'effet musical, Lully tourmentait sans cesse la Fontaine pour changer la disposition des scènes, pour allonger ou raccourcir certains vers.

Au bout de quatre mois de persécution, Lully, peu satisfait de l'ouvrage de la Fontaine, l'abandonna sans mot dire, pour adopter l'opéra de *Proserpine* de Quinault, qu'il mit en musique, et qui fut joué à Saint-Germain, le 3 février 1680. Madame de Thianges avait en vain sollicité à la cour pour qu'on jouât aussi la pastorale de la Fontaine; Lully déclara au roi qu'elle ne va-

---

[1] Sur Lully, voyez Choisy, *Mémoires*, t. LXIII, p. 241.
[2] Quinault, *Théâtre*, 1715, in-12, t. I, p. 44 à 47. La Harpe raconte, au sujet de cet opéra, que la Fontaine, à la première représentation après avoir longuement bâillé pendant les premières scènes, finit par sortir s'endormir dans un *café*, et que, comme un de ses amis le réveillait et s'étonnait de le voir autre part qu'à son opéra, il répondit qu'il avait vu le premier acte, mais qu'il lui avait été impossible d'en voir davantage. Cette plaisante anecdote est par malheur complétement fausse, la pièce n'ayant pas été représentée.

lait rien, et on y renonça entièrement[1]. La Fontaine ne put se refuser à l'indignation qu'inspira ce procédé à tous ses amis. C'est alors qu'il exhala son humeur dans une singulière et comique satire, intitulée le Florentin.

     Le Florentin[2]
     Montre à la fin
     Ce qu'il sait faire.....
J'en étois averti ; l'on me dit : Prenez garde ;
Quiconque s'associe avec lui, se hasarde.
....
Malgré tous ces avis, il me fit travailler.
  Le paillard s'en vint réveiller
Un enfant des neuf Sœurs, enfant à barbe grise,
  Qui ne devoit en nulle guise
Être dupe : il le fut, et le sera toujours.
Je me sens né pour être en butte aux méchants tours.
Vienne encore un trompeur, je ne tarderai guère.
........Il me persuada ;
  A tort, à droit me demanda
Du doux, du tendre, et semblables sornettes,
  Petits mots, jargons d'amourettes
Confits au miel ; bref il *m'enquinauda*[3].

Madame de Thianges chercha à apaiser le courroux

---

[1] *Vie de Quinault*, en tête de ses *Œuvres*; 1715, in-12, t. I, p. 47.
[2] Lully fut amené très-jeune d'Italie en France par le chevalier de Guise, pour être au service de MADEMOISELLE, qui apprenait alors l'italien. Voyez MADEMOISELLE, *Mémoires*, 1169, t. III, p. 400, ou t. XLII de la collection. Ce passage est curieux et dément tous les contes que l'on a faits sur la jeunesse de Lully.
[3] La Fontaine, *le Florentin* Consultez au sujet de Quinault les *Œuvres de Pavillon*, t. II, p. 177, et les *Œuvres de Chaulieu*, 1774, in-8°, t. II, p. 91; *Chansons historiques et critiques*, manuscrit, t. VI, p. 273.

de la Fontaine, et à le réconcilier avec Lully, ce qui ne fut pas difficile. Le raccommodement fut si complet et si sincère que la Fontaine supprima sa diatribe, et que, depuis, à la sollicitation du comte de Fiesque, il fit pour Lully deux dédicaces en vers, l'une pour l'opéra d'*Amadis*, et l'autre pour celui de *Roland;* la dernière est charmante, et Louis XIV y est loué avec beaucoup de grâce et de délicatesse [1].

Le poëte lui dit :

> Votre mérite est tel que tout lui fait la cour;
> La déesse aux ailes légères
> Lui fait partout des tributaires,
> Il en vient des portes du jour.

La Fontaine, par ces vers, ainsi qu'il nous l'apprend lui-même dans une note, fait allusion aux ambassadeurs de Siam que le roi avait reçus en passant dans la galerie, le 7 novembre 1685. D'autres avaient été envoyés en 1680, mais ils avaient péri sur mer. Ces ambassades avaient eu lieu à l'instigation d'un Grec de Céphalonie, nommé Constantin ou Constance, et devenu, après diverses aventures, premier ministre du roi de Siam. Il fit accroire à la cour de France que le monarque siamois voulait se faire chrétien, et Louis XIV se détermina à envoyer en ambassade à Siam le chevalier de Chaumont, accompagné de divers ecclésiastiques, et entre autres de l'abbé de Choisy, qui a écrit la relation de ce voyage [2].

---

[1] La Fontaine, *Épîtres*, 19 et 20.
[2] Voyez Riboulet, *Histoire de Louis XIV*, t. III, p. 333; Henault, 1685, t. III, p. 922, édit. de Walckenaer; *Biographie universelle*, t. IX, p. 461.

Ceux-ci, à leur retour (en juin 1686), ramenèrent avec eux des ambassadeurs du roi de Siam qui apportaient des présents à Louis XIV. Leur audience de réception, leur audience de congé, la pompe de leur marche dans Paris, furent l'objet de la curiosité publique, et devinrent à cette époque un des nombreux aliments de conversation que les événements du temps fournissaient à la cour et à la ville sur la gloire du grand roi.

Cependant, la Fontaine, pour s'excuser auprès de madame de Thianges qui avait désapprouvé sa satire, lui avait adressé une épître en vers, dans laquelle il exposait ce qui s'était passé alors dans son esprit avec sa gaieté, sa franchise et sa bonhomie ordinaires :

> Vous trouvez que ma satire
> Eût pu ne se point écrire,
> Et que tout ressentiment,
> Quel que soit son fondement,
> La plupart du temps peut nuire,
> Et ne sert que rarement.
> J'eusse ainsi raisonné si le ciel m'eût fait ange,
>   Ou Thiange;
> Mais il m'a fait auteur, je m'excuse par là :
>   Auteur qui pour tout fruit moissonne
>   Un peu de gloire : on le lui ravira,
>   Et vous croyez qu'il s'en taira ?
> Il n'est donc plus auteur : la conséquence est bonne
>   S'il s'en rencontre un qui pardonne,
> Je suis cet indulgent; s'il ne s'en trouve point,
> Blâmez la qualité, mais non pas la personne.
> Je pourrois alléguer encore un autre point :
>   Les conseils.—Et de qui?—Du public. C'est la ville,

C'est la cour, et ce sont toute sorte de gens,
　　Les amis, les indifférents,
Qui m'ont fait employer le peu que j'ai de bile :
Ils ne pouvoient souffrir cette atteinte à mon nom.
　　La méritois-je ? On dit que non [1].

Il amène ensuite très-naturellement l'éloge du roi, de son bon goût et de son discernement en littérature. La Fontaine désirait que son opéra fût joué devant Louis XIV, et il n'eût point été indifférent sur le succès ou la chute de cet ouvrage. Nous avons ailleurs démontré la fausseté des récits qui semblaient prouver le contraire, et fait voir l'absurdité des contes puérils dont on a surchargé cette partie de la vie de notre poëte. Pour que le but des louanges que la Fontaine donne au roi soit clairement exprimé, il termine ainsi son épître :

Retourner à Daphné vaut mieux que se venger.
Je vous laisse d'ailleurs ma gloire à ménager.
Deux mots de votre bouche et belle et bien disante,
　　Feront des merveilles pour moi.
　　Vous êtes bonne et bienfaisante,
　　Servez ma muse auprès du roi.

Ce fut aussi à l'instigation de madame de Thianges que la Fontaine fit des vers pour madame de Fontanges ; mais, pour expliquer comment madame de Thianges pouvait engager notre poëte à chanter une rivale de sa sœur, il faut entrer dans le détail de ce qui se passait alors à la cour de Louis XIV.

[1] La Fontaine, *Épîtres*, 15.

Madame de Montespan s'apercevait de jour en jour que son ascendant sur le roi diminuait avec ses attraits. Elle aurait vu finir sans trop de regrets un commerce dont les plaisirs étaient émoussés par une longue habitude; mais elle ne pouvait, sans une peine extrême, se voir dépouiller de la puissance qu'elle exerçait dans la plus brillante cour de l'Europe, ni renoncer à l'éclat de la grandeur royale dont elle était environnée. Elle aima mieux humilier son orgueil que de sacrifier les intérêts de son ambition. C'est ainsi que, comme une nouvelle Livie, elle chercha à inspirer du goût au roi pour une de ses nièces, la duchesse de Nevers, fille aînée de madame de Thianges, jeune et belle personne, pleine de grâces et d'esprit. La duchesse de Nevers se serait volontiers prêtée à ces projets, puisqu'elle se livra depuis à M. le Prince, fils aîné du grand Condé, un des hommes les plus laids de son temps, mais aussi un des plus spirituels, des plus galants et des plus généreux [1].

Un obstacle insurmontable s'opposait au succès de son intrigue avec le roi. Entraîné par la fougue de l'âge, Louis XIV avait désobéi sans pudeur aux préceptes de la religion; mais cependant, par une contradiction qui ne se concilie que trop bien avec notre misérable nature, il fut toujours sincèrement attaché à ses dogmes, il ne négligeait point ses pratiques, il ne rejetait point

---

[1] Caylus, *Souvenirs*, p. 121; Choisy, *Mémoires*, *Recueil de chansons critiques et historiques*, manuscrit, t. I, p. 235. Mademoiselle de Thianges avait été mariée au duc de Nevers, le 14 décembre 1670. (Voyez la *Gazette de Robinet* et l'*Histoire du Théâtre-Français*, par les frères Parfaict, t. XII, p. 107.)

ses conseils. Lorsque ses directeurs spirituels, et surtout Bossuet [1], virent que le feu des passions s'était amorti en lui, et que son amour pour madame de Montespan s'était presque éteint par une longue jouissance, ils tâchèrent de l'arracher à ses habitudes. Ils lui représentèrent qu'un tel commerce était beaucoup plus coupable avec une femme mariée qu'avec toute autre. Ces scrupules qu'ils avaient fait naître en lui, et qui lui firent prendre la résolution de se séparer de madame de Montespan, s'appliquaient aussi à madame la duchesse de Nevers, et empêchèrent la réussite du plan qu'on avait formé.

Il était difficile pour madame de Montespan de trouver quelqu'un qui pût remplacer sa nièce. Louis XIV n'aimait pas seulement les femmes pour leurs attraits, il recherchait aussi en elles ces délassements de l'esprit, ces jouissances de l'âme qu'on ne goûte que dans leur société. Presque toujours, dans ses fantaisies amoureuses, l'attendrissement du cœur venait se joindre à l'entraînement des sens. Avec de telles dispositions, il était à craindre pour la maîtresse en titre que le moyen qu'elle voulait employer pour perpétuer sa domination ne fût la cause qui contribuât à la faire cesser, et qu'elle ne devînt ainsi l'artisan de sa propre infortune.

---

[1] De Beausset, *Histoire de Bossuet*, t. II, p. 54-55; Madame de Maintenon, *Lettres*, Amsterdam, 1756, t. II, p. 99, lettre 11, adressée à la comtesse de Saint-Géran; Mademoiselle de Montpensier, *Mémoires*, t. IV, p. 392, t. XLIII de la collection Petitot.

LIVRE IV. 9

Cependant l'ascendant que la veuve Scarron prenait sur le roi, les scrupules qu'elle lui inspirait, rendirent la position de madame de Montespan de plus en plus chancelante, et la déterminèrent à pousser elle-même le monarque dans les bras de mademoiselle de Fontanges [1], d'une éclatante beauté, mais sans esprit, et incapable, à ce qu'elle croyait, d'avoir aucun ascendant sur lui. Le prince de Marsillac, fils du duc de la Rochefoucauld, et qui jouissait auprès de madame de Montespan d'une grande faveur, fut l'agent dont elle se servit pour cette intrigue [2].

S'il était besoin de fournir encore des preuves que madame de Montespan favorisait cette liaison du roi, il suffirait de produire les vers qui nous restent de la Fontaine, au sujet de la nouvelle maîtresse, qu'il n'eût certainement pas composés, s'il avait cru déplaire à l'ancienne.

Une de ces pièces de vers consiste en quatre quatrains, qui sont des prédictions pour les quatre saisons

---

[1] Caylus, *Souvenirs*, p. 78, ou collect. Petitot et Monmerqué, t. LXVI, p. 377; Madame de Sévigné, *Lettres*, t. VI, p. 99; lettre 701, p. 105; lettre 702, p. 118; lettre 704, p. 186; lettre 716, p. 191; lettre 717, lettre 752, p. 350; et les lettres en date du 15 juillet 1680 et du 3 avril 1681, t. VII, p. 55; *Lettres inédites*, 1819, in-12, p. 63; *Passe-temps du Palais-Royal, ou les Amours de madame de Fontanges*, inséré dans les *Amours des Gaules*; MADAME, *Fragments des lettres originales*, t. II, p. 51-103-105; la Beaumelle, *Mémoires de madame de Maintenon*, 1755, in-8°, liv. VI, ch. III, p. 186 à 201; la Fare, *Mémoires*, t. LXV, p. 240, collect. Petitot et Monmerqué.

[2] *Remarques sur le gouvernement du royaume de France durant les règnes de Henry IV le Grand, de Louis XIII, surnommé le Juste; de Louis XIV, surnommé Dieudonné, le Grand, l'Invincible* Cologne, 1688, p. 126.

de l'année : ces quatre quatrains furent mis dans un almanach écrit à la main sur du vélin, et garni d'or et de diamants, que madame de Fontanges donna en étrennes à madame de Montespan, le premier jour de l'an 1680[1].

Madame de Sévigné parle de ce présent et d'autres que madame de Fontanges avait faits aux enfants du roi et de madame de Montespan, dans ce passage d'une de ses lettres, datée du 5 janvier 1680, qu'on n'a point compris : « Pour la personne qu'on ne voit point, elle « paroît quelquefois comme une divinité. Elle a donné « des étrennes magnifiques à sa devancière et à tous les « enfants. »

L'autre pièce est une épître assez longue, adressée à madame de Fontanges, que le roi venait de faire duchesse. Cette pièce seule, lorsque tous les monuments historiques viendraient à périr, suffirait pour conserver à la postérité le souvenir des désordres de Louis XIV et du scandale de sa vie.

Le poëte, dans cette épître, a fait entrer l'éloge de la figure noble et majestueuse du roi, de la beauté, des grâces de celle dont les dieux ont récompensé ce *dompteur* des humains; et en même temps il y célèbre le mariage du prince de Conti avec mademoiselle de Blois, fille naturelle de madame de la Vallière, et celui du Dauphin, héritier légitime de la couronne, avec la princesse de Bavière. Ces deux mariages eurent

---

[1] *Manuscrits de Coulanges*, à la bibliothèque de l'Arsenal, en 3 vol. in 4°, t. I, p. 192; la Fontaine, *Poésies diverses*.

lieu en 1680, à peu de mois d'intervalle : le premier, le 16 janvier, et le second, le 7 mars suivant [1].

Si on met à part les inconvenances morales, dont on ne doit pas faire reproche au poëte, puisqu'elles ne frappaient point la cour ni le monarque, on doit convenir que cette épître est digne de la Fontaine. Le dieu des vers par lequel il fait prononcer les épithalames de ces deux mariages ne l'aurait point désavouée. Il commence par celui du prince de Conti :

> Le dieu des vers lut deux épithalames.
> En voici l'un : Couple heureux et parfait,
> Couple charmant, faites durer vos flammes
> Assez longtemps pour nous rendre jaloux ;
> Soyez amants aussi longtemps qu'époux.
> Douce journée! et nuit plus douce encore!
> Heures, tardez, laissez au lit l'Aurore.
> Le temps s'envole ; il est cher aux amants ;
> Profitez donc de ses moindres moments.
> Jeune princesse, aimable autant que belle,
> Jeune héros, non moins aimable qu'elle ;
> Le temps s'envole, il faut le ménager ;
> Plus il est doux, et plus il est léger [2].

---

[1] Madame de Sévigné, *Lettres inédites*, 1819, in-12, p. 54, n° 615; et *Lettres*, t. VI, p. 183, lettre 715 en date du 25 février 1680, et t. VI, p. 109, lettre 703, en date du 17 janvier 1680; *l'Art de vérifier les dates*, 3ᵉ édit., in-fol., t. I, p. 689; Hénault, t. II, p. 679, in-4°; Saint-Simon, *Mémoires*, t. III, p. 117; Dangeau, *Mémoires*, t. I, p. 119; Caylus, *Souvenirs*, p. 163-168. Dreux du Radier s'est trompé comme beaucoup d'autres. Voyez les *Mémoires et anecdotes des reines et régentes de France*, in-12, t. VI, p. 417; Mademoiselle de Montpensier, t. XLIII de la collect. Petitot et Monmerqué, ou t. IV, p. 391, année 1680.

[2] La Fontaine, *Épîtres*, 14.

Mais, d'après les bruits qui coururent alors à la cour, il paraît que le *jeune héros* n'avait pas autant de facultés que son frère pour faire le bonheur d'une femme, et la Fontaine aurait pu faire sur ce mariage un conte plus propre à réjouir les malins que son épithalame « Pour « M. le prince de Conti, » écrit madame de Sévigné à sa fille (22 et 29 mars 1680), « c'est une chose bien « étrange que les bruits qui courent de lui; cela com- « mence à l'embarrasser. Ce jeune prince de la Roche- « sur-Yon (son frère) le désole. L'autre jour, madame « la princesse de Conti dansait. Il dit tout haut : « Vrai- « ment, voilà une fille qui danse bien ! » Cette folie toute « simple et toute brusque fit rougir ce pauvre frère « aîné. »

Le poëte passe ensuite, dans sa pièce, à l'épithalame du Dauphin, dont le mariage était arrêté, mais non encore célébré.

>..................Puis le père des vers,
> Changeant de ton pour l'autre épithalame,
> Lut ce qui suit : Chantez, peuples divers ;
> Que tout fleurisse aux terres leurs demeures.
> Ne tardez plus ; avancez, lentes heures ;
> Allez porter aux humains un printemps
> Tel que celui qui commença les temps.
> Heures, volez ; hâtez l'heur et la joie
> Du fils des dieux à qui l'Olympe envoie
> Une princesse au regard enchanteur.

Cette épître à madame de Fontanges paraît n'avoir été imprimée qu'après la mort de la Fontaine ; mais elle circula beaucoup dans le temps, et madame de Sévigné en parle dans une de ses lettres, en date du 22 septembre 1680 [1].

Madame de Montespan s'était trompée dans ses calculs. Dès que madame de Fontanges connut la passion qu'elle avait inspirée, elle se livra à toute la hauteur qui faisait le fond de son caractère ; elle fut la dispensatrice des grâces, et donna le ton. Tout le monde sait qu'à une partie de chasse, le vent ayant détaché sa coiffure, elle se la fit rattacher négligemment avec un ruban, dont les nœuds lui tombaient sur le front : cette mode se répandit dans toute l'Europe, et le vocabulaire des modistes, que la frivolité écrit et efface avec une rapidité égale à l'inconstance de ses goûts, a cependant toujours conservé depuis le nom de *Fontanges* [2].

[1] Madame de Sévigné, *Lettres*, lettre du 22 septembre 1680.
[2] La mode à laquelle madame de Fontanges avait donné lieu perdit bientôt de sa simplicité ; nous voyons, d'après une petite comédie publiée en 1696, intitulée *la Fontange bernée ou les Façonnières*, qu'on portait des *fontanges* de différentes manières. A la page 36 de cette comédie, *Clorine*, un des personnages, dit : « Je trouve aussi que ces fontanges, « surtout celles qui sont si hautes, choquent la modestie et la bienséance « tout ensemble. Mais ce qu'il y a de plus ridicule en cela, est la bizarre « variété qu'on y remarque : quelques-unes portent leur fontange en mon« tagne, d'autres en queue de paon, et quelques-unes à différents degrés, « comme si leur orgueil voulait escalader le ciel. » Et à la page 36, dans « une pièce de vers que récite *Aminte*, autre personnage de cette comédie, « on trouve ce portrait d'une femme parvenue :

> Elle étale à nos yeux divers ajustements,
> Mélange les rubans avec l'or et l'argent,
> Et, portant sa fontange à différents étages,
> Semble imiter du paon le superbe plumage. »

On distinguait dans la fontange trois parties : l'*appui*, la *culbute* et le

Madame de Montespan, indignée de se voir supplantée par celle qu'elle avait cru pouvoir faire agir au gré de son ambition, aurait voulu que les ecclésiastiques qui entouraient le roi s'armassent de toute leur sévérité pour l'arracher à ses nouvelles amours. Ce fut alors qu'elle se permit un jeu de mots trivial sur la trop grande facilité du père la Chaise [1], et que, dans un accès de jalousie, elle accusa madame de Maintenon d'être aussi la maîtresse du roi. Celle-ci, sans se déconcerter, lui dit : « Il en a donc trois ? — Oui, répliqua « madame de Montespan : moi de nom, cette fille de « fait et vous de cœur [2]. »

Fontanges ne jouit pas longtemps de sa grandeur : les suites d'une couche lui firent perdre tous ses charmes, et avec eux disparut l'amour de Louis XIV. Elle se retira à l'abbaye de Port-Royal. Après avoir langui quelque temps, elle mourut âgée seulement de vingt ans [3], et chacun lui appliqua ces vers si connus, de Malherbe :

frontispice, et deux pièces pendantes, presque toujours en dentelle, nommées les *engageantes*, accompagnaient cette parure de chaque côté. *Clymène*, une des façonnières, dit, dans la comédie que nous venons de citer, p. 3 : « Regardez d'abord ma fontange, et dites-nous si l'appui, la culbute et le « frontispice vont comme il faut ? » *Bélise* : « Vous portez la fontange à « l'anglaise ? » *Clymène* : « Oui, ma chère ! c'est à présent la grande mode, « avec des engageantes. Ces deux ornements vont toujours de compagnie. »

[1] Elle dit que le père la Chaise, le confesseur du roi, était une chaise de commodité ; Dreux du Radier, *Anecdotes des reines et régentes*, t. VI, p. 458. Ce mot fut dit au sujet de la permission qu'obtint le roi de communier à la Pentecôte de l'année 1680.

[2] Madame de Maintenon, *Lettres*, lettre du 14 juin 1679, t. II, p. 109.

[3] Madame de Sévigné, *Lettres*, lettre du 30 juin 1681, t. VII, p. 72. La mort de madame de Fontanges eut lieu le 28 juin 1681.

Et rose elle a vécu ce que vivent les roses,
L'espace d'un matin.

Le roi revint à madame de Montespan, mais sans empressement [1]; et, de jour en jour, ses directeurs spirituels et la veuve Scarron, qui les secondait dans leurs pieux desseins, gagnèrent plus d'influence sur lui; ils réussirent. Louis XIV quitta madame de Montespan pour toujours, eut quelques intrigues passagères, et s'interdit enfin par scrupule de conscience toute liaison illégitime. Dans tous les temps il avait su apprécier les femmes vertueuses : celles dont il n'avait pu triompher lui inspiraient un respect qui, malgré les désordres où l'entraînait l'effervescence des sens, manifestait l'élévation de son âme et la moralité de ses sentiments.

Ce fut par sa longue résistance à tous les genres de séduction, par la pratique des plus difficiles vertus, par une piété douce, mais inébranlable dans ses scrupules, par les charmes insinuants d'un caractère égal et d'une raison parfaite, que la veuve de Scarron, devenue madame de Maintenon, parvint à s'emparer entièrement de la confiance de Louis XIV, à concentrer sur elle ses désirs ou du moins ses habitudes, à fixer en sa faveur sa volonté flottante. L'attachement qu'elle lui inspira fut assez fort pour qu'après la mort de la reine elle conçût le dessein de la remplacer. On vit madame de Montespan expulsée de la cour par celle qu'elle y avait introduite, et le plus orgueilleux des monarques, âgé

---

[1] Mademoiselle de Montpensier, *Mém.*, t. IV, p. 362; t. XLIII collection.

seulement de quarante-sept ans, épouser une femme qui en avait cinquante, et qui, dans son enfance, avait été nourrie et élevée par charité [1].

Cet événement extraordinaire anéantit le crédit dont jouissaient tous les amis de madame de Montespan. Celui d'entre eux qui, par son fils, avait le plus d'influence sur le roi, le duc de la Rochefoucauld, était mort au mois de mars 1680. Non-seulement la Fontaine resta sans appui à la cour, mais ses écrits licencieux indisposaient de plus en plus le monarque contre lui : nous verrons bientôt qu'il éprouva, d'une manière fâcheuse, les effets de ce changement pour sa réception à l'Académie, la seule chose peut-être qu'il ait désiré obtenir et à la réussite de laquelle il ait travaillé avec constance.

Mais l'amitié le consolait facilement de toutes les disgrâces de la fortune; il inspirait ce sentiment à tous ceux qui étaient, comme lui, bons et sensibles, parce qu'il le partageait vivement lui-même. Ce furent les souvenirs de l'amitié qui, à l'époque dont nous nous occupons, l'engagèrent à se charger d'une fonction pénible, bien peu conforme à ses goûts, celle d'éditeur. Pintrel, dont nous avons déjà fait mention, comme ayant su, avec de Maucroix, donner, par ses excellents conseils, une meilleure direction aux études de notre poëte, avait laissé après sa mort une traduction manus-

---

[1] Choisy, *Mémoires*, p. 254 et 333; la Beaumelle, *Mémoires pour servir à l'histoire de madame de Maintenon*, liv. VII, ch. 9, t. III, p. 51; madame de Maintenon, *Lettres*, édit. de 1806, t. II, p. 214; la Fare, *Mémoires*, collect. Petitot et Monmerqué, t. LXV, p. 139 et 141.

crite des épîtres de Sénèque. La Fontaine consentit à la revoir et à la publier.

Cette traduction parut d'abord anonyme, mais elle se vendait peu : le libraire réimprima un nouveau titre en y mettant le nom du traducteur et de son éditeur, comme si c'eût été une nouvelle édition et un nouveau livre. Cette ruse lui réussit, et les *Épîtres de Sénèque, traduites par feu M. Pintrel, et publiées par M. de la Fontaine*, en deux volumes in-8°, furent annoncées et eurent un prompt débit. Il est vrai que la Fontaine s'était donné la peine de traduire en vers français tous les vers latins qui se trouvent dans l'auteur ancien [1]. Plusieurs passages de Virgile, d'Euripide et d'autres poëtes y sont très-heureusement rendus. Ces exercices du talent flexible de notre fabuliste avaient échappé à la connaissance de tous les littérateurs jusqu'à l'époque où nous les avons tirés du livre où ils étaient ensevelis, pour les placer dans ses *OEuvres complètes*, à la suite de cette touchante *épitaphe du tombeau d'Homonée* [2], qu'il a aussi traduite du latin en vers et en prose. Il a fait imprimer lui même cette double traduction dans un recueil dont nous parlerons bientôt, et qu'il publia, en 1685, en commun avec de Maucroix.

Ainsi la Fontaine, tantôt par goût, tantôt par amitié, et quelquefois par complaisance, forçait sa muse à s'essayer dans tous les genres; mais jamais il n'a donné un exemple plus frappant de la facilité de son caractère et

---

[1] La Fontaine, *Traductions en vers d'après différents poëtes anciens.*
[2] Id., ib.

de l'empire qu'exerçaient sur lui ceux qu'il aimait, que lorsque, à la sollicitation de la duchesse de Bouillon, et malgré lui, il se laissa aller à célébrer le *quinquina*, et composa sur ce sujet un poëme en deux chants, qu'il lui dédia [1]. L'erreur fut complète, et les détails techniques, inévitables dans un pareil sujet, rendent difficile la lecture de ce poëme. C'est peut-être par cette raison que l'on n'a pas remarqué qu'il se termine par une fable assez bien faite, et qu'on aurait dû ajouter au recueil de la Fontaine, dans lequel on a placé deux ou trois compositions qui ne sont pas des fables, et qui n'avaient jamais été insérées par lui dans celles qu'il a publiées; cette nouvelle fable devrait être intitulée : *Jupiter et les deux tonneaux* [2].

Si l'on ne connaissait l'histoire de cette écorce salutaire que l'on nomme quinquina, on aurait de la peine à comprendre comment une femme aimable, gaie et spirituelle, pouvait engager un poëte tel que la Fontaine à s'occuper d'un pareil sujet; mais les discussions des médecins sur ce fébrifuge avaient à cette époque attiré l'attention des gens du monde, qui, selon l'usage, prenaient parti pour ou contre, sans connaissance de cause. L'écorce de l'arbre du Pérou qu'on nomme quinquina était restée pendant un siècle et demi inconnue aux Espagnols qui avaient découvert l'Amérique. Les indigènes du nouveau monde, qui en connaissaient les ver-

---

[1] La Fontaine, *le Quinquina*, poëme.
[2] On a suivi ce conseil, et dans une assez belle édition in-4° des *Fables de la Fontaine*, on trouve la fable de *Jupiter et les deux tonneaux*.

tus médicales, les avaient, par haine, soigneusement cachées aux féroces conquérants de leur patrie. Cependant l'un d'eux, en 1638, sensible aux services qu'il avait reçus d'un Espagnol, gouverneur de Loxa, pour en témoigner sa reconnaissance, lui fit présent du quinquina et lui en révéla les propriétés. Par le moyen de cette écorce, cet Espagnol fut assez heureux pour guérir d'une fièvre opiniâtre la comtesse de Cinchon, épouse du vice-roi du Pérou : de là le nom de *Cinchona*, que les botanistes ont donné à ce genre de végétal, et de *poudre de la comtesse*, par lequel on désigna le quinquina réduit en poudre.

Le procurateur général des jésuites de l'Amérique, s'étant rendu à Rome en 1649, apporta le quinquina, qu'on nomma *poudre des pères* et *poudre des jésuites*, puis *poudre du cardinal de Lugo*[1]. Mais les médecins s'élevèrent contre ce remède, et il ne réussit pas en Europe. A la vérité, les jésuites le vendaient au poids de l'or; par cette raison, il n'était administré qu'à petite

---

[1] *Les admirables qualités du quinquina confirmées par plusieurs expériences*, Paris, 1694, in-12, p. 1. La 1re édit. est de 1689. Conférez Blegny, *De la découverte de l'admirable remède anglois*, 1680; conférez encore le Pays, lettre au révérend père C...., théologien de la compagnie de Jésus. L'auteur le supplie de lui envoyer du *kina-kina*, pour le guérir de la fièvre quarte. Voyez le Pays, *Amitiés et Amourettes*, nouvelle édit., 1685, p. 58. Le Pays dit : « C'est à vous que j'ai recours pour recouvrer « un certain bois qu'on appelle, si je ne me trompe, du *kina-kina*; il s'en « trouve en plusieurs lieux de falsifié, mais on m'a dit que le véritable « n'étoit que chez vous, et que vos pères en étoient les seuls dépositaires. » Cette lettre doit être de 1664. En 1663, les médecins administrèrent le quinquina à Anne d'Autriche, mais seulement après quarante jours de fièvre. (Madame de Motteville, *Mémoires*, t. XL, p. 186.)

dose, et il ne faisait aucun bien ou faisait du mal. Cependant, s'il eut ses détracteurs, il eut aussi ses partisans : divers médecins écrivirent en sa faveur; mais ce ne fut qu'en 1679 qu'un Anglais, nommé le chevalier de Talbot, en l'administrant infusé dans du vin, fit des cures si répétées, qu'enfin le quinquina attira l'attention de tous les gens de l'art, et fut préconisé comme un remède souverain contre la fièvre [1]. Il fut d'abord connu en France sous le nom de *remède anglais*. Lorsque Colbert et plusieurs seigneurs de la cour eurent été guéris par ce moyen, Louis XIV donna au chevalier de Talbot deux mille louis d'or et une pension annuelle de deux mille francs, pour obtenir de lui la manière de préparer et de prendre le quinquina, et il fit en même temps acheter à Cadix et à Lisbonne une très-grande quantité de ce spécifique pour les hôpitaux de son royaume.

C'est dans ces circonstances que madame la duchesse de Bouillon, qui avait épousé avec chaleur la cause du quinquina, crut qu'un des moyens les plus efficaces d'en propager l'usage, était de faire célébrer ses vertus par la muse de la Fontaine, chérie du public, et devenue en quelque sorte populaire. On voit cependant que notre poëte pressentait combien était ingrate la tâche qu'on lui imposait, et qu'il ne s'en acquittait qu'à regret et comme malgré lui :

> Je ne voulois chanter que les héros d'Ésope :
> Pour eux seuls en mes vers j'invoquois Calliope;

---

[1] *Les admirables qualités du kinkina*, etc., p. 53.

Même j'allois cesser, et regardois le port.
La raison me disoit que mes mains étoient lasses :
Mais un ordre est venu plus puissant et plus fort
Que la raison ; cet ordre accompagné de grâces,
Ne laissant rien de libre au cœur ni dans l'esprit,
M'a fait passer le but que je m'étois prescrit.
Vous vous reconnoissez à ces traits, Uranie :
C'est pour vous obéir, et non point pour mon choix,
Qu'à des sujets profonds j'occupe mon génie,
Disciple de Lucrèce une seconde fois [1].

Par ce dernier vers la Fontaine fait allusion au discours sur l'âme des bêtes, adressé à madame de la Sablière, et inséré dans ses fables.

Le poëme du *Quinquina* retraçait fidèlement, en vers faciles et élégants, tout ce qui se trouvait de plus essentiel dans les traités en prose que François de Monginot et Blegny avaient publiés sur le même sujet. Blegny était un charlatan qui ne savait que s'approprier le travail des autres ; mais de Monginot était un homme de mérite, intime ami de la Fontaine. Le premier il avait fait connaître la manière de préparer et d'administrer le quinquina, que plusieurs de ses confrères cachaient encore comme un secret, et c'est à son traité intitulé : *De la guérison des fièvres par le quinquina*, qui avait paru en 1679, et qui avait eu un très-grand succès [2], que notre poëte fait allusion quand il dit :

---

[1] La Fontaine, *le Quinquina*, poëme.
[2] Il s'en fit successivement cinq éditions : une à Lyon en 1679, et quatre à Paris en 1680, 1681, 1683 et 1688. Ce traité fut traduit en latin par Théophile Bonet dans le *Zodiacus medico-gallicus*, annus 2, 1680, Genevæ, 1682, in-4°, p. 161.

Ce détail est écrit; il en court un traité.
Je loûrois l'auteur et l'ouvrage :
L'amitié le défend et retient mon suffrage ;
C'est assez à l'auteur de l'avoir mérité.
Je lui dois seulement rendre cette justice,
Qu'en nous découvrant l'art il laisse l'artifice,
Le mystère, et tous ces chemins
Que suivent aujourd'hui la plupart des humains.

De Monginot n'était pas seulement un médecin habile, c'était un homme de bon ton et de bonne compagnie, recherché dans le monde pour les agréments de son esprit. La marquise de Périne, sa fille, lui ressembla sous ce rapport, et c'est à elle que Saint-Évremond adressa les derniers vers échappés à sa muse octogénaire [1].

Il est un passage de ce poëme qui mérite d'être remarqué, parce qu'il nous prouve que la Fontaine, reconnaissant envers ses bienfaiteurs, était juste même envers ceux dont il n'avait pas à se louer. Colbert, qui n'avait jamais pu oublier que la Fontaine était l'ami et

[1] Saint-Évremond, OEuvres, 1753, in-12, t. VI, p. 273. Nous avons aussi d'un Monginot un *Traité sur l'art de conserver la santé*, imprimé en 1635 et dédié au cardinal de Richelieu. Ce médecin devait être plus que septuagénaire lorsque la Fontaine écrivait des vers à sa louange et se félicitait d'être son ami. Mais notre poëte était lui-même plus que sexagénaire quand son poëme parut ; et la disproportion des âges, quoique grande, n'était pas cependant telle qu'elle dût mettre un obstacle à leur amitié. Il me semble pourtant plus probable que l'ami de la Fontaine était le fils de l'auteur du *Traitté* (sic) *de la conservation et prolongation de la santé*, et de la *Description d'un rein monstrueux trouvé à l'ouverture d'un corps le 9 octobre* 1677, publiée dans le *Journal des savants*. Une belle maison, bâtie en 1680, dans la rue du Bouloi, appartenait à un M. de Monginot. Était-ce le nôtre ? Voyez *Description de ce qu'il y a de plus remarquable dans la ville de Paris*, 1685, p. 107.

le panégyriste de Fouquet, ne l'avait point compris au nombre des gens de lettres auxquels il fit distribuer, de la part du roi, des gratifications et des pensions. La Fontaine, qui, dans ce poëme, avait célébré la guérison du ministre, comme un exemple connu et remarquable des effets du remède qu'il préconisait, saisit cette occasion de le louer des encouragements qu'il donnait aux lettres.

> Et toi que le quina guérit si promptement,
>   Colbert, je ne dois point te taire;
> ....
>   D'autres que moi diront ton zèle et ta conduite,
>   Monument éternel aux ministres suivants;
>   Ce sujet est trop vaste, et ma muse est réduite
>   A dire les faveurs que tu fais aux savants [1].

Malgré la médiocrité du poëme du *Quinquina* et de l'opéra de *Daphné* [2], le volume qui contenait ces deux ouvrages eut du succès, parce que l'auteur y joignit deux nouveaux contes, celui de *Belphégor* et celui de *la Matrone d'Éphèse* [3] : ce dernier avait déjà paru, mais en prose, et écrit par Saint-Évremond, dans le recueil des contes que la Fontaine avait publié en 1665, et cette addition, faite par le libraire de Hollande à son premier recueil, dut inspirer à notre poëte le désir d'em-

---

[1] La Fontaine, *Quinquina*, poëme.
[2] Id., *Théâtre*.
[3] Id., *Contes*, v, 6 et 7. Ce conte de *Belphégor* était très-connu par la traduction en prose qu'en avait faite, d'après Machiavel, M. Lefèvre, père de la célèbre madame Dacier, qui avait beaucoup de prétentions au bel esprit. (*Les vies des poëtes grecs*, en abrégé, par Lefèvre, in-12; Paris, 1665.)

bellir des traits de sa muse cette célèbre et charmant histoire[1].

A la suite du poëme du *Quinquina* se trouvent auss deux actes d'un opéra intitulé : *Galatée*[2], que la Fon taine avait commencé dès l'année 1674; du moins c qu'il dit dans l'épître adressée dans la même année à Turenne semble ne pouvoir s'appliquer qu'à *Galatée:*

> En surmontant Charles et Caprara,
> Vous avez fait, seigneur, un opéra;
> Nous en faisons un nouveau, mais je doute
> Qu'il soit si bon, quelque effort qu'il m'en coûte[3].

La Fontaine n'acheva point son opéra. « L'incons-« tance et l'inquiétude, qui me sont si naturelles, » dit-il dans son avant propos, « m'ont empêché d'achever « les trois actes à quoi je voulois réduire ce sujet. » Peut-être est-il fâcheux que la Fontaine n'ait pas terminé cette petite pièce; les deux actes qui nous en restent promettaient quelque chose de mieux que *Daphné*. Elle commence par une chanson charmante, qui fut mise en musique par Lambert; et Mathieu Marais, qui écrivait plus de vingt ans après, dit que, de son temps, cette chanson se trouvait dans la bouche de tout le monde[4].

---

[1] Cette même traduction se trouve réimprimée et rendue à son véritable auteur dans les *OEuvres mêlées de M. de Saint-Évremond*, IIIe partie; Paris, 1670, Claude Barbin, in-12, p. 119 à 155.

[2] La Fontaine, *Théâtre*.

[3] La Fontaine, *Épîtres*, 11.

[4] Mathieu Marais, *Histoire de la vie et des ouvrages de la Fontaine*, p. 73 de l'édit. in-12, et p. 97 de l'édit. in-18.

La Fontaine avait chanté le mariage du Dauphin dans son épître à madame de Fontanges; et, deux ans et demi après, il composa deux ballades sur la naissance de Louis, duc de Bourgogne¹, dont l'enfance devait bientôt protéger sa vieillesse. La Dauphine accoucha le 6 août 1682², et la Fontaine eut bien raison de dire, dans une de ces ballades :

Or est venu l'enfant si souhaité.

Jamais événement ne produisit une plus grande allégresse. « Chacun, dit Choisy, se donnoit la liberté d'embrasser le roi. La foule le porta, depuis la Surintendance, où madame la Dauphine accoucha, jusqu'à ses appartements; il se laissoit embrasser à qui vouloit. Le bas peuple paroissoit hors de sens; on faisoit des feux de joie, et tous les porteurs de chaises brûloient familièrement la chaise dorée de leur maîtresse. Ils firent un grand feu dans la cour de la galerie des Princes, et y jettèrent une partie des lambris et des parquets, destinés pour la grande galerie. Bontemps, en colère, le vint dire au roi, qui se mit à rire, et dit : « Qu'on les « laisse faire ; nous aurons d'autres parquets! » La joie parut aussi vive à Paris, et fut de bien plus longue durée: les boutiques furent fermées pendant trois jours; toutes les rues étoient pleines de tables, où les passants étoient conviés et forcés de boire sans payer; et

---

[1] La Fontaine, *Ballades*, 8 et 9.

[2] A deux heures six minutes du soir. Voyez le *Supplément aux mémoires et lettres de M. le comte de Bussy-Rabutin*, 2ᵉ partie, p. 182.

tel artisan mangea cent écus, dans ces trois jours, qu'il ne gagnoit pas dans une année ¹. »

Malgré la bienveillance que tant de personnes en crédit à la cour avaient pour la Fontaine, le roi, qui commençait à ressentir des scrupules de conscience sur sa propre conduite, ne pardonnait que difficilement à notre poëte la licence de ses écrits. On en vit la preuve après la mort de Colbert, qui eut lieu le 6 septembre 1683. Ce grand ministre ne jouissait déjà plus, depuis quelque temps, de la faveur du monarque qu'il avait servi avec tant de zèle, et fut poursuivi jusque dans la tombe par la haine de la nation, à la prospérité de laquelle il avait tant contribué; sa vie offre un des nombreux exemples de l'ingratitude des peuples et des rois ².

Notre poëte partagea les sentiments du public à cet égard, et les consigna même dans un impromptu épigrammatique qui lui échappa au sujet d'une maladie qu'avait eue le chancelier le Tellier, dont Colbert convoitait la place ³. La Fontaine ne pouvait pardonner à ce ministre d'avoir été le persécuteur de Fouquet, et il avait en outre un motif particulier pour n'éprouver aucun regret de sa perte. Colbert laissait une place vacante à l'Académie française, et notre poëte voulait se faire recevoir dans cette compagnie. Il avait publié presque

---

[1] Choisy, *Mémoires*, Utrecht, 1747, in-12, p. 201, édit. 1828, t. LXIII, p. 275 des *Mémoires relatifs à l'histoire de France*.

[2] Voyez à ce sujet une lettre curieuse de madame de Maintenon, en date du 10 septembre 1683, t. II, p. 141, lettre 17, édit. de Léopold Collin.

[3] La Fontaine, *Épigrammes*, 7.

toutes ses fables et la plupart de ses contes; Boileau avait fait paraître *l'Art poétique*, *le Lutrin*, neuf de ses satires et neuf de ses épîtres, et ni l'un ni l'autre de ces deux grands poëtes n'était de l'Académie.

Il faut avouer, pour la justification de ce corps, que, sous le rapport des convenances morales, les contes du premier, comme, sous le rapport des convenances sociales, les satires du second, formaient des motifs d'objections très-fondés; mais cette compagnie comprit enfin que c'était s'illustrer elle-même que d'admettre dans son sein deux hommes qui faisaient la gloire de la littérature française : seulement ses membres ne s'accordaient pas sur celui qu'il fallait recevoir le premier. La Fontaine, qui désirait vivement être nommé, mit dans cette affaire plus de suite et de constance que son caractère indolent ne semblait le comporter.

Déjà, l'année précédente, il s'était présenté pour occuper la place de l'abbé Cotin, qui était mort, et avait été refusé. On lui préféra Louis de Courcillon, abbé de Dangeau, frère du marquis de Dangeau, qui était de l'Académie [1]. A ce propos, le savant et spirituel la Monnoie, outré de cette préférence, fit, dans une épigramme, parler ainsi notre poëte :

Quand on a comme moi la fortune ennemie,

---

[1] Voyez le *Discours prononcé le 26 janvier 1682 par l'abbé le Gallois, directeur, lorsque l'abbé de Dangeau fut reçu à la place de l'abbé Cotin*, dans le *Recueil des harangues prononcées par Messieurs de l'Académie françoise*, 1698, in-4°, p. 367; et Moreri, *Grand Dictionnaire historique*, t. IV, p. 201.

On n'est pas aujourd'hui propre à l'Académie.
J'ai du génie et de l'acquis ;
Ma prose ni mes vers ne me font point de honte ;
Mais je ne suis, hélas! duc, évêque, ni comte,
Ministre, cardinal, président, ni marquis [1].

Cependant la Fontaine ne s'était point laissé abattre par ce premier refus ; il renouvela ses démarches, et, sachant qu'on avait pris le prétexte de ses contes pour empêcher son admission, il écrivit, dit-on, une lettre à un prélat, membre de l'Académie, pour témoigner quelques regrets de la licence de ses écrits, et pour promettre de n'en plus composer de semblables [2]. Comme il craignait la concurrence de Boileau, il le pria de se désister en sa faveur. Boileau lui dit que, si l'Académie lui faisait l'honneur de le nommer, il accepterait, mais qu'il ne ferait aucune demande. Cependant les amis de Boileau cherchèrent autant qu'ils le purent à empêcher la nomination de son concurrent : un d'eux, l'académicien Roze [3], qui était secrétaire du cabinet du roi et président d'une cour souveraine, jeta sur la table de l'Académie un des volumes des *Contes* de la Fontaine,

---

[1] Voyez Bernard la Monnoie, *OEuvres choisies*, 1770, in-4°, t. II, p. 215 et 216. L'épigramme intitulée *Madrigal*, qu'il composa sur ce sujet, et le fragment de lettre qui précède, doivent être du commencement de 1682, puisque Cotin mourut en janvier 1682.

[2] *OEuvres de Boileau*, édit. de Saint-Marc, 1747, in-8°, t. III, p. 63 ; Louis Racine, *OEuvres*, t. V, p. 96.

[3] Loret, t. VIII, p. 64, dit qu'il fut fait secrétaire en 1657, et qu'il servait Mazarin depuis longtemps. Il devait donc alors être plus qu'octogénaire. Sur Roze, voyez encore Saint-Simon, qui le fait bien connaître (*Mémoires*, t. III, p. 66, édit. 1829, in-8°. Roze mourut en 1701, âgé de quatre-vingt-sept ans.

comme pour faire honte à l'Académie de penser à choisir un homme qui était l'auteur d'écrits aussi licencieux[1]. S'apercevant qu'il n'avait pas produit par ce moyen beaucoup d'impression, il dit avec humeur : « Je vois bien, Messieurs, qu'il vous faut un Marot. — Et à vous une marotte[2], » répliqua vivement Benserade, qui opinait pour la Fontaine, et que cet acharnement du président Roze, contre le bonhomme, impatientait[3]. Cette bouffonnerie fit rire, et l'opinion de Benserade, si hautement déclarée, eut sur plusieurs membres encore incertains une heureuse influence pour la Fontaine.

L'Académie, par ses statuts, lorsqu'il y avait une place vacante, devait procéder à deux scrutins, le premier pour déterminer à la pluralité des suffrages quel candidat elle proposerait au protecteur, c'est-à-dire au roi, et l'autre pour consommer l'élection après que le protecteur aurait répondu en faveur du sujet proposé. Le second scrutin n'était, comme on le pense bien, qu'une forme imaginée pour avoir l'air de laisser à l'Académie seule le libre choix de ses membres.

---

[1] Montenault, *Vie de la Fontaine*, in-fol., p. 22 ; Mathieu Marais, *Histoire de la vie et des ouvrages de la Fontaine*, p. 75, ou p. 98 de l'édit. in-18; Furetière, *Recueil de Factums contre l'Académie*, 1694, in-12, t. I, p. 292.

[2] Charleval, en envoyant à une dame les *Œuvres de Marot*, a fait le même jeu de mots :

> D'autres sont fous de leur marotte,
> Moi je le suis de mon Marot.

Voyez de la Martinière, *Recueil des épigrammatistes français*, t. I, p. 92.

[3] Tallemant le jeune, dans le *Discours touchant la vie de M. Benserade*, p. 31, en tête des *Œuvres* de ce poëte, 1697, t. I, p. 32.

Au premier scrutin, la Fontaine eut seize voix, et Boileau sept. Aussitôt les amis de Boileau et les antagonistes de notre fabuliste allèrent prévenir Louis XIV, et n'eurent pas de peine à intéresser sa religion ; car il était déjà très-mécontent qu'on eût donné la préférence à la Fontaine sur Boileau qui était en faveur auprès de lui, et qu'il avait nommé son historiographe avec Racine. Lors donc que, selon l'usage, M. Doujat, député de l'Académie, alla le lendemain savoir de Sa Majesté si l'on procéderait au second scrutin, le roi répondit avec humeur : « Je sais qu'il y a eu du bruit et de la cabale dans l'Académie. » M. Doujat voulut lui faire entendre que tout s'était passé dans les formes, et lui expliquer ces formes ; mais le roi l'interrompit en disant : « Je le sais très-bien, mais je ne suis pas encore déterminé, et je ferai savoir mes intentions à l'Académie [1]. »

Le roi partit pour la campagne de Flandre, et ne donna point de décision. Ce fut alors que la Fontaine, qui désirait le fléchir, composa, pour célébrer ses victoires, une ballade dont le refrain était :

L'évènement n'en peut être qu'heureux.

L'envoi de cette ballade avait pour but de faire consentir le monarque à sa nomination. Madame de Thianges se chargea de la faire connaître au roi. Son crédit

---

[1] D'Olivet, *Histoire de l'Académie françoise*, depuis 1652 jusqu'en 1700, in-4°, t. II, p. 22. D'Olivet cite à ce sujet les *Registres de l'Académie françoise*, en date du 20 novembre 1683.

avait plutôt augmenté que diminué depuis la retraite de sa sœur. Pendant le carnaval de l'année 1683, le roi avait donné des divertissements à toute sa cour, dans les grands appartements qu'il avait ajoutés au château de Versailles. Le grand écuyer, M. le Duc, et le cardinal de Bouillon, donnèrent ensuite successivement des fêtes auxquelles le roi assista. Madame de Thianges termina délicieusement les plaisirs de ce carnaval, en donnant à Louis XIV un bal masqué, et en faisant jouer devant lui une comédie dans laquelle reparurent successivement l'Avare, le Misanthrope, le Bourgeois gentilhomme, le Malade imaginaire, la comtesse d'Escarbagnas, le Trissotin des *Femmes savantes* et les principaux personnages des comédies de Molière, qui, en s'abandonnant à l'impulsion de leur caractère, faisaient malgré eux, sous la forme de la satire, un éloge du monarque, de sa cour et des événements de son règne [1].

Le roi fut plus enchanté de cette fête que de toutes celles qu'il avait reçues. La faveur dont madame de Thianges jouissait auprès de lui s'en accrut. Elle en profita pour venir au secours de son poëte chéri, et lut à Louis XIV la nouvelle ballade de la Fontaine [2]. Comme on le pense bien, elle appuya fortement sur la fin, où le

---

[1] Bourdelot, *Relation des assemblées faites à Versailles, dans le grand appartement du roy, pendant ce carnaval de l'an* 1683, in-12, 1683. Bourdelot ne nous apprend pas le nom de l'auteur de cette comédie. Est-elle imprimée? existe-t-elle encore en manuscrit dans une des collections de pièces de théâtre que l'on a formées?

[2] D'Olivet, *Histoire de l'Académie françoise, depuis* 1652 *jusqu'en* 1700, in-4°, t. II, p. 23.

poëte, en parlant du plaisir qu'il a de songer à la gloire dont le roi jouira dans l'histoire, dit :

> Ce doux penser, depuis un mois ou deux,
> Console un peu mes muses inquiètes.
> Quelques esprits ont blâmé certains jeux,
> Certains récits, qui ne sont que sornettes.
> Si je défère aux leçons qu'ils m'ont faites,
> Que veut-on plus? Soyez moins rigoureux,
> Plus indulgent, plus favorable qu'eux,
> Prince, en un mot, soyez ce que vous êtes,
> L'évènement ne peut m'être qu'heureux [1].

De Vizé, qui inséra cette ballade dans son *Mercure* du mois de janvier 1684, dit qu'elle est du fameux M. de la Fontaine, et il en fait un grand éloge. Le journaliste ne déguise pas que l'auteur l'a principalement composée dans le but d'obtenir du roi que la surséance, mise à sa réception, fût levée [2]. Le sérieux que l'on mit dans cette affaire fut pour la cour un objet de dérision, et M. le Duc, le second fils du grand Condé, dont la brutale causticité ne respectait rien [3], osa même en plaisanter avec le roi, et lui dit qu'une chose de cette importance et si essentielle à l'État ne demandait pas moins qu'un juge tel que Sa Majesté [4].

On fit aussi circuler contre le président Roze une ballade qui peut-être fut composée par Benserade. On n'osa

---

[1] La Fontaine, *Ballades*, 10.
[2] Vizé, *Mercure galant*, mai 1684, p. 63 et 65; *Ouvrages de prose et de poésie des sieurs de Maucroix et de la Fontaine*, t. I, p. 262 à 275.
[3] Saint-Simon, *OEuvres*, t. III, p. 51.
[4] *Lettre de M. de la Sablière le fils à Bayle* dans la *Bibliothèque raisonnée des savants de l'Europe*, 1731, in-12, t. VI, 1re part e, p. 336.

point alors la faire imprimer, mais on en a retrouvé une copie, de la main de d'Olivet, dans les papiers de ce savant académicien :

>Vous vous trompez, auteurs de notre temps,
>Si vous mettez dans votre fantaisie
>Que c'est assez que vous soyez savants
>Pour obtenir place à l'Académie.
>C'est un abus, quittez cette hérésie ;
>Pour être admis il faut d'autres talents :
>Soyez dévots, fréquentez bien l'église,
>Écrivez mal, mais sur sujets pieux,
>Faites des vers que jamais on ne lise,
>Vous entrerez, Roze a dit : Je le veux !

>Sonnets, rondeaux, fables, contes plaisants,
>Sont peu de cas pour cette compagnie ;
>Mieux sont reçus les dévots postulants
>Portant brevets de bonne et sainte vie.
>Livres savants, chansons, prose polie,
>D'admission ne sont pas bons garants ;
>Si vous voulez enfin qu'on vous élise
>De sainteté produisez-nous des vœux :
>Tels passe-ports seulement sont de mise,
>Vous entrerez, Roze a dit : Je le veux !

Dans l'envoi, l'auteur de la ballade s'adresse directement au roi et lui dit :

>Prince, qui sais par tes faits glorieux
>Rendre à tes lois toute chose soumise,
>Donne la paix à deux ambitieux
>Dont l'intérêt tout Parnasse divise.
>Tu peux, grand roi, mettre l'accord entre eux ;
>Faisant justice à qui tu l'as promise,

>   Et puis diras au demeurant des deux :
>   Une autre fois, puisque la place est prise,
>   Vous entrerez, Roze a dit : Je le veux[1] !

Louis XIV ne se laissa pas ébranler par ces railleries, et ne confirma l'élection de la Fontaine qu'après que Boileau eut été nommé de l'Académie, en remplacement de M. de Bezons, conseiller d'État, mort le 22 mars 1684. Lorsque l'Académie envoya, le 24 avril, un député au roi, pour lui faire part de cette nouvelle élection, Sa Majesté répondit : « Le choix qu'on a fait de Despréaux m'est très-agréable, et sera généralement approuvé... Vous pouvez, ajouta-t-il, recevoir incessamment la Fontaine ; il a promis d'être sage. »

L'Académie reçut avec joie cette approbation, et, sans attendre la réception de Boileau, elle se hâta de procéder à celle de la Fontaine, qui se fit dans la séance publique du 2 mai 1684[2].

Ainsi le sort voulut que notre fabuliste remplaçât, dans le fauteuil académique, le ministre qui l'avait injustement exclu de la liste des gens de lettres auxquels le roi faisait des pensions, et qu'il obtînt, dans la même circonstance, la préférence sur le poëte auquel le goût et la raison reprocheront éternellement d'avoir laissé in-

---

[1] M. Guillaume, juge au tribunal de Besançon, a eu l'obligeance de nous communiquer cette pièce curieuse.

[2] Ces séances de réception furent d'abord tenues à huis-clos, comme toutes les autres. Sur la demande de Charles Perrault, l'Académie décida qu'elles seraient rendues publiques. Fléchier fut le premier reçu selon cette nouvelle forme le 12 janvier 1673. (Voyez Charles Perrault, *Mémoires*, p. 131 et 132, et le *Recueil des harangues prononcées par Messieurs de l'Académie françoise*, 1698, in-4°, p. 210.)

complet son tableau du Parnasse en omettant le genre de l'apologue et le nom de celui qui l'avait présenté sous des couleurs si riantes et si vives.

La séance publique qui eut lieu pour la réception de la Fontaine commença par le discours du récipiendaire qui, selon l'usage, fit l'éloge de son prédécesseur; de Richelieu, fondateur de l'Académie, du roi, et de l'illustre compagnie dans laquelle il était admis. Dans ce discours, qui a le mérite, aujourd'hui si rare, d'être court, la Fontaine, en parlant de Richelieu, dit que ce fut un ministre redoutable aux rois : il loue, avec une finesse peut-être un peu malicieuse, la grâce que Louis XIV mettait dans tout, même dans ses refus. « S'il m'est permis, « dit-il, de descendre jusqu'à moi, un simple clin d'œil « m'a renvoyé, je ne dirai pas satisfait, mais plus que « comblé. » Il rend pleine justice à Colbert ; mais, comme il ne pouvait l'aimer, il passe rapidement sur ce qui le concerne : il loue enfin la piété de ses collègues, « dont « l'exemple, dit-il, ne pouvoit que lui être très-profi- « table [1]. »

L'abbé de la Chambre, qui était alors directeur, parla, dans sa réponse, du nouvel académicien d'une manière qui prouve combien il était apprécié de son temps. « L'Académie, dit-il, reconnoît en vous, Monsieur,

---

[1] La Fontaine, *Opuscules en prose; Recueil de harangues prononcées par Messieurs de l'Académie françoise*, 1698, in-4°, p. 438 à 446 ; *Discours, harangues et autres pièces d'éloquence de Messieurs de l'Académie françoise et autres beaux esprits*, 1697, t. 1, p. 154. Il y a dans ce recueil une faute grave relativement à la date du discours de Boileau.

un génie aisé, facile, plein de délicatesse et de naïveté; quelque chose d'original, et qui, dans sa simplicité apparente, et sous un air négligé, renferme de grands trésors et de grandes beautés. » Mais, en même temps, l'orateur crut devoir se permettre quelques exhortations qui ne pouvaient paraître déplacées dans une telle circonstance, si l'on considère la profession de celui qui parlait et la nature de plusieurs des écrits de celui auquel le discours était adressé. « Songez, lui dit-il, que ces mêmes paroles que vous venez de prononcer, nous les insérerons sur nos registres; plus vous avez pris de peine à les polir et à les choisir, plus elles vous condamneroient un jour, si vos actions se trouvoient contraires, si vous ne preniez à tâche de joindre la pureté des mœurs et de la doctrine, la pureté du cœur et de l'esprit, à la pureté du style et du langage [1]. »

Perrault lut ensuite une épître chrétienne de consolation à un homme veuf [2]. Remarquons que la reine venait de mourir, et que, dans son discours, l'abbé de la Chambre avait déjà fait mention de la douleur publique, au sujet de cet événement. Après Perrault, Quinault lut les deux chants d'un poëme intitulé : *Sceaux*; et le journaliste d'alors, dans lequel nous puisons les détails de cette séance, a soin de remarquer qu'il fut très-applaudi. Ce poëme, qui est une description de la belle

---

[1] *Discours de l'abbé de la Chambre lors de la réception de M. de la Fontaine*, prononcé au Louvre le 2 mai 1684, in-4°, dans la collection de Huet, intitulée : *Varia variorum*, t. XIV, pièce numérotée 8.

[2] *Mercure galant*, mai 1684, p. 63 à 65; Bayle, *République des lettres*, janvier 1685, t. III, p. 3 à 13.

maison de Colbert à Sceaux, resté longtemps dans l'oubli, a été retrouvé de nos jours et imprimé en 1811 [1]. La poésie en est élégante et facile, mais faible, et la publication de cet opuscule a fourni une nouvelle preuve qu'il faut se défier du prestige des lectures publiques. Benserade lut ensuite une traduction du *Miserere*, destinée à faire partie des *Heures*, auxquelles il travaillait pour le roi.

Enfin, la Fontaine, qui avait ouvert la séance, la termina par un discours en vers, adressé à madame de la Sablière. Les beautés de ce discours, où le talent de l'auteur brille dans toute sa force, les convenances du lieu, des personnes et des temps, avec lesquelles il se trouvait si bien d'accord, tout contribuait à donner à cette lecture le plus haut degré d'intérêt. La Fontaine, en louant sa bienfaitrice, en l'associant en quelque sorte aux honneurs publics qu'il recevait, acquittait la dette de la reconnaissance; et, en faisant une confession générale de toute sa vie, en révélant en beaux vers ses défauts comme homme et comme écrivain, il intéressait vivement son auditoire; il expiait le passé, satisfaisait au présent et donnait de nouvelles espérances pour l'avenir.

....
Des solides plaisirs je n'ai suivi que l'ombre;
J'ai toujours abusé du plus cher de nos biens.

---

[1] *OEuvres choisies de Quinault*, 2 vol. in-18, édit. stéréotype, 1811, Didot, t. II, p. 264 à 286

> Les pensers amusants, les vagues entretiens,
> Vains enfants du loisir, délices chimériques,
> Les romans et le jeu..........
> Cent autres passions, des sages condamnées,
> Ont pris comme à l'envi la fleur de mes années[1].

Les amis des bonnes mœurs et de la belle poésie, qui tous aimaient la Fontaine, malgré ses écarts, et désiraient sa réforme, durent entendre avec une vive satisfaction la fin de cet admirable discours.

> Que me servent ces vers avec soin composés?
> N'en attends-je autre fruit que de les voir prisés?
> C'est peu que leurs conseils, si je ne sais les suivre,
> Et qu'au moins vers ma fin je ne commence à vivre :
> Car je n'ai pas vécu, j'ai servi deux tyrans:
> Un vain bruit et l'amour ont partagé mes ans.
> Qu'est-ce que vivre, Iris? vous pouvez nous l'apprendre.
> Votre réponse est prête; il me semble l'entendre :
> C'est jouir des vrais biens avec tranquillité;
> Faire usage du temps et de l'oisiveté;
> S'acquitter des honneurs dus à l'Être suprême;
> Renoncer aux Phyllis en faveur de soi-même;
> Bannir le fol amour et les vœux impuissants,
> Comme hydres dans nos cœurs sans cesse renaissants[2].

Mais les lecteurs qui se rappellent que nous avons laissé madame de la Sablière au milieu du monde et de

---

[1] La Fontaine, Épîtres, 17.
[2] Id. ib.

toutes ses séductions, et entourée de savants, de gens de lettres, d'hommes de cour, et d'une jeunesse aimable et folâtre, doivent être fort surpris de voir sur quel ton la Fontaine lui parle dans ce discours. C'est qu'il s'était fait un changement total dans les dispositions, les goûts et la manière de vivre de cette femme intéressante. Elle avait renoncé à tous les plaisirs, même à ceux de l'esprit ; et, sans cesse au pied des autels, dans les hôpitaux, ou en retraite dans une maison religieuse, elle ne songeait plus qu'à Dieu et à son salut.

Comme la métamorphose opérée par la religion dans madame de la Sablière nous explique la position dans laquelle s'est trouvé la Fontaine pendant plusieurs années, il est nécessaire d'en faire connaître les causes.

Parmi les jeunes gens qui fréquentaient la maison de madame de la Sablière, et qui lui faisaient une cour assidue[1], il s'en trouva un qui conçut pour elle une passion vive, et qui parvint à la lui faire partager : c'était le marquis de la Fare, d'une ancienne et illustre maison de Languedoc. Il avait donné des preuves de la plus brillante valeur, lors de la défaite des Turcs au passage du Raab, ainsi qu'aux combats de Senef, de Mulhausen et de Turkeim. Il joignait à l'imagination la plus enjouée l'esprit le plus délicat et le caractère le plus aimable. Ami de Chaulieu, qui lui inspira le goût de la poésie, il s'est associé sans le vouloir, par quelques compositions

---

[1] *Recueil de Chansons historiques et critiques*, manuscrit, t. VI, p. 252.

charmantes, à la célébrité de ce poëte facile et plein de grâce.

La passion ardente qu'il avait conçue pour madame de la Sablière ne lui permit d'écouter aucune considération : il renonça à l'ambition, à la gloire et à la fortune, vendit la charge de sous-lieutenant des gendarmes du Dauphin au fils de madame de Sévigné, qui était alors enseigne dans la même compagnie[1]. Dès lors la Fare ne quitta plus celle qui occupait toutes ses pensées, et dans laquelle se concentrait toute son existence. Il passait chez elle les jours entiers, et plusieurs années s'écoulèrent sans que cette passion fût moins vive de part ou d'autre. Telle était la force de l'amour qu'éprouvait le marquis de la Fare, qu'on crut d'abord que la belle la Sablière manquerait plus tôt de persévérance que son amant[2]. Il n'en fut pas ainsi : madame de la Sablière s'aperçut que l'attachement du marquis de la Fare pour elle commençait à s'affaiblir, qu'il la négligeait, et passait des journées entières à jouer à la bassette : elle en eut un profond chagrin, et les sentiments de la plus fervente piété purent seuls remplacer, dans ce cœur sensible et délicat, le vide douloureux que l'amour y avait

---

[1] La Fare, *Mémoires*, p. 80 et 154; collection de Petitot et Monmerqué, t. LXV, p. 184 : c'est madame de la Sablière dont il est question dans cette partie des Mémoires de la Fare, quoiqu'il ne la nomme pas. Et, en rapprochant ce passage de celui de MADEMOISELLE, t. XLIII, p. 171, on a la preuve que cette liaison entre la Fare et madame de la Sablière commença en 1670. Madame de Sévigné, *Lettres*, en date du 19 mai 1677, t. V, p. 81. Voyez encore celle du 19 août 1676, t. IV, p. 432.

[2] Madame de Sévigné, *Lettres*, lettre du 4 août 1677, t. V, p. 173.

laissé. On la vit alors, dans l'âge des passions, et brillante encore de tout l'éclat de sa beauté, soigner les pauvres, les malades, et exécuter par degrés la résolution de consacrer toutes ses pensées à la religion, et de diriger toutes ses affections vers le seul être éternel et immuable. Comment, en effet, pouvait-elle espérer qu'aucun mortel pût effacer le souvenir de celui qu'elle perdait ?

Chaulieu, homme de plaisir, qui vivait au milieu des hommes les plus aimables de son temps, dit que la Fare les surpassait tous par les agréments de sa société. « C'étoit, ajoute-t-il, un composé de grâce, de sentiment et de volupté, et les siècles auront peine à former quelqu'un qui réunisse comme lui tant de belles et séduisantes qualités [1]. » Mais écoutons, sur cette rupture, madame de Sévigné, si admirable par sa dévotion indulgente, sa douce gaieté et son imperturbable confiance dans la Providence.

« Vous me demandez ce qui a fait cette solution de continuité entre la Fare et madame de la Sablière : c'est la bassette ; l'eussiez-vous cru? C'est sous ce nom que l'infidélité s'est déclarée ; c'est pour cette prostituée de Bassette qu'il a quitté cette religieuse adoration : le moment étoit venu que cette passion devoit cesser, et passer même à un autre objet : croiroit-on que ce fût un chemin pour le salut de quelqu'un, que la bas-

---

[1] Chaulieu, *OEuvres*, 1774, in-8°, t. II, p. 46, et p. 185, lettre à madame la duchesse de Bouillon.

sette ? Ah ! c'est bien dit, il y a cinq cent mille routes qui nous y mènent. Madame de la Sablière regarda d'abord cette distraction, cette désertion ; elle examina les mauvaises excuses, les raisons peu sincères, les prétextes, les justifications embarrassées, les conversations peu naturelles, les impatiences de sortir de chez elle, les voyages à Saint-Germain où il jouoit, les ennuis, les ne savoir plus que dire ; enfin, quand elle eut bien observé cette éclipse qui se faisoit, et le corps étranger qui cachoit peu à peu tout cet amour si brillant, elle prit sa résolution : je ne sais ce qu'elle lui a coûté ; mais enfin, sans querelle, sans reproche, sans éclat, sans le chasser, sans éclaircissement, sans vouloir le confondre, elle s'est éclipsée elle-même ; et, sans avoir quitté sa maison, où elle retourne encore quelquefois, sans avoir dit qu'elle renonceroit à tout, elle se trouve si bien aux Incurables, qu'elle y passe quasi toute sa vie, sentant avec plaisir que son mal n'étoit pas comme celui des malades qu'elle sert. Les supérieurs de la maison sont charmés de son esprit ; elle les gouverne tous : ses amis vont la voir, elle est toujours de très-bonne compagnie.

« La Fare joue à la bassette : voilà la fin de cette grande affaire, qui attiroit l'attention de tout le monde ; voilà la route que Dieu avoit marquée à cette jolie femme : elle n'a point dit, les bras croisés, j'attends la grâce : mon Dieu, que ce discours me fatigue ! hé ! mort de ma vie ! la grâce saura bien vous préparer les chemins : les tours, les détours, les bassettes, les laideurs, l'orgueil, les chagrins, les malheurs, les grandeurs, tout sert, tout est mis en œuvre par ce grand ouvrier, qui fait toujours infailliblement tout ce qu'il lui plaît[1]. »

Le jeu n'était pas, comme le croyait madame de Sévigné, la seule cause de ce changement[2]. Nous voyons, par un passage de la lettre de la Fontaine à mademoiselle Champmeslé, que la Fare avait pris du goût pour cette actrice[3]. Il est probable que si madame de la Sablière avait pu croire que la bassette était le seul motif des torts de son amant envers elle, au lieu de s'en séparer à jamais, elle eût plutôt cherché à le ramener à elle ; et avec d'autant plus d'espoir de succès, qu'il était au jeu presque toujours maltraité par le sort. Mais le cœur fier et passionné de madame de la Sablière ne put supporter l'idée d'une rivale, et encore moins d'une rivale du genre de celle qui lui était préférée.

Le penchant à la dévotion, qui se manifesta en elle, fut encore augmenté par un événement qui eut lieu quelques mois avant l'époque à laquelle a été écrite la lettre de madame de Sévigné ; je veux parler de la mort de M. de la Sablière, dont la cause a été ignorée, à ce qu'il paraît, de madame de Sévigné, mais qui, connue de madame de la Sablière, a dû fortifier en elle les pen-

---

[1] Madame de Sévigné, *Lettres*, en date des 14 juillet et 4 août 1680, t. VI, p. 373, et aussi p. 16, 125, 335 et 403.
[2] Chaulieu, *Œuvres*, t. II, p. 194, lettre à madame la marquise de Lassay.
[3] La Fontaine, *Lettres à divers*, 15 ; Chaulieu, *Œuvres*, t. II, p. 194. Ce goût pour les actrices continua, car lui-même, dans le récit de la fête donnée à Anet, dit : « Comme le grand prieur, l'abbé de Chaulieu et moi « avions chacun notre maîtresse à l'Opéra. » (La Fare, *Mémoires*, collect. de Petitot et Monmerqué, t. LXV, p. 255, année 1686.)

sées que lui inspirait sa propre expérience sur les suites presque toujours funestes des affections illégitimes. On se rappelle l'attachement de M. de la Sablière pour mademoiselle Manon Vanghangel, sœur de madame de Nyert, dont nous avons eu occasion de parler précédemment. Le temps n'avait fait qu'accroître cette passion. C'est pour cette jeune beauté que M. de la Sablière a composé presque tous les madrigaux qui nous restent de lui, et dont Voltaire a loué la finesse et le naturel [1]. Cet objet d'une affection si tendre et si constante mourut subitement, à la fleur de l'âge; M. de la Sablière en apprit la nouvelle inopinément, et au moment où il s'y attendait le moins : il en fut si frappé, que dès lors il resta plongé dans une sombre mélancolie, à laquelle il succomba un an après [2].

Madame de la Sablière, que déjà les consolations de la religion avaient en partie guérie des peines de cœur que l'amour lui avait causées, ressentit vivement un malheur dont elle ne pouvait se considérer comme entièrement innocente, et ces motifs l'affermirent encore dans la résolution qu'elle avait prise. Après avoir été les délices d'un monde où elle avait brillé avec tant d'éclat, elle en devint, par son repentir et sa piété, l'admiration et le modèle; son nouveau genre de vie attira même sur

---

[1] Voltaire, *Siècle de Louis XIV*, édit. de Kehl, 1785, in-12, t. I, p. 221.

[2] C'est ce que nous apprend une note manuscrite d'un contemporain, trouvée par M. Walckenaër à la suite des madrigaux de la Sablière, sur un exemplaire de ses *Œuvres*, qui présente tous les caractères de véracité et d'authenticité désirables.

elle l'attention de Louis XIV, qui lui fit une pension de 2,000 livres [1].

Un si touchant exemple de courage et de vertus inspira d'abord au marquis de la Fare les plus vifs regrets, et ensuite le désir de l'imiter. Il réforma sa conduite, et, le 3 novembre 1684, il épousa l'unique héritière du seigneur de Ventelet [2].

L'influence du roi força en quelque sorte l'Académie française à admettre Boileau, qui, après tant d'années d'exclusion, fut enfin élu à l'unanimité. Dans la séance publique que l'Académie tint le 1er juillet 1684 [3], pour sa réception, la Fontaine lut la jolie fable intitulée *le Renard, le Loup et le Cheval* [4], qui aurait pu par conséquent paraître dans le recueil qui lui était commun avec Maucroix [5]. Il ne l'inséra que dix ans après dans son dernier volume de Fables, publié en 1694.

Si le changement de madame de la Sablière eut une heureuse influence sur l'objet de ses plus tendres affections, il eut, sous tous les rapports, des résultats fâcheux pour la Fontaine. La nature, qui avait pourvu ce

---

[1] En mars 1685. Voyez les *Mémoires secrets et inédits de la cour de France*, par le marquis de Sourches, t. I, p. 46.

[2] *Dictionnaire de la noblesse* de la Chesnaye des Bois, in-4°, t. VI, p. 243; d'Hozier, *Généalogie de la maison de la Fare*, 1694; *Mémoires secrets et inédits de la cour de France*, par le marquis de Sourches, t. I, p. 45.

[3] Voyez *la Vie de M. Boileau-Despréaux*, par M. des Marzeaux, Amsterdam, 1712, p. 153; Bayle, *Nouvelles de la république des lettres*, juillet 1684.

[4] La Fontaine, *Fables*, XII, 17.

[5] Le privilége de ce recueil est du 1er février 1685. Il fut achevé d'imprimer le 28 juillet 1685.

poëte d'une imagination forte et gracieuse, lui avait
donné un caractère faible et irrésolu. Il se laissait aller
aux penchants que sa raison désapprouvait : il avait besoin d'être guidé comme un enfant; il retombait facilement dans les mêmes fautes, lorsqu'on cessait de le
diriger. Madame de la Sablière exerçait sur lui un empire salutaire et qui dut beaucoup diminuer lorsqu'elle
eut changé sa manière de vivre et de penser; non que la
Fontaine ait discontinué de loger chez elle, mais elle ne
demeurait plus avec lui que pendant des intervalles de
temps très-courts. Elle faisait pour les Incurables des
absences qui devinrent de plus en plus longues et de
plus en plus fréquentes : occupée du soin de secourir
l'humanité, et de beaucoup de bonnes œuvres, elle ne
pourvoyait plus avec la même attention aux besoins de
notre poëte, ni à l'ordre de ses affaires. D'ailleurs elle
ne pouvait avoir sur la Fontaine la même autorité, le
même ascendant que lorsque, étant femme du monde,
elle avait, par ses goûts, son genre de vie, ses occupations habituelles, ses faiblesses même, des rapports plus
intimes avec lui. Enfin, le temps n'était pas encore
venu pour notre poëte, et il était trop éloigné des pensées dont elle l'entretenait pour pouvoir profiter de
ses exhortations : c'est ce qu'il avoue lui-même avec
cette franchise et cet abandon qu'on retrouve toujours
en lui.

> Si j'étois sage, Iris (mais c'est un privilége
> Que la nature accorde à bien peu d'entre nous),

> Si j'avois un esprit aussi réglé que vous,
> Je suivrois vos leçons, au moins en quelque chose ;
> Les suivre en tout, c'est trop ; il faut qu'on se propose
> Un plan moins difficile à bien exécuter,
> Un chemin dont sans crime on se puisse écarter [1].

Ainsi donc la Fontaine, ne voulant pas s'engager dans la voie que madame de la Sablière lui indiquait par ses discours et ses exemples, chercha ailleurs des distractions à l'espèce d'isolement où le laissait le changement de sa bienfaitrice.

Les princes de Conti et de Vendôme devinrent pour lui des bienfaiteurs généreux : leur société était composée d'hommes, comme eux, aimables et spirituels ; mais le libertinage y donnait le ton. La Fontaine, dont les goûts, malgré le poids des années, étaient encore jeunes et joyeux, ne se ressentit que trop de l'influence de ces nouvelles liaisons. Ses mœurs (il faut l'avouer, puisque nous avons promis de tout dire), depuis cette époque jusqu'à celle de sa conversion, contractèrent quelque chose du cynisme de ceux qu'il fréquentait le plus habituellement. Ses véritables amis, tels que Racine et de Maucroix, s'en affligèrent ; mais leur affection pour lui n'en fut point altérée, car ils savaient que son cœur était excellent et ses intentions pures ; ils savaient qu'il était entraîné par l'empire des habitudes et de l'exemple : ses principes et sa morale leur étaient connus, et ils espéraient toujours le ramener. La suite a

---

[1] La Fontaine, *Épîtres*, 17.

prouvé qu'ils ne s'étaient point trompés à cet égard.

Toutefois le premier effet des nouvelles sociétés que la Fontaine fréquenta, fut de lui faire rompre l'engagement qu'il avait pris de ne plus composer de nouveaux contes; et la promesse qu'il avait faite à ce sujet, en vers et publiquement, il l'abjura de même dans le prologue du conte de *la Clochette*.

> Oh! combien l'homme est inconstant, divers,
> Foible, léger, tenant mal sa parole !
> J'avois juré, même en assez beaux vers,
> De renoncer à tout conte frivole;
> Et quand juré? c'est ce qui me confond;
> Depuis deux jours j'ai fait cette promesse.
> Puis fiez-vous à rimeur qui répond
> D'un seul moment! Dieu ne fit la sagesse
> Pour les cerveaux qui hantent les neuf Sœurs :
> Trop bien ont-ils quelque art qui vous peut plaire,
> Quelque jargon plein d'assez de douceurs;
> Mais d'être sûrs, ce n'est là leur affaire [1].

Ces beaux vers ne purent obtenir la grâce du pécheur auprès des personnes sévères. Le savant Baillet dit, en parlant de notre poëte:

« Si nous avions voulu croire ses amis, depuis plus d'un an il étoit disposé à effacer la mémoire et l'impression de ses contes, avec ses larmes et avec son sang s'il en eût été besoin. Mais nous avons sujet de douter

---

[1] La Fontaine, *Contes*, v, 1. La date seule de ce conte (1684) suffit pour réfuter l'erreur de ceux qui l'ont cité comme preuve que la Fontaine avait composé des contes depuis sa conversion.

que ses amis eussent parole de lui pour faire de ces grandes avances[1]. »

Il faut remarquer cependant que la Fontaine fut plus retenu, et que le petit nombre de contes qu'il a fait paraître, depuis sa réception à l'Académie, n'approchent pas de la licence de plusieurs de ceux des recueils précédents. Aussi, même en violant sa promesse, il avait contracté avec lui-même l'engagement d'être plus sage ; et comme il ne prenait pas une résolution sans en faire confidence à sa Muse, après le prologue de *la Clochette*, il dit dans celui du conte du *Scamandre* :

> Me voilà prêt à conter de plus belle ;
> Amour le veut, et rit de mon serment :
> Hommes et dieux, tout est sous sa tutelle ;
> Tout obéit, tout cède à cet enfant.
> J'ai désormais besoin, en le chantant,
> De traits moins forts et déguisant la chose ;
> Car, après tout, je ne veux être cause
> D'aucun abus ; que plutôt mes écrits
> Manquent de sel, et ne soient d'aucun prix [2] !

Ainsi, en avançant en âge, notre poëte ne perdait rien de sa gaieté. Il aimait surtout à défendre les jeunes femmes contre les attaques de celles que le temps a dépouillées des moyens de plaire. On en eut la preuve dans la dispute poétique qu'excita sur le Parnasse fran-

---

[1] A. Baillet, *Journal des savants, sur les principaux ouvrages des auteurs*, édition revue par de la Monnoye, 1732, in-4°, t. V, p. 414.
[2] La Fontaine, *Contes*, v, 2.

çais madame Deshoulières, au sujet de la représentation de l'opéra d'*Amadis*, en janvier 1684.

Fille de du Ligier, seigneur de la Garde, et mariée fort jeune à un lieutenant-colonel, madame Deshoulières entra dans le monde avec tous les avantages que donnent le rang, la naissance, l'esprit et la beauté. Sa jeunesse, environnée de séductions, fut aventureuse et galante : elle captiva par ses charmes le duc d'Enghien, depuis prince de Condé, le plus illustre des héros de son temps. Henri-Louis de Loménie, comte de Brienne, fut au nombre de ses amants les plus constants et les plus favorisés. Il écrivit pour elle ses Mémoires, et il les lui dédia dans une épître en vers où il s'exprime de manière à ne laisser aucun doute sur la nature de leur liaison [1].

Madame Deshoulières eut de bonne heure un goût très-vif pour la poésie, et apprit promptement, et au milieu de la dissipation et des plaisirs, le latin, l'italien et l'espagnol. C'était alors le règne des grands romans de chevalerie ; on les regardait comme les codes du bon goût et de la politesse. Madame Deshoulières avait surtout été charmée de la lecture d'*Amadis* et de

---

[1] Il dit :
>De tes faveurs on m'a fait de grands crimes ;
>C'est toi qui m'as chargé de fers,

et plus loin :
>. . . Je te vis, tu le sais, à toute heure :
>La nuit, qui fut souvent témoin de notre amour,
>Ne t'ôte point l'éclat que te donne le jour
>Quand il fait le circuit de ses douze demeures.

(Brienne, *Mémoires inédits*, 1828, in-8, t. I.)

l'*Astrée;* sa vive imagination fut tellement éprise de ces peintures idéales des mœurs chevaleresques et pastorales, qu'en 1672 elle partit de Paris exprès pour se rendre dans le Forez : elle visita le Lignon et ces vallées délicieuses que d'Urfé a rendues si célèbres.

Lorsque le roi eut de lui-même choisi *Amadis* pour sujet d'opéra, et que Quinault, qui avait été chargé de le traiter, eut fait représenter son ouvrage sur le théâtre de Paris, madame Deshoulières, qui était alors âgée de cinquante ans, sentit se réveiller en elle toutes les idées romanesques qui, dans le printemps de sa vie, lui avaient fait éprouver de si douces illusions. Pour exalter le temps passé, et déprécier le temps présent, elle composa une épître et une ballade, qu'elle adressa au duc de Montausier, renommé par sa vertu sévère, et qui, dans ses relations avec les femmes, s'était montré le modèle de cette galanterie recherchée et respectueuse qui commençait à contraster avec les mœurs du jour. Il venait de perdre son épouse, la célèbre Julie d'Angennes de Rambouillet, et madame Deshoulières, dans l'épître qu'elle lui adressa, après avoir déploré cette perte, termine en disant :

> Seul vous pourrez comprendre
> Et plaindre les ennuis profonds
> Que souffre un cœur fidèle et tendre,
> Dans un siècle où l'amour n'est que dans les chansons.

La ballade, comme l'épître, exprime les mêmes regrets du passé, le même chagrin du présent, mais avec plus de talent, et sur un ton moins solennel, ainsi que l'exigeait la différence des genres.

> Fils de Vénus, songe à tes intérêts,
> Je vois changer l'encens en camouflets :
> Tout est perdu si ce train continue.
> Ramène-nous le siècle d'Amadis.
> Il t'est honteux qu'en cour d'attraits pourvue,
> Où politesse au comble est parvenue,
> On n'aime plus comme on aimoit jadis[1].

Madame Deshoulières était alors au plus haut point de sa réputation; tout ce qui sortait de sa plume attirait l'attention, mais aucune de ses productions n'avait fait autant de bruit que cette ballade. Une foule de poëtes se présentèrent pour défendre le temps présent contre les attaques de celle qu'on appelait la dixième Muse, la Calliope française. Le duc de Saint-Aignan, qui jouissait de toute la faveur du roi, entra un des premiers dans la lice[2]; et madame Deshoulières, flattée d'avoir à combattre un tel champion, répondit à la ballade qu'il avait composée sur les mêmes rimes, et avec le même refrain que la sienne. Le duc de Saint-Aignan répliqua; madame Deshoulières riposta de nouveau, et cette joute poétique se continua, jusqu'à ce que le noble et galant auteur finit par confesser sa défaite. Pavillon se joignit au défenseur du temps présent, et dans de fort jolies ballades soutint

---

[1] Madame Deshoulières, *Œuvres*, 1693, in-8°, t. I, p. 56; Pavillon, *Œuvres*, 1750, in-12, t. II, p. 146.
[2] Saint-Aignan dans les *Œuvres de Pavillon*, t. II, p. 148.

Qu'on aime encor comme on aimoit jadis[1].

D'autres convinrent avec l'apologiste du siècle d'A-
madis

Qu'on n'aime plus comme on aimoit jadis.

Mais ils convertissaient galamment cet aveu en compliments pour la dixième Muse. De Losme de Monchesnay,
l'auteur connu du *Bolœana,* lui disait :

> Oui, j'en conviens, charmante Deshoulières;
> Mais si chaque beauté possédoit vos lumières
> On reverroit bientôt le siècle d'Amadis.
> . . . .
> Si, comme vous, toutes nos dames
> Avoient l'art de toucher nos ames,
> On aimeroit bientôt comme on aimoit jadis.

La Fontaine, qui était fortement prévenu contre madame Deshoulières depuis qu'elle avait cabalé contre les
pièces de Racine, son ami, lui répondit sur un ton bien
différent de celui de Monchesnay :

> Quoi qu'en ait dit femme un peu trop dépite,
> Rien n'est changé du siècle d'Amadis.
> . . . .
> On aime encor comme on aimoit jadis.
>
> Il est bien vrai qu'on choisit les objets,

---

[1] Étienne Pavillon, *Œuvres,* t. 1, p. 152. Cette pièce a été publiée, d'abord en 1715, par Duval de Tours, sous le nom de la Fare, et ensuite insérée parmi les poésies de ce dernier, 1755, in-12, p. 17.

Plus n'est le temps de dame sans mérite;
Quand beauté luit sous simples bavolets,
Plus sont prisés que reine décrépite;
Sous quelque toit que Bonne-Grace habite,
Chacun y court, jusqu'au plus refroidis...
Et quand Grace est de Bonté soutenue,
On aime encor comme on aimoit jadis.

Toi qui te plains d'Amour et de ses traits,
Dame chagrine, apaise tes regrets;
Si quelque ingrat rend ton humeur bourrue,
Ne t'en prends point à l'enfant de Cypris,
Cause il n'est pas de ta déconvenue :
Quand la dame est d'attraits assez pourvue,
On aime encor comme on aimoit jadis.

La Fontaine, fidèle à la loi qu'il s'était faite de ne jamais rien publier de désobligeant contre qui que ce fût, n'a point laissé paraître cette jolie ballade de son vivant; mais il est assez étrange qu'elle ait échappé jusqu'à nous à tous les éditeurs de ses œuvres, soit diverses, soit complètes, puisqu'elle était depuis longtemps imprimée sous son nom dans le recueil des poésies de Pavillon.

Il en est de même d'une autre ballade, dont le refrain est

Le mal d'amour est le plus rigoureux.

On l'a aussi imprimée dans le même recueil, et également sous le nom de notre poëte; il la composa vers le même temps que la précédente, et elle prouve que c'était d'après sa propre expérience qu'il soutenait la thèse opposée à celle de madame Deshoulières, puisqu'il se laissait alors dominer par une inclination qu'avait fait naître en lui une beauté trop rebelle à ses désirs, à laquelle il fait, de la manière suivante, l'envoi de sa ballade :

> Objet charmant, de qui la belle image
> Tient dès longtemps mon cœur en esclavage,
> Soulage un peu mon tourment amoureux.
> Si tu me fais un tour si généreux,
> Plus ne tiendrai ce déplaisant langage :
> Le mal d'amour est le plus rigoureux.

Si, d'une part, la Fontaine, par l'impuissance où il était de résister au penchant qui l'entraînait à écrire sur des sujets libres, s'aliénait malgré lui l'affection de Louis XIV, d'une autre part, il ne négligeait aucun moyen de regagner les bonnes graces de ce monarque, et saisissait toutes les occasions de composer des vers à sa louange. Il en trouva une dans sa liaison avec le comte de Fiesque, descendant des Fiesques de Gênes [1], qui avaient été chassés de leur patrie et obligés de se réfugier en France, après la conspiration formée par Louis de Fiesque, comte de Lavagne, en 1547. Louis XIV prétendit que les Génois, au mépris de leur alliance avec la France, entretenaient des intelligences avec

---

[1] Bayle, *Lettres*, 1714, in-12, t. I, p. 145 ; Sismonde de Sismondi, *Biographie universelle*, t. XIV, p. 508. Sismonde de Sismondi soutient, dans son Histoire, que ce ne fut qu'un prétexte du roi de France pour opprimer cette république. (*Histoire des Français*, t. XXV, p. 464.)

l'Espagne et même avec les Algériens, dont ils favorisaient les pirateries. Louis XIV en demanda réparation : les Génois la refusèrent; alors il fit bombarder Gênes au mois de mai 1684, par Duquesne[1]. Le comte de Fiesque, qui était fort pauvre, et qui, si l'on en croit certains écrits satiriques du temps[2], ne subsistait que par les libéralités de madame de Lionne, dont il était l'amant, saisit cette occasion pour renouveler des prétentions sur la république de Gênes, qu'il avait développées dans une requête et un Mémoire adressés au roi, et imprimés en 1681. Louis XIV, mécontent de la république de Gênes, avait, par une déclaration insérée à la suite du Mémoire, reconnu les droits du comte de Fiesque[3]. Celui-ci en fit l'abandon au roi, qui pensait

---

[1] D. Clément, *Art de vérifier les dates*, t. III, p. 74; Hénault, p. 676 et 678; Voltaire, *Siècle de Louis XIV*, ch. xiv, t. XXIII, p. 66, édit. in-12. Voyez Sismonde de Sismondi, *Histoire des Français*, t. XXV, p. 464 à 473. M. de Bonrepaux, ami de la Fontaine, était intendant de la flotte. Piquelai, ministre de la marine, l'envoya sommer le doge de donner satisfaction.

[2] Bussy-Rabutin, *Histoire amoureuse des Gaules*, t. II, p. 301, ou *France galante*, 1695, p. 117; le passage est dans le morceau des *Vieilles amoureuses*; alors il n'est pas de Bussy-Rabutin; *Chansons historiques et critiques*, manuscrit in-fol., t. I, p. 19. Le père de Fiesque s'était ruiné en suivant le parti du prince de Condé, et sa mère avait encouru la disgrâce de MADEMOISELLE, au service de laquelle elle était placée. Voyez Mademoiselle de Montpensier, *Mémoires*, t. III, p. 45°, ou t. XLII de la collection.

[3] *Requeste au roy et mémoires de M. le comte de Fiesque, pour ses prétentions et droits contre la république de Gennes*, Paris, 1681, chez J. Guignard et Jacques Villery, in-4° de 36 pages : on trouve à la suite du Mémoire une *Déclaration du roy en faveur de Charles Léon, comte de Fiesque, et de ses frères*. Ce Mémoire se trouve dans la collection formée par Huet, *Varia variorum*, t. XV, pièce 38°. Le géographe de Fer dressa pour ce Mémoire une carte de la haute Lombardie, qui fut gravée et publiée en 1682. On y voit tous les États possédés autrefois par la maison de Fiesque

alors à s'emparer de Gênes, et faisait publier des écrits pour démontrer la justice de cette usurpation, et même pour prouver aux Génois que leur réunion à la France leur serait avantageuse [1]. Mais le pape étant intervenu dans cette affaire, Louis XIV se contenta de la satisfaction que lui donna la république, qui lui envoya son doge et quatre sénateurs, pour lui faire des excuses, et qui se soumit en outre à payer cent mille écus comptant au comte de Fiesque, par provision et en attendant qu'on eût liquidé ses prétentions et jugé son affaire. La Fontaine alors composa, sur ce sujet, un compliment en vers, que le comte de Fiesque récita au roi le 7 novembre 1684 [2], lorsqu'il alla le remercier de la bonté qu'il avait eue de s'occuper de ses intérêts [3].

> J'étois près de céder aux destins ennemis,
>   Quand j'ai vu les Génois soumis,
>   Malgré les faveurs de Neptune,
>   Malgré des murs où l'art humain
>   Croyoit enchaîner la fortune
>   Que vous tenez en votre main.
> Cette main me relève ayant abaissé Gêne.
> ....
> Vous témoignez en tout une bonté profonde,

jusqu'en l'an 1547. Voyez *Atlas de Baudrand*, n° 383, vol. I, n° 142 (Bibliothèque du roi).

[1] Louis XIV, *OEuvres*, t. II, p. 379 ; le Noble, *Relation de l'État de Gennes*, 1685, in-12, p. 100 à 106.

[2] Reboulet, dans son *Histoire du règne de Louis XIV*, in-4°, t. II, p. 331, nous apprend que le traité avec Gênes ne fut signé qu'en février 1685.

[3] Dangeau, *Journal*, sous la date du 7 novembre 1684, t. I, p. 90 ;

Et joignez aux bienfaits un air si gracieux,
Qu'on ne vit jamais dans le monde
De roi qui donnât plus, ni qui sût donner mieux [1].

Le comte de Fiesque avait beaucoup d'instruction, il savait par cœur les bons poëtes latins et français, qu'il citait souvent et toujours à propos [2]. Ce fut lui qui donna les inscriptions, tirées de Virgile, que le grand Condé fit mettre à Chantilly. Son goût exquis lui faisait préférer dans les auteurs tout ce qui était simple et naturel. Il avait une prédilection particulière pour la Fontaine, et le nommait son poëte. Il ne chercha point à s'attribuer la petite pièce qu'il avait récitée au roi, car elle fut publiée peu de temps après par la Fontaine lui-même dans un recueil dont nous parlerons bientôt [3].

Vers cette époque, notre poëte fréquentait assidûment le Théâtre-Français, où la Champmeslé, son amie, attirait la foule. En 1684, on représenta sur ce théâtre une comédie en cinq actes, intitulée *Ragotin* [4], et l'année suivante une petite pièce en un acte, ayant pour

---

Madame de Sévigné, *Lettres*, lettre en date du 27 décembre 1684, t. VII, p. 218.

[1] La Fontaine, *Épîtres*, 18.

[2] Il faisait aussi des vers, et l'on trouve une chanson dont il avait composé les paroles et la musique dans le *Recueil des plus beaux vers qui ont été mis en chant*, 1661, in-12, t. I, p. 175.

[3] *Ouvrages de prose et de poésie des sieurs de Maucroix et de la Fontaine*, 1685, in-12, p. 92.

[4] *Œuvres de la Fontaine, Théâtre* ; les frères Parfaict, *Histoire du Théâtre-François*, t. XII, p. 434 ; *Bibliothèque du Théâtre-François*, Dresde, 1768, t. III, p. 42 ; Beauchamp, *Recherches sur les théâtres de France*, t. II, p. 286.

titre *le Florentin* [1]. Cette dernière est une de celles que depuis plus d'un siècle on a le plus souvent jouées, et que le public revoit avec le plus de plaisir. L'intrigue en est faible, mais la scène entre le jaloux Harpagême et sa pupille Hortense est préparée avec art, dialoguée avec beaucoup de finesse et de naturel, et d'un effet très-piquant; elle est digne de la Fontaine, qu'on croit être l'auteur de la pièce : cependant il ne l'a jamais avouée, et elle n'a pas été imprimée de son vivant, non plus qu'aucune de celles qu'on lui a depuis attribuées, et qui toutes ont été présentées au théâtre par Champmeslé.

La Fontaine avait commencé une tragédie d'*Achille*, dont les deux premiers actes, écrits de sa main, ont été déposés par d'Olivet à la Bibliothèque du roi, et imprimés depuis [2]. Si à ces deux actes on ajoute l'*Eunuque*, les fragments de *Galatée*, l'opéra de *Daphné*, le petit ballet, intitulé *les Rieurs du Beau-Richard*, dont nous avons fait mention ; l'opéra d'*Astrée*, dont nous parlerons en son lieu, et si l'on veut aussi *Clymène*, puisque l'auteur lui a donné le titre de comédie, on aura réuni tout ce qui, sans contestation, doit former ce qu'on appelle le *Théâtre de la Fontaine*. Les nouveaux éditeurs de

---

[1] *OEuvres de la Fontaine, Théâtre*; les frères Parfaict, *Histoire du Théâtre-François*, t. XII, p. 484 ; le chevalier de Mouhy, *Abrégé de l'histoire du Théâtre-François*, t. I, p. 201; *Petite bibliothèque des théâtres*, t. VIII, p. III *des jugements;* Furetière, *Nouveau Recueil des factums, etc.*, in-12, 1694, p. 498.

[2] *OEuvres de la Fontaine, Théâtre; Petite bibliothèque des théâtres*, 1785, in-12, t. VIII.

ses œuvres y ont ajouté *Ragotin*, *le Florentin*, *Je vous prends sans vert* et *la Coupe enchantée*. Le libraire de Hollande, Adrian Moetjens, qui publia le premier un prétendu recueil de *Pièces de théâtre de la Fontaine*, en 1702, mit aussi en tête, comme étant de lui, la tragédie de *Pénélope*, qui avait été représentée sur le Théâtre-Français en 1684. L'abbé Genest, auteur de cette tragédie, réclama contre le tort qui lui était fait par un éditeur ignorant, et fit alors imprimer sa pièce plus correctement. Mais personne ne s'est avoué l'auteur de *Ragotin*, qu'Adrian Moetjens a mis aussi dans son recueil des pièces de théâtre de la Fontaine, avec *le Florentin* et *Je vous prends sans vert* [1].

Quant à *la Coupe enchantée* [2], la Compagnie des libraires fit imprimer cette pièce plusieurs fois sans nom d'auteur, et finit par l'insérer dans l'édition qu'elle a donnée du Théâtre de Champmeslé, qui l'avait présentée aux comédiens. L'abbé d'Olivet, qui était bien instruit de l'histoire littéraire de son temps, dans les *OEuvres diverses* qu'il a publiées de la Fontaine, d'après les manuscrits de l'auteur, n'a inséré que deux comédies, celle du *Florentin* et *Je vous prends sans vert;* et encore a-t-il eu soin de les rejeter à la fin des volumes et d'avertir que ces deux pièces étaient attribuées à M. de la Fontaine, sans oser assurer qu'elles fussent réellement de lui [3].

---

[1] La Fontaine, *Théâtre*; Champmeslé, *OEuvres*, 1742, p. 311 à 344.
[2] La Fontaine, *Théâtre*; Champmeslé, *Théâtre*, p. 572 à 620.
[3] *OEuvres diverses de la Fontaine*, édit. 1729, in-8°, t. III, p. 381; *OEuvres de Boileau*, édit. de Saint-Marc, t. III, p. 183.

Les *OEuvres diverses* de la Fontaine ont été réimprimées en entier au moins six fois pendant le dix-huitième siècle [1], et aucun de ceux qui dirigèrent ces éditions n'a cru devoir ajouter d'autres comédies aux deux dont nous venons de parler. Jean-Baptiste Rousseau, dans sa jeunesse contemporain de la Fontaine, soutint même toujours que ces deux pièces n'étaient pas de ce poëte et qu'elles devaient être restituées à Champmeslé [2].

Ce n'est que dans le dix-neuvième siècle, et il y a environ trente ans, que l'on vit sortir des presses des meilleurs imprimeurs de France un Théâtre de la Fontaine, dans lequel, sur la périlleuse parole d'un journaliste célèbre, l'éditeur s'est permis non-seulement d'insérer les pièces que lui attribuaient le libraire hollandais et les historiens du Théâtre-Français, mais d'en retrancher trois, dont la Fontaine est incontestablement l'auteur, qu'il a lui-même avouées et fait imprimer avec son nom, dont une enfin a été représentée plusieurs fois sur le théâtre de l'Opéra [3]. Les éditeurs de la Fontaine qui sont venus après celui-ci ont rendu à notre poëte les pièces qui lui appartenaient; ils y ont joint aussi sans aucun examen, et comme étant incontestablement

---

[1] Paris, 1729, in-8°; même année en Hollande, 3 vol. in-8°; Leyde, 1744, 4 vol. in-12; Paris, chez Nyon, en 1744, 4 vol. in-12; chez Huart, 1750; et chez Leclerc, 1758, etc.

[2] *OEuvres de Rousseau*, édit. 1820, in-8°, t. IV, p. 422; *Pièces dramatiques, choisies et restituées*, par M*** (Rousseau), Amsterdam, 1734, in-12, p. 319.

[3] *Théâtre de la Fontaine*, édit. stéréotype de MM. Didot, 1812, in-18.

de lui, toutes celles qu'on lui avait précédemment attribuées. D'après les recherches très-suivies que nous avons faites à ce sujet, il nous paraît démontré que la Fontaine et Champmeslé ont composé ces pièces en commun, et que notre auteur a eu la principale part à celles qu'il a versifiées seul [1].

Notre fabuliste avait aussi composé en commun avec Champmeslé une petite pièce en un acte, d'abord intitulée : *les Amours de campagne*, et ensuite *le Veau perdu*. Cette pièce n'a jamais été imprimée, et ne s'est point retrouvée [2]. Deux de ses contes en ont fourni le sujet, et cette pièce, ainsi que la *Coupe enchantée*, prouvent que, vers la fin de sa vie, la Fontaine se plaisait à arranger pour le théâtre les joyeuses aventures qu'il avait si bien su raconter dans ses contes, ainsi que, lors de son début, il avait d'abord mis en scène, dans le ballet des *Rieurs du Beau-Richard*, l'historiette du Savetier qu'il inséra depuis dans le premier recueil de ses contes.

Le fragment d'*Achille* suffit pour prouver que la Fontaine n'aurait pu réussir dans la tragédie, et c'est probablement parce qu'il le sentait lui-même qu'il n'a

---

[1] *OEuvres de la Fontaine, Théâtre.*

[2] La Fontaine, *Théâtre*. Un libraire de Hollande, nommé Adrian Mœtjens, publia en 1702 un recueil de *pièces de théâtre de M. de la Fontaine*, dont les manuscrits, dit-il, à la réserve de celui de *Je vous prends sans vert*, lui ont été communiqués. Ce recueil contient cinq pièces, dont une seule, *le Florentin*, peut être attribuée à la Fontaine. Les quatre autres sont : *Pénélope, ou le retour d'Ulysse*, tragédie que réclama depuis Saint Genest; *Ragotin*, *Je vous prends sans vert* et une tragédie de Vaernelvijck intitulée *le duc de Monmouth*.

pas achevé cette pièce. *Le Florentin* nous offre un comique de situation, que peut rencontrer un homme d'esprit sans avoir pour cela le génie de la comédie.

On a souvent comparé la Fontaine à Molière; mais c'est par ses fables, et non par son théâtre, que notre poëte a associé son nom à celui de ce peintre si énergique et si profond des ridicules de l'espèce humaine. Souvent, en effet, Molière et la Fontaine ont, malgré la différence des personnages qu'ils mettent en scène, des ressemblances frappantes dans certains détails. Ainsi, l'ours flairant un homme qui contrefait le mort, en disant : « Otons-nous, car il sent, » ressemble assez bien à M. de Sottenville, qui, croyant que George Dandin est ivre, le repousse, en lui disant : « Retirez-vous, vous sentez le vin! » Le chien du fermier, battu parce que son raisonnement n'est que d'un simple chien, n'est-ce pas Sosie, dont les discours sont des sottises, partant d'un homme sans éclat? Mais cependant, malgré ces rapprochements que l'on pourrait multiplier, la Fontaine et Molière diffèrent autant par la nature de leur génie que par le but qu'ils se sont proposé et les moyens qu'ils ont employés pour y parvenir.

Nul n'a mieux saisi et exprimé ces différences que Chamfort : « Sans méconnoître, dit-il, l'intervalle immense qui sépare l'art si simple de l'apologue et l'art si compliqué de la comédie, j'observerai, pour être juste envers la Fontaine, que la gloire d'avoir été, avec Molière, le peintre le plus fidèle de la nature et de la société, doit rapprocher ces deux grands hommes. Molière, dans chacune de ses pièces, ramenant la peinture des mœurs à un objet philosophique, donne à la comédie la moralité de l'apologue ; la Fontaine, transportant dans ses fables la peinture des mœurs, donne à l'apologue une des grandes beautés de la comédie, les caractères. Le poëte comique semble s'être plus attaché aux ridicules, et a peint quelquefois les formes passagères de la société ; le fabuliste semble s'adresser davantage aux vices, et a peint une nature encore plus générale. Le premier me fait plus rire de mon voisin, le second me ramène plus à moi-même. Celui-ci me venge des sottises d'autrui, celui-là me fait mieux songer aux miennes. L'un semble avoir vu les ridicules, comme un défaut de bienséance, choquant pour la société ; l'autre, avoir vu les vices, comme un défaut de raison, fâcheux pour nous-mêmes. Après la lecture du premier, je crains l'opinion publique ; après la lecture du second, je crains ma conscience. Enfin, l'homme corrigé par Molière, cessant d'être ridicule, pourroit demeurer vicieux ; corrigé par la Fontaine, il ne seroit plus ni vicieux ni ridicule : il seroit raisonnable et bon[1]. »

Après s'être essayé sur le théâtre, notre poëte retourna au genre de composition qui convenait le mieux à son génie, et on vit paraître, en 1685, chez le libraire Barbin, les *Ouvrages de Prose et de Poésie* des sieurs de Maucroix et de la Fontaine, en deux volumes. De

---

[1] Chamfort, *Éloge de la Fontaine* dans les *Œuvres de la Fontaine*, 1822, in-8°, t. I, p. XVIII.

Maucroix avait traduit quelques dialogues de Platon et quelques discours de Démosthène et de Cicéron. La Fontaine, ainsi que nous l'avons déjà dit¹, pour associer son nom à celui de son ami, et faciliter le débit de ses traductions, s'en rendit l'éditeur, et y ajouta plusieurs de ses propres poésies, qui cependant n'y avaient aucun rapport. Il composa en outre une préface et l'épître dédicatoire en tête du premier des ce deux volumes.

Ainsi ces deux vrais amis mettaient tout en commun, jusqu'à la renommée; et leur attachement réciproque n'éprouva pas, durant leur longue carrière, le moindre nuage. Les rapports de sympathie qui les unissaient si étroitement furent toujours les mêmes. Dans leur jeunesse, même goût pour les plaisirs, même inclination pour la poésie; et dans tout le cours de leur vie, même dédain pour les richesses, même sensibilité de cœur, même franchise de caractère, même chaleur dans l'amitié.

Le recueil dont nous venons de parler fut annoncé par Bayle, dans son journal, avec beaucoup d'éloges². Il remarque que la Fontaine nous apprend, dans sa préface, avec quel esprit il faut lire les dialogues de Platon, et qu'il dit là-dessus, en peu de mots, des choses solides et propres à nous faire bien pénétrer le caractère de cet ancien philosophe. Le choix et la variété des mor-

---

¹ Voyez ci-dessus, t. I, p. 21.
² Bayle, *Nouvelle république des Lettres*, 2ᵉ édit., septembre 1685, p. 1018, ou 1ʳᵉ édit., p. 1006, ou *Œuvres*, in-fol., t. IV, p. 374 et 375.

ceaux qui forment le premier volume[1] nous montrent que la Fontaine ne négligeait rien pour assurer un succès qui devait lui être commun avec son ami. Indépendamment du beau discours à madame de la Sablière, dont nous avons parlé, et qu'il prononça lors de sa réception à l'Académie, il a réuni dans ce recueil, entre autres poésies, des fables, des contes, *Philémon et Beaucis*, *les Filles de Minée*, et une charmante idylle, imitée de Théocrite, intitulée : *Daphnis et Alcimadure*.

La première fable qui se rencontre dans ce volume est celle qui est intitulée : *la Folie et l'Amour*[2]. « La plus belle fable des Grecs, dit Voltaire, est celle de Psyché ; la plus plaisante fut celle de la Matrone d'Éphèse ; la plus jolie, parmi les modernes, fut celle de la Folie, qui, ayant crevé les yeux à l'Amour, est condamnée à lui servir de guide[3]. » La Fontaine les a racontées toutes les trois, et nous savons tous comment il a su raconter la dernière.

Dans le conte du *Fleuve Scamandre*, tiré de la dixième des lettres attribuées à Eschine, la Fontaine n'a pu retenir l'élan de son admiration pour Homère, et pour

---

[1] Il y en eut une édition faite en Hollande, à Amsterdam, chez Pierre Mortier, 1688 ; mais le t. I renferme ce qui est de Maucroix, le t. II ce qui est de la Fontaine, à l'inverse de l'édition originale.

[2] La Fontaine, *Fables*, XII, 14 ; *Ouvrages de prose et de poésie des sieurs de Maucroix et de la Fontaine*, t. I, p. 6.

[3] Voltaire, *Dictionnaire philosophique*, au mot *Fable*, t. LI, p. 246 des *OEuvres*, édit. de Kehl, in-12. Voltaire se trompe en disant que Boileau n'a jamais compté la Fontaine parmi ceux qui faisaient honneur à ce grand siècle.

l'antiquité en général, qu'il devait bientôt être obligé de défendre contre les attaques de Perrault :

> Ilion, ton nom seul a des charmes pour moi ;
> Lieu fécond en sujets propres à notre emploi,
> Ne verrai-je jamais rien de toi, ni la place
> De ces murs élevés et détruits par des dieux,
> Ni ces champs où couroient la Fureur et l'Audace,
> Ni des temps fabuleux enfin la moindre trace
> Qui pût me présenter l'image de ces lieux [1] ?

C'est au duc de Vendôme que la Fontaine a adressé le poëme de *Philémon et Baucis*, tiré des Métamorphoses d'Ovide. Le duc de Vendôme, petit-fils d'un des enfants légitimés d'Henri IV, obtint les honneurs de prince du sang, par sa valeur et ses services [2] : il était adoré du soldat ; mais, s'il avait toutes les vertus, il avait aussi tous les vices que l'on peut contracter dans les camps [3] : son frère, qui cette année obtint la charge importante de grand prieur de France pour l'ordre de

---

[1] La Fontaine, *Contes*, v, 2.

[2] En 1674, son rang fut définitivement réglé. Il obtint au parlement la préséance sur tous les pairs, même ecclésiastiques, et marchait après M. le duc du Maine : c'est là surtout ce qui excita la colère du duc de Saint-Simon.

[3] On avait, à cause de lui, surnommé le petit hôtel de Vendôme *l'hôtel Sodome*. (L.-H. Loménie de Brienne, *Mémoires*, t. II, p. 295.) Voy. aussi Saint-Simon, *OEuvres complètes*, t. XII, p. 111 et 123 ; Chaulieu, *Poésies* ; Voltaire, *Épîtres*, 13, t. XIII, p 32 à 35, édit. de Kehl, in-12 ; Palaprat, *Recueil de pièces de vers adressé à monseigneur le duc de Vendôme*, Paris, 1771, in-12. Il ne faut croire ni le mal qu'en dit Saint-Simon ni le bien qu'en dit Voltaire.

Malte [1], lui ressemblait par ses qualités et ses défauts. Ils aimaient les lettres et ceux qui les cultivaient. L'abbé de Chaulieu était leur homme d'affaires et le compagnon de leurs plaisirs. La Fare fut leur ami. Campistron, Quinault, la Fontaine et, quelques années après, J. B. Rousseau, Palaprat et Voltaire furent en quelque sorte attachés à leur cour. Dans son beau château d'Anet, bâti par Henri II pour Diane de Poitiers [2], le duc de Vendôme donnait des fêtes splendides, et faisait jouer la comédie et l'opéra. Il s'occupait aussi alors à orner ces lieux célèbres par de belles plantations. C'est à cela que la Fontaine fait allusion à la fin de *Philémon et Baucis*.

> ...Quel mérite enfin ne vous fait estimer?
> Sans parler de celui qui force à vous aimer.
> Vous joignez à ces dons l'amour des beaux ouvrages;
> Vous y joignez un goût plus sûr que nos suffrages.
> ....
> Peu de gens élevés, peu d'autres encor même,
> Font voir par ces faveurs que Jupiter les aime.
> Si quelque enfant des dieux les possède, c'est vous;
> Je l'ose dans ces vers soutenir devant tous.

---

[1] Il prêta serment de fidélité entre les mains du roi en octobre 1685. (Voyez *Mémoires secrets de la cour de France*, par le marquis de Sourches, t. I, p. 382.)

[2] Dangeau, *Mémoires*, t. I, p. 167; la Fare, *Mémoires*, édit. 1750, p. 204; Expilly, *Dictionnaire géographique de la France*, in-fol., t. I, p. 178. Dangeau évalue à 5,000 pistoles, la Fare à 50,000 livres (200,000 fr. d'aujourd'hui), la dépense que le duc de Vendôme fit à Anet pour les fêtes de réception du Dauphin. Voy. aussi le Noir, *Musée des monuments françois*, t. IV, p. 49 et 86; la Fare, *Mémoires*, t. LXV, p. 255 de la collection; Marquis de Sourches, *Mémoires secrets, etc.*, t. I, p. 267.

> Clio, sur son giron, à l'exemple d'Homère,
> Vient de les retoucher, attentive à vous plaire :
> On dit qu'elle et ses sœurs, par l'ordre d'Apollon,
> Transportent dans Anet tout le sacré vallon :
> Je le crois. Puissions-nous chanter sous les ombrages
> Des arbres dont ce lieu va border ses rivages [1] !

Mais il est un passage, dans *Philémon et Baucis*, que nous devons surtout faire remarquer à nos lecteurs, parce que la Fontaine y a laissé échapper un des secrets de son cœur; il y a rendu, comme il le dit lui-même quelque part, son âme visible. On y découvre que ce n'était pas sans repentir et sans regrets qu'il se livrait à l'inconstance de ses goûts, et que nul homme peut-être n'eût plus que lui, si le sort l'avait voulu, savouré les délices d'un hymen bien assorti. Ce passage est celui qui suit la métamorphose de Philémon et Baucis en arbres :

> Même instant, même sort à leur fin les entraîne;
> Baucis devient tilleul, Philémon devient chêne.
> On les va voir encore, afin de mériter
> Les douceurs qu'en hymen Amour leur fit goûter.
> Ils courbent sous le poids des offrandes sans nombre.
> Pour peu que des époux séjournent sous leur ombre,
> Ils s'aiment jusqu'au bout, malgré l'effort des ans.
> Ah! si... mais autre part j'ai porté mes présents [2].

Oui, la Fontaine! nous le répétons après toi : *Ah ! si*

---

[1] La Fontaine, *Philémon et Baucis*.
[2] Id., ib.

le ciel t'avait donné une compagne qui t'eût fait connaître les tranquilles jouissances de la vie domestique, ton imagination n'eût été ni moins gaie, ni moins vive, ni moins spirituelle; mais elle eût été mieux réglée et plus pure : tes fables seraient toujours l'objet de notre admiration et de nos louanges; mais, dans tes autres écrits, la peinture des plus doux sentiments du cœur, dont tu connais si bien le langage, qui a fait des chefs-d'œuvre irréprochables du petit nombre de contes où tu l'as employée, aurait remplacé ces tableaux licencieux où tu as outragé les mœurs et quelquefois le dieu du goût. Alors, ô la Fontaine! les Satyres n'eussent point mêlé des fleurs pernicieuses parmi les fleurs suaves et brillantes dont les Muses et les Grâces ont tressé ta couronne; et ces vierges du Parnasse ne te reprocheraient point, en rougissant, de les avoir si souvent forcées à se séparer de la pudeur, qui doit toujours être leur inséparable compagne ! Alors il ne nous faudrait plus soustraire, comme un poison corrupteur, aux regards des jeunes gens et des enfants une seule des pages du poëte de l'enfance et de la jeunesse !

Les *Filles de Minée* sont, comme *Philémon et Baucis*, imitées d'Ovide; mais notre poëte a ajouté aux récits du poëte latin deux autres récits : celui du jeune homme, sauvage et rustre, apprivoisé et formé par l'Amour [1], est tiré de Boccace; l'autre, beaucoup plus romanesque, contenant les aventures de deux jeunes

---

[1] La Fontaine, *Filles de Minée*; Boccaccio, *Decamerone*, *giorn.* v, *nov* 1, t. V, p. 7-46, Parma, 1813, in-12.

amants tués ensemble le jour de leurs noces¹, a été pris d'une longue inscription latine qui se trouve dans le recueil des antiquités de Boissard². Il faut que les deux gros in-folio de cet auteur, qui contiennent tant de monuments antiques seulement connus des savants, aient excité, pendant quelques instants, la curiosité de notre poëte, et qu'il les ait parcourus, car, ainsi que nous l'avons déjà dit³, c'est dans ce recueil qu'il a puisé l'*épitaphe du tombeau d'Homonée*⁴, dont il a donné une double traduction, afin de prouver, dit-il dans l'avertissement, « que quand les vers sont bien compo- « sés, ils disent, dans une égale étendue, plus que la « prose ne sauroit dire. »

L'idylle, imitée de Théocrite, est dédiée à madame de la Mésangère, à laquelle la Fontaine demande la permission de partager entre elle et sa mère « un peu « de cet encens qu'on recueille au Parnasse, et qu'il a, « dit-il, le secret de rendre exquis et doux⁵ » ; preuve que notre poëte avait la conscience de son talent. Madame de la Mésangère, fille de madame de la Sablière⁶,

---

¹ La Fontaine, *Filles de Minée.*

² J.-J. Boissardi *Antiquitatum romanarum IV pars*, sive t. II, p. 49, in-folio, 1598 : les noms des amants sont Lucius et Sardica dans l'inscription ; Telamon et Chloris dans la Fontaine. Cette inscription est supposée. Voyez Gruter, *Corpus inscriptionum*, 1707, in-fol., t. II, p. 15, note 8 des *Spuria ac supposititia.*

³ Voyez ci-dessus, p. 17.

⁴ J.-J. Boissardi *Antiquit. rom. III pars*, sive t. I, p. 87, in-folio, 1587 ; Gruter, *Corpus inscriptionum*, 1707, in-fol , p. 607, n° IV ; Wernsdorff, *Poetæ latini minores*, 1782, in-8°, t. III, p. 213 ; Brunck, *Anàlecta græca*, t. IV, p. 278.

⁵ La Fontaine, *Fables*, XII, 26.

⁶ Note manuscrite du temps dans notre exemplaire des *Ouvrages de prose*

était cette beauté célèbre à laquelle Fontenelle dédia, neuf ans après l'époque de la publication de l'idylle de la Fontaine, l'ouvrage sur la *Pluralité des Mondes* [1], et dont il a fait une de ses interlocutrices pour avoir occasion de lui adresser des compliments pleins de grâce et de finesse. Elle conserva longtemps ses attraits. Elle avait épousé, dans le mois de mai de l'année 1678, M. Scot, marquis de la Mésengère (*sic*), conseiller au parlement de Rouen [2], et, en 1690, elle épousa en secondes noces, contre le vœu de sa mère et de tous les siens, M. le comte de Nocé [3], seigneur de Fontenai, fils du sous-gouverneur du duc d'Orléans, depuis régent, avec lequel il avait été élevé, et qui fut dans son enfance

---

et de poésie des sieurs de Maucroix et de la Fontaine, t. I, p. 70; *Recueil des chansons critiques et historiques*, t. III, p. 389, et t. IV, p. 55 et 43.

[1] Trublet, *Mémoires pour servir à l'histoire de Fontenelle*, 1767, in-12, p. 128.

[2] *Mercure galant*, mai 1678, p. 371 et 372 : « M. Scot de la Mésengère, conseiller au parlement de Normandie, a épousé mademoiselle de la Sablière. Il est fils de M. Scot, qui eut l'honneur de recevoir le roi d'Angleterre chez lui quand ce prince passa inconnu à Rouen, après qu'il eut heureusement échappé à la fureur de ses ennemis. Mademoiselle de la Sablière est une fort aimable personne. Elle est belle, bien faite, et partage les avantages de sa famille, qui est tout esprit. » Trublet nous apprend que madame de la Mésengère était une très-belle brune, et que, pour la déguiser un peu, Fontenelle la fit blonde dans son livre de la *Pluralité des Mondes;* et il ajoute qu'on a à Rouen son portrait, peint par mademoiselle Chiron. La Beaumelle, dans un ouvrage intitulé *l'Esprit*, Paris, 1802, p. 114, dit : « Madame la marquise de la Mésengère ne put jouir qu'en secret de la « partie qui lui était due dans les applaudissements aux soirées de Fonte- « nelle; » p. 265, numéro 29 : « C'est la marquise de la *Pluralité des « Mondes.* » C'est M. Baulour, bibliothécaire de la ville de Genève, qui rapporte cette anecdote, qu'il tient du frère de madame de la Mésengère, M. de la Sablière.

[3] D'autres écrivent Noçay.

comme dans sa jeunesse le trop constant compagnon des plaisirs de ce prince [1].

Quant à madame Harvey, à laquelle notre poëte a dédié l'apologue intitulé : *le Renard anglais*, qui se trouve dans ce recueil, elle était la sœur de milord Montaigu, ambassadeur d'Angleterre en France, et veuve de M. le chevalier Harvey, mort à Constantinople, où il avait été envoyé par Charles II. Elle vint à Paris en 1683, et la Fontaine fit connaissance avec elle chez son frère. Notre poëte jouissait en Angleterre d'une grande réputation. Saint-Évremond et la duchesse de Mazarin, tous deux retirés à Londres, étaient ses admirateurs, et n'avaient pas peu contribué à faire connaître son mérite. Ils avaient formé avec le duc de Devonshire, milord Godolphin, et milord Montaigu, une sorte de ligue pour l'attirer en Angleterre [2].

Madame Harvey, qui avait beaucoup d'esprit et d'adresse, et qui était habituée à conduire de plus grandes intrigues, puisqu'elle eut part aux divers changements de ministère qui arrivèrent sous Charles II, s'était en quelque sorte chargée d'être la négociatrice du parti

[1] Titon du Tillet, *Parnasse François*, 1732, in-folio, p. 360; *Mémoires sur la cour de Louis XIV et la régence, extraits de la correspondance allemande de Madame Élisabeth-Charlotte, duchesse d'Orléans, mère du régent*, 1 vol. in-8º, 1823, p. 107. Madame de Sévigné, dans une lettre en date du 16 février 1690, dit à sa fille : « Madame de la Mésangère a épousé « le fils de Fontenay, qui est à Monsieur de Chartres; autre folie désap- « prouvée de madame de la Sablière et de tout le monde. » (*Lettres inédites de madame de Sévigné, de sa famille et de ses amis.*)

[2] Des Maizeaux, *Vie de Saint-Évremond*, dans les *OEuvres* de cet auteur, 1753, in-12, t. I, p. 183 et 184; *Chansons historiques et critiques*, manuscrit, t. III, p. 331 et 389.

qui voulait enlever la Fontaine à la France. Bernier se trouvait à Londres, en 1685[1], et l'on comptait sur l'amitié que la Fontaine avait pour lui, pour le faire céder plus facilement. Ceci explique les prévenances de l'ambassadeur anglais et de madame Harvey envers la Fontaine, et les louanges peu françaises que, dans la fable que nous avons citée, la reconnaissance arrache au poëte en faveur d'une nation dont les hommes les plus illustres et les plus distingués lui montraient tant de bienveillance. Les éloges qu'il donne à madame Harvey sont assortis au rôle important que cette dame avait joué :

> Le bon cœur est chez vous compagnon du bon sens;
> Avec cent qualités trop longues à déduire,
> Une noblesse d'ame, un talent pour conduire
>   Et les affaires et les gens,
> Une humeur franche et libre, et le don d'être amie
> Malgré Jupiter même et les temps orageux[2].

A la fin de cette fable (qui n'est pas une de ses meilleures), la Fontaine prie madame Harvey d'agréer les dons de sa muse, et il ajoute :

> ....Ne pourriez-vous faire
>   Que le même hommage pût plaire
> A celle qui remplit vos climats d'habitants
>   Tirés de l'île de Cythère?

---

[1] Des Maizeaux, *Vie de Saint-Èvremond*, t. I, p. 178.
[2] La Fontaine, *Fables*, XII, 23.

Vous voyez par là que j'entends
Mazarin, des Amours déesse tutélaire.

Hortense Mancini, duchesse de Mazarin, avait été en effet la plus belle femme de son temps, et la Fare, qui en porte ce jugement, ajoute qu'elle a conservé sa beauté jusqu'à son dernier jour [1]. Elle avait, dit Saint-Évremond [2], des charmes qui pouvaient engager les rois à la rechercher par amour, et des biens capables à les y obliger par intérêt. En effet, Charles II, roi d'Angleterre, expulsé du trône, demanda sa main au cardinal de Mazarin qui la lui refusa. Il l'accorda depuis au duc de la Meilleraye, avec une dot de plus de vingt millions. Ce mariage ne fut point heureux; les galanteries de la femme d'une part, de l'autre la bizarrerie et les extravagances de l'époux, amenèrent une séparation et des procès.

La duchesse de Mazarin, quoiqu'elle fût devenue un instant l'objet des attentions de Louis XIV [3], fut obligée de sortir de France et de se retirer d'abord en Italie, pour se soustraire au pouvoir de son mari. Elle alla ensuite en Savoie, et, après diverses aventures, elle finit par passer en Angleterre [4], sous le prétexte de voir sa

---

[1] La Fare, *Mémoires*, p. 129 ; et de la collection, p. 215.

[2] Saint-Évremond, *OEuvres*, t. V, p. 50 et 51 ; t. VI, p. 261 ; et t. VIII, p. 272.

[3] Madame de la Fayette, *Histoire de Madame Henriette d'Angleterre*, t. LXIV, p. 386 des *Mémoires relatifs à l'histoire de France*.

[4] En 1675, selon l'annotateur de Waller, *Poeticals Works*, Édimbourg, 1777, in-18, t. II, p. 147. Voyez Louis-Henri Loménie de Brienne, *Mémoires*,

parente, la duchesse d'York, mais réellement dans le dessein de devenir la maîtresse de celui qui, à une autre époque, avait cherché à l'obtenir pour femme. Elle réussit : Charles II en devint amoureux, lui fit une pension de quatre mille livres sterling, et lui accorda un hôtel près de son palais. Elle aurait anéanti pour toujours le crédit de la duchesse de Portsmouth, si elle avait su régler les mouvements de son cœur.

Dans une charmante pièce intitulée *le Triple combat*, Waller, courtisan assidu du roi et peut-être alors son confident, ne craignit pas de divulguer dans ses vers ces intrigues amoureuses dont la cour d'Angleterre était alors si fortement préoccupée.

« La belle Mazarin, dit le poëte anglais, après avoir
« parcouru le monde en vainqueur, arrive dans cette île
« brillante comme le soleil qui l'accompagna dans sa
« course. Albion est le dernier triomphe qu'elle a ré-
« servé à l'orgueil de ses regards. Mais la fille de ces
« anciens Bretons qui repoussèrent l'invasion du géné-
« ral romain, la fière Portsmouth, se présente pour s'op-
« poser à la nouvelle conquête de l'héritière de César.
« Inférieure à sa rivale par le rang et la dignité, elle a
« sur elle l'avantage d'une taille plus élevée. En voyant
« la superbe amazone, l'aimable Mazarin rougit ; mais
« elle se rassure en songeant que contre la puissance de
« ses charmes la force est d'un vain secours. Tandis que
« la victoire agite ses ailes incertaines entre ces deux

---

t. II, p. 11 ; *Causes célèbres et intéressantes*, 1739, in 12, t. XIV, p. 392-584.

« éclatantes beautés, Chloris, que les Grâces elles-
« mêmes ont formée, se présente sur le champ de ba-
« taille. Alors se renouvelle la triple lutte autrefois livrée
« sur le mont Ida. L'Amour survient, croyant reconnaî-
« tre les trois déesses, et, ravi par tant d'attraits enchan-
« teurs, pour les conserver tous, il s'abstient de décider
« entre eux. Doux combats qui ont heureusement suc-
« cédé à ceux qui ensanglantèrent les flots du Rhin,
« puissent les muses, invitées par le gracieux spectacle
« que vous leur offrez, chanter longtemps encore cet
« âge d'or que la paix a ramené parmi nous! Quand
« l'amour fait la loi, la beauté tient le sceptre, et le
« monde obéit avec délices. »

La duchesse de Mazarin se montra trop sensible à la passion qu'elle inspira au jeune duc de Monaco; le roi d'Angleterre la quitta, et poussa le ressentiment jusqu'à lui ôter la pension qu'il lui avait accordée. Cependant, à la sollicitation de ses nombreux amis, il la lui rendit peu de temps après, et il lui permit de reparaître à la cour. Elle eut elle-même une petite cour, dont elle n'était redevable qu'au plaisir qu'on éprouvait à la voir, et aux charmes d'un esprit plein d'enjouement, de grâce et de finesse. Sa maison était le rendez-vous de tout ce qu'il y avait de personnes considérées en Angleterre. Les dames les plus qualifiées, les ministres étrangers, et les hommes les plus aimables et du plus haut rang, s'y rendaient assidûment. L'abbé de Saint-Réal, qui ne fut pas insensible à ses attraits, était son secrétaire particulier, et demeurait avec elle. Saint-Évremond, qui l'avait connue dans sa jeunesse [1], devint son ami, son amant, son admirateur, son poëte, son conseiller, son homme d'affaires; il ne pouvait plus se passer d'elle, ni elle de lui.

Étrange bizarrerie des événements humains! Une nièce du cardinal Mazarin charmait l'exil de celui que ce ministre n'avait cessé de persécuter. Saint-Évremond aurait voulu que la duchesse de Mazarin, après avoir vu à ses pieds les ducs de Lorraine et de Savoie [2], se fût conduite de manière à conserver une aussi importante conquête que celle du roi d'Angleterre. C'est à quoi il fait allusion dans une épître en vers qu'il lui adressa :

> Vous êtes adorée en cent et cent climats,
> Toutes les nations sont vos propres États...
> Il ne vous restoit plus qu'à régner sur les mers :
> Votre nouvel empire embrasse l'univers ;
> Vous pourriez des mortels régler les destinées.
> Plus puissante aujourd'hui que n'étoient les Romains,
> Vous feriez des sujets de tous les souverains,
> Si vous n'apportiez pas plus de soin et d'étude
> Pour votre liberté que pour leur servitude [3].

Les passions vives et inconstantes de la duchesse de Mazarin trompaient tous les calculs de Saint-Évremond :

---

[1] Des Maizeaux, *Vie de Saint-Évremond* dans les *Œuvres de Saint-Évremond*, t. I, p. 128 à 137; Waller, *Poeticals Works*, Édimbourg, 1777, in-8, t. I, p. 56, n° 63, *The triple combat*; Saint-Simon, *Mémoires*, édit. 1829, in-8°, t. II, p. 321.

[2] Dreux du Radier, *Mémoires historiques des reines et régentes de France*, 1782, in-12, t. VI, p. 401.

[3] Saint-Évremond, *Œuvres*, t. V, p. 137.

il était parvenu cependant à lui inspirer le goût des lettres et des savants ; mais à une certaine époque, vers 1683, il vit avec peine ce goût céder à celui du jeu. La bassette, qui faisait fureur en France [1], et que le roi avait défendue par une ordonnance [2], fut apportée en Angleterre, et la duchesse de Mazarin oublia tout pour cette nouvelle passion. C'est ce dont Saint-Évremond se plaint amèrement.

>Qu'est devenu le temps heureux
>Où la raison d'accord avec vos plus doux vœux,
>Où les discours sensés de la philosophie
>Partageoient les plaisirs de votre belle vie ?
>Vossius apportoit un traité de la Chine,
>Où cette nation paroît plus que divine...
>Justel.........................
>Étoit venu chercher, au bruit de votre nom,
>Comment, sans crainte et sans dommage,
>On feroit imprimer quelque nouvel ouvrage
>Du trop savant Père Simon [3].
>Léti de Sixte-Quint vous présentoit l'histoire...
>Que sert à ces messieurs leur illustre science ?

[1] Le goût pour ce jeu était porté au plus haut point en 1680. On joua alors deux comédies nouvelles intitulées *la Bassette* ; l'une de ces pièces était de Hauteroche, et n'a jamais été imprimée. Voyez le *Mercure galant*, avril 1680, p. 233 et 234, et les frères Parfaict, *Histoire du Théâtre-François*, t. XII, p. 188. C'est entre 1680 et 1691 que furent rendues de nombreuses ordonnances pour mettre un frein à la fureur des jeux de *hocca* et de *bassette*. On déguisa le premier sous le nom de *Pharaon*, et le second sous celui de *Pour et Contre*.

[2] C'est une circonstance que rappellent toutes les réponses en vers faites à l'énigme proposée dans le *Mercure galant* du mois de janvier 1681, t. XIII, p. 259 à 264.

[3] C'est le chapelain de la duchesse de Mazarin, qui avait publié en Hol-

A peine leur fait-on la simple révérence;
Et les pauvres savants, interdits et confus,
Regardent Mazarin qui ne les connoît plus.
Tout se change ici-bas, à la fin tout se passe ;
Les livres de bassette ont des autres la place ;
Plutarque est suspendu, Don Quichotte interdit,
Montaigne auprès de vous a perdu son crédit,
Racine vous déplaît, Patru vous importune,
Et le bon la Fontaine a la même fortune [1].

Ce dernier trait était une exagération faite à dessein. La duchesse de Mazarin avait une prédilection toute particulière pour la Fontaine [2]; aussi Saint-Évremond, qui le savait, mettait un grand intérêt à l'attirer en Angleterre, et comptait beaucoup sur ce moyen pour réveiller en elle le goût des lettres, et la distraire de sa passion pour le jeu. Nous verrons bientôt que ceux qui par la suite se mêlèrent de cette affaire firent intervenir la duchesse de Bouillon dans leur complot, et ce n'est qu'alors qu'ils furent sur le point de le faire réussir.

Mais, à l'époque dont nous nous occupons, il eût été impossible de faire abandonner à la Fontaine la maison

---

fande, chez les Elzevirs, en 1679, une édition de l'*Histoire critique du vieux Testament*, par le père Simon. Voyez l'abbé Lambert, *Histoire littéraire du siècle de Louis XIV*, t. I, p. 125; Huet, *Commentarium de rebus ad cum pertinentibus*, Amst., 1718, in-8°, p. 60 : « Inerat præterea in eo comitas singularis et elegantia morum, ut hominem in aula utraque et pontificia et regia diu versatum facile esset agnoscere. »

[1] Saint-Évremond, *Épître à madame la duchesse de Mazarin sur la bassette*, t. IV, p. 322, et Vie de l'auteur, p. 164 à 166.

[2] Saint-Évremond, *OEuvres*, t. VI, p. 261. Elle refusait alors de revenir en France, ne voulant pas se raccommoder avec son mari (Voyez marquis de Sourches, *Mémoires*, t. I, p. 347.)

de madame de la Sablière. Il semble que la tendre amitié qu'elle avait inspirée à notre poëte augmentait avec les privations causées par ses fréquentes absences. Le recueil que nous examinons est en quelque sorte plein du nom de madame de la Sablière. On a déjà pu remarquer que les louanges que la Fontaine lui donne ne ressemblent à aucune de celles qu'il adressait à d'autres femmes : ce n'est pas de la galanterie, mais l'expression vive et franche de l'admiration et de la reconnaissance ; c'est un sentiment aussi passionné, mais plus respectueux que celui de l'amour, aussi fort et aussi solide que celui de l'amitié, mais plus tendre et plus touchant. Dans la fable intitulée : *le Corbeau, la Gazelle, la Tortue et le Rat*[1], qu'il lui a dédiée, et qui est destinée à peindre l'héroïsme de l'amitié, il commence par lui dire qu'il veut lui bâtir un temple dans ses vers où elle sera éternellement adorée ; il détaille avec délices toutes les qualités qui la rendent digne de l'hommage des mortels ; enfin, abandonnant toutes les louanges, et se livrant à l'effusion de son cœur, il s'écrie :

> O vous, Iris, qui savez tout charmer,
> Qui savez plaire en un degré suprême,
> Vous que l'on aime à l'égal de soi-même ;
> Ceci soit dit sans nul soupçon d'amour,
> Car c'est un mot banni de votre cour,
> Laissons-le donc........

Il le laisse, en effet, pour conter sa fable ; mais en ter-

---

[1] La Fontaine, *Fables*, xii, 15.

minant il revient encore sur un sujet si doux et si cher.

> Que n'ose et que ne peut l'amitié violente !
> Cet autre sentiment que l'on appelle amour
> Mérite moins d'honneur; cependant chaque jour
>   Je le célèbre, et je le chante.
> Hélas! il n'en rend pas mon ame plus contente !
> Vous protégez sa sœur, il suffit; et mes vers
> Vont s'engager pour elle à des dons tout divers.
> Mon maître étoit l'Amour ; j'en vais servir un autre,
>   Et porter par tout l'univers
>   Sa gloire aussi bien que la vôtre.

C'est surtout dans la dédicace des deux volumes dont nous achevons l'examen, qu'on voit, avec attendrissement, combien la Fontaine aimait à rapporter à madame de la Sablière tout ce qui pouvait l'élever dans l'opinion des autres, même à son propre détriment. Cette dédicace est une épître en vers et en prose, adressée à M. de Harlay, procureur général au parlement. C'était un petit homme maigre, sec, plein de vigueur : sa science profonde, la rectitude de son jugement, sa connaissance du monde, son talent de faire sortir de leurs replis les secrets des cœurs, sa sévère probité, ses mœurs antiques, son énergie, son amour pour le bien public, lui avaient donné un tel ascendant sur le parlement, qu'il dominait ce corps et le conduisait à son gré. Son inflexibilité et surtout la nature de son esprit, vif, brillant, caustique, sa franchise sévère qui s'expliquait sans ménagement, et souvent avec dureté, lui avaient fait beaucoup d'ennemis¹. Un tel caractère n'avait aucune analogie avec celui de la Fontaine; il formait avec lui un contraste complet par ses défauts, et même par la plupart de ses vertus. Aussi notre fabuliste n'était pas très-lié avec de Harlay, qui cependant aimait beaucoup ses *Fables* et les lisait sans cesse. De Harlay, voulant être le bienfaiteur d'un poëte qui faisait ses délices, s'était, vers l'année 1668, chargé de son fils, âgé de quatorze ans; il l'avait pris chez lui, et s'occupait, à l'époque dont nous traitons, de son établissement. Madame de la Sablière fit entendre à la Fontaine qu'il devait un hommage public à un homme aussi généreux envers lui, et d'un aussi grand mérite, que le procureur général. C'est alors que notre fabuliste écrivit la dédicace dont nous avons parlé. Mais, au risque d'être moins agréable à son protecteur, il n'a pu s'empêcher de rendre à son amie, à sa bienfaitrice, tout l'honneur de cette pensée :

> Iris m'en a l'ordre prescrit.
> ....
> Cette Iris, Harlay, c'est la dame
> A qui j'ai deux temples bâtis,
> L'un dans mon cœur, l'autre en mon livre.
> ....

Voici ses propres mots, si j'ai bonne mémoire :

---

¹ Saint-Simon, *Œuvres*, t. X, p. 73 à 83, en a tracé un portrait affreux, mais piquant : il avoue qu'il était son ennemi; on peut donc être certain que tout le bien qu'il en dit est exact; Louis Racine, *Œuvres*, t. V, p. 124; madame de Sévigné, *Lettres*, t. IV, p. 40, lettre en date du 13 octobre 1675; la Bruyère, *Caractères*, t. I, p. 378, dans la clef.

> Acanthe, le public à vos vers applaudit ;
> C'est quelque chose ; mais la gloire
> Ne compte pas toujours les voix,
> Elle les pèse quelquefois.
> Ayez celle d'Harlay...............
> ....
> Vous pourrez en passant louer, m'a-t-elle dit,
> La finesse de son esprit
> Et la sagesse de son ame ;
> Mais en passant, je vous le dis.

La Fontaine loue ensuite de Harlay par les qualités qui le distinguaient particulièrement comme magistrat :

> Au moindre des mortels votre porte est ouverte ;
> Nos vœux y sont ouïs, notre plainte soufferte :
> L'équité sort toujours contente de ces lieux.
> Que si la passion, où l'intérêt nous plonge,
> Fait que quelque client y mène le mensonge,
> Le mensonge n'y peut imposer à vos yeux,
> De quelque adresse qu'il se pique [1].

La Fontaine avait fait donner à son fils une excellente éducation, à laquelle avait présidé son ami de Maucroix [2]. Dès que M. de Harlay se fut chargé de ce fils, son père ne s'en occupa plus, et ce qui doit un peu l'excuser, c'est qu'il ne s'occupait pas de lui-même. Voici ce qu'a raconté à Titon du Tillet Dupin, docteur

---

[1] La Fontaine, *Épîtres dédicatoires : Ouvrages de prose et de poésie des sieurs Maucroix et de la Fontaine*, t. I, p. 7.

[2] Mademoiselle de la Fontaine, *Lettre à Fréron* dans l'*Année littéraire*, année 1758, t. II, p. 11.

en Sorbonne, et parent de Racine [1], auteur d'un grand nombre de savants ouvrages : la Fontaine l'étant venu voir, il le reconduisait sur l'escalier; dans le même moment, le fils de la Fontaine monta, et Dupin lui dit : « Monsieur, vous voilà en pays de connoissance; allez dans mon appartement, je reconduis monsieur votre père. » La Fontaine ne fit pas grande attention à son fils, qu'il avait cependant salué, et il demanda à Dupin quel était ce jeune homme. « Quoi! lui dit-il, vous n'avez pas reconnu votre fils? » La Fontaine, après avoir un peu réfléchi, lui répliqua d'un air tout embarrassé : « Je crois l'avoir vu quelque part [2]. »

Nous avons transcrit le récit que Titon du Tillet lui-même a fait de cette anecdote; mais nous ferons remarquer qu'on se plaît à exagérer les traits de distraction, afin de les rendre plus plaisants, et sans s'apercevoir que presque toujours ils deviennent alors invraisemblables, et même impossibles, à moins de supposer une véritable aliénation mentale. Dans l'anecdote que nous venons de raconter, par exemple, si, sans y rien changer, on se représente que la Fontaine, en passant sur un escalier, peut-être mal éclairé, eut une idée confuse que le jeune homme qu'il saluait lui était connu, et que, préoccupé de cette idée, il ait répliqué à Dupin : « Je croyois bien, en effet, l'avoir vu quelque

---

[1] Dupin était cousin issu de germain du grand Racine. Voyez l'abbé Lambert, *Histoire littéraire du siècle de Louis XIV*, in-4°, t. I, p. 147, et une note du marquis Garnier dans les *OEuvres de Racine*, 1820, in-8°, t. VI, p. 64, note 1.

[2] Titon du Tillet, *Parnasse françois*, in-fol., p. 461.

part, » alors ce fait n'aura rien de surprenant, et pourra arriver à quelqu'un qui ne serait ni distrait ni préoccupé, et qui verrait tous les jours son fils. La personne à qui échapperait involontairement une pareille naïveté serait la première à en rire. Nous ne prétendons point cependant garantir l'exactitude de cette explication : nous avons voulu seulement montrer comment, en interprétant mal plusieurs faits très-simples, on a pu augmenter à tort le nombre déjà grand par lui-même des distractions de la Fontaine : car nous convenons que, dans cette circonstance, comme dans beaucoup d'autres, notre poëte, se trouvant fortement préoccupé, a pu répondre sans savoir ce qu'on venait de lui dire ni ce qu'il disait lui-même.

Le fait suivant n'est pas de la même nature, et nous paraît tout à fait invraisemblable. On prétend qu'il y avait plusieurs années que la Fontaine et son fils ne s'étaient vus, lorsqu'on les fit rencontrer dans une maison où l'on voulait jouir du plaisir et de la surprise du père. La Fontaine ne se douta point que ce fût son fils. Il l'entendit parler, et témoigna à la compagnie qu'il trouvait au jeune homme de l'esprit et de très-bonnes dispositions. L'on saisit ce moment pour lui dire que c'était son fils; mais, sans être plus ému : « Ah! répondit-il, j'en suis bien aise. »

Nous croyons cette anecdote imaginée à plaisir : c'est Montenault qui l'a racontée le premier[1], et long-

---

[1] Montenault, *Vie de la Fontaine* dans l'édit. des *Fables* in-fol., t. I, p. XIX.

temps après la mort de la Fontaine. Remarquons que Montenault ne nomme pas la personne chez laquelle se fit cette rencontre du père et du fils. Il est probable que c'est le fait arrivé chez Dupin qui donna lieu à l'invention de cette historiette. Perrault, d'Olivet et Mathieu Marais, qui ont été contemporains de la Fontaine, n'en font point mention. Tous parlent de ses distractions; mais Mathieu Marais nous avertit de nous défier des contes ridicules qu'on a faits à ce sujet[1].

Il est certain cependant que la Fontaine fut toute sa vie distrait, et nous avons précédemment rapporté des faits qui prouvent que ce défaut de son esprit se manifesta dès sa jeunesse : il dut d'autant plus augmenter avec l'âge que, différent de Boileau et de Racine, qui cessèrent d'assez bonne heure d'éprouver le besoin de produire, il continua de faire des vers jusqu'à son dernier jour; tellement que quelques-unes des plus belles fables qu'il ait composées se trouvent dans le recueil qu'il fit paraître un an avant sa mort. La Fontaine, n'ayant jamais su se contraindre, dut, lorsque sa réputation eut préparé tout le monde aux égards et à l'indulgence envers lui, faire moins d'efforts encore pour plaire en société, quand il ne s'y trouvait pas disposé.

On ne doit donc pas s'étonner du fait raconté avec tant de prolixité par le chartreux un peu mondain qui

---

[1] Mathieu Marais, *Histoire de la vie et des ouvrages de M. de la Fontaine*, p. 122 de l'édit. in-12, et p. 158 de l'édit. in-18.

s'est caché sous le nom de Vigneul-Marville. Il avait, avec quelques-uns de ses amis, invité la Fontaine à dîner dans une petite maison écartée, afin de jouir à l'aise de la conversation de ce poëte. La Fontaine, qui n'était connu dans cette société que de celui par qui on l'avait fait inviter, fut exact à l'heure, et arriva à midi. Le dîner étant excellent, il mangea beaucoup et but de même, puis s'endormit. Il se réveilla après trois quarts d'heure de somme, en fit des excuses, mais resta silencieux le reste de la soirée : ses convives, n'en pouvant rien tirer, le reconduisirent chez lui, étonnés de ne lui avoir rien entendu dire de spirituel ni qui pût justifier sa grande réputation [1].

Un des traits les plus plaisants de distraction et d'insouciance de la part de la Fontaine est celui qui a été raconté par Cotolendi : il a échappé à tous les biographes de notre fabuliste, quoiqu'il se trouve consigné dans un livre imprimé de son vivant. La Fontaine avait un procès, ne s'en inquiétait nullement, et restait à la campagne. Un de ses amis apprend que ce procès va être jugé le lendemain, il en prévient la Fontaine, et lui envoie en même temps un cheval, pour qu'il se rende tout de suite à Paris, afin de solliciter ses juges. La Fontaine se met en route, puis, pour se reposer, il s'arrête chez une de ses connaissances, qui demeurait à une lieue de la capitale. Il est reçu avec joie, accueilli avec empressement, parle de vers, et oublie son pro-

---

[1] Vigneul-Marville (Dom Bonaventure d'Argonne), *Mélanges d'histoire et de littérature*, 1700, in-12, t. II, p. 354.

cès : on l'invite à coucher, il consent à rester, dort toute la nuit, et se réveille tard dans la matinée; mais en se réveillant il se rappelle enfin le motif pour lequel il s'est mis en route ; il repart, arrive après le jugement rendu, et essuie les reproches de son ami. Sans se déconcerter, la Fontaine répond qu'il était bien aise au fond de cet incident, parce qu'il n'aimait ni à parler d'affaires, ni à en entendre parler [1].

Dans une circonstance semblable, le duc de Brancas, dont les singulières distractions ont souvent été à tort imputées à notre poëte, en eut une encore plus forte que la sienne. Il sollicita vivement la réussite d'un procès à la seconde chambre des requêtes tandis qu'on le jugeait à la première [2].

Le désir qu'avait la Fontaine de céder à la volonté des autres, et de ne rien faire qui pût leur être désagréable, contrariait les habitudes qu'il avait prises de ne supporter aucune contrainte, et lui arrachait quelquefois, pour se tirer d'embarras, des réponses qui, de la part de tout autre, eussent été impolies et grossières, mais qui, de la sienne, ne paraissaient que plaisantes, parce que tout le monde connaissait ce caractère doux et inoffensif qui lui avait si universellement mérité le surnom de *bon homme*.

Le Verrier, financier de ce temps, qui avait le triple travers de vouloir passer pour homme à bonnes fortunes,

[1] *Le livre sans nom*, 1695, p. 131. Ce livre est, je crois, de Cotolendi et non de Berdelon.
[2] Madame de Sévigné, *Lettres*, lettres des 27 et 29 avril 1671.

pour ami des grands seigneurs, et pour savant [1], avait invité la Fontaine à dîner, dans l'espérance qu'il amuserait ses convives. La Fontaine mangea, et ne parla point. Comme le dîner se prolongeait, il s'ennuya, et se leva de table sous prétexte de se rendre à l'Académie. On lui fit observer qu'il n'était pas encore temps, et que deux heures venaient de sonner. « Ah bien ! répondit-il, je prendrai le plus long. » Et il sortit [2].

Madame de la Sablière, étonnée elle-même et peut-être impatientée d'un trait d'absence semblable à celui que nous venons de raconter, lui dit un jour : « En vérité, mon cher la Fontaine, vous seriez bien bête si vous n'aviez pas tant d'esprit [3] ! »

Ses ouvrages, qu'on réimprimait sans cesse, prouvaient en lui non-seulement beaucoup d'esprit, mais encore du plus fin et du plus malicieux. On publia en Hollande, en 1685, un recueil complet de ses *Contes* sans sa participation, avec des figures de Romain de Hooge. Ce recueil eut un grand succès; car on en multiplia rapidement les éditions et les contrefaçons. Bayle, en rendant compte de cette édition dans son journal, a dit : « Avec la permission de ceux qui mettent l'antiquité si au-dessus de notre siècle, nous dirons

---

[1] Monchesnay, *Bolæana*, dans l'édit. des *OEuvres de Boileau*, par Saint-Marc, 1747, in-8°, t. V, p. 110-12.

[2] Louis Racine, *OEuvres*, t. V, p. 157; Montenault, *Vie de la Fontaine* dans l'édit. des *Fables* in-folio, p. XVII; Fréron, *Vie de la Fontaine*, p. XIII de l'édit. des *Fables* de Barbou, 1806, in-12, et dans les *Mélanges de littérature*.

[3] *Notes manuscrites de M. Lespolz*; la Harpe, *Cours de littérature*, 2° partie, ch. XI, t. VI, p. 331.

ici franchement qu'en ce genre de compositions, ni les Grecs, ni les Romains, n'ont rien produit qui soit de la force des *Contes* de M. de la Fontaine, et je ne sais comment nous ferions pour modérer les transports et les extases de MM. les humanistes s'ils avoient à commenter un ancien auteur qui eût employé autant de finesse d'esprit, autant de beautés naturelles, autant de charmes vifs et piquants, que l'on en trouve dans ce livre-ci[1]. »

[1] Bayle, *République des lettres*, t. III, p. 435.

LIVRE CINQUIÈME.

1684 — 1689.

Dans le recueil des *Contes,* publié en 1685, les éditeurs de Hollande terminent ainsi leur avertissement : « Mais parce que l'on est très-bien informé que M. de la Fontaine n'est pas celui qui prise le plus ses ouvrages, et qu'il n'est pas exact à les conserver, on prie ceux qui en pourront recouvrer, qui n'auront pas été imprimés, d'en vouloir faire part au public qui leur en sera redevable. »

La Fontaine, en effet, écrivait un assez grand nombre de petits opuscules, qu'il ne se donnait pas la peine de recueillir, et dont plusieurs n'ont été imprimés qu'après sa mort. C'est ainsi que dans une lettre à un des princes de Conti, il fit une comparaison d'Alexandre, de César et du prince de Condé, qui montre des connaissances historiques et un excellent jugement [1]. Une idée sur laquelle il revient plusieurs fois dans ce parallèle, devait le conduire à une sorte de scepticisme qui convenait bien à l'indécision de son caractère : c'est que toutes les choses ont deux faces, et qu'on peut par conséquent disputer de part et d'autre tant qu'on voudra. « Ainsi,

---

[1] La Fontaine, *Opuscules en prose.*

« dit-il, Charles Stuart a empêché de tout son pouvoir
« qu'on n'ait cherché les conspirations qui se faisoient
« contre lui. Il ne vouloit point qu'on punît les conspi-
« rateurs. Par là il se fit aimer, et ne se fit pas assez
« craindre [1]. »

La Fontaine juge assez bien, et même assez sévèrement, les fautes de ses héros ; mais il est plein d'indulgence pour eux quand c'est l'amour qui les fait faillir.
« Jules César, dit-il, a des traits d'humanité et de clé-
« mence. Mais j'ai peine à lui pardonner deux fautes :
« l'une, de ne s'être point encore assez défié de Brutus ;
« l'autre, de s'être laissé présenter le diadème, et d'a-
« voir fait une tentative si périlleuse ; car, quant à l'a-
« mour de Cléopâtre, je trouverois les grands person-
« nages bien malheureux s'ils étoient obligés de ne
« vivre que pour la gloire. J'estime autant la conquête
« de cette reine que celle de l'Égypte entière. Du tem-
« pérament dont César étoit, il en devoit devenir amou-
« reux ; c'est une marque de son bon goût. Je le loue
« d'avoir été *formarum spectator elegans*. Alexandre et
« M. le Prince en ont usé de la sorte. Je pourrois tirer
« mes exemples de plus haut, et alléguer Jupiter. *Quem*
« *Deum* [2] ? » Ce Jupiter, ce dieu, était Louis XIV. Malheureusement les exemples qu'il avait donnés mettaient
en crédit cette morale relâchée.

On pense bien que, dans ce parallèle, le grand Condé
n'est pas jugé avec sévérité. Ce prince aimait beaucoup

---

[1] La Fontaine, *Opuscules en prose.*
[2] Id., ib.

la Fontaine, qui ne fit cet écrit que parce qu'une indisposition l'empêchait d'accepter une invitation du héros. Depuis l'année 1675, que le grand Condé quitta le commandement des armées, jusqu'au 11 décembre 1686, époque où, victime de l'amour paternel, il mourut de la maladie qu'il prit auprès de la duchesse de Bourbon, sa fille, il coula des jours heureux dans sa belle retraite de Chantilly [1], qu'il rendit le centre des beaux-arts et des sciences [2].

Le savant Huet témoigne que ce héros avait le désir immodéré de s'instruire, et qu'il le satisfaisait par des lectures assidues de livres de tous les genres [3]. Il aimait à discuter. « Les contestations de M. le Prince, dit la « Fontaine dans sa lettre, sont fort vives, il n'ignore « rien non plus que vous. Il aime extrêmement la dis- « pute, et n'a jamais tant d'esprit que quand il a tort. « Autrefois la fortune ne l'auroit pas bien servi, si elle « ne lui avoit opposé des ennemis en nombre supérieur, « et des difficultés presque insurmontables. Aujour-

---

[1] Ce lieu était déjà célèbre par sa beauté, dans le commencement du seizième siècle. Rabelais, dans *Gargantua*, liv. I, ch. LIII, dit « Ledict basti- « ment estoyt cent foys plus magnifique que nest Ronivet, ne Chambourg, « ne Chantilly. »

[2] Anquetil, *Louis XIV, sa cour et le régent*, t. II p. 206 ; Mademoiselle de Montpensier, *Mémoires*, t. IV, p. 493, t. XLIII, collection Petitot, année 1686. Mais les détails les plus curieux sur la mort du prince de Condé se trouvent dans les *Mémoires de Gourville*, t. LII, p. 596 et 597 de la collect. Petitot.

[3] *Petr. Dan. Huetii Commentarius de rebus ad eum pertinentibus*, etc., lib. V, p. 273. « Accedebat infinita sciendi et discendi cupido, quam alebat « continua lectione librorum omnis generis. » Huet ajoute que le grand Condé lut sa *Demonstratio evangelica* en moins de dix-sept jours, et qu'il lui en parla de manière à prouver qu'il n'en avait rien oublié.

« d'hui il n'est point content que lorsqu'on peut le com-
« battre avec une foule d'autorités, de raisonnements
« et d'exemples; c'est là qu'il triomphe. Il prend la
« Victoire et la Raison à la gorge pour les mettre de son
« côté [1]. »

Ce parallèle est dans une lettre adressée, en 1684, à Louis-Armand, prince de Conti, celui-là même dont la Fontaine avait célébré le mariage avec mademoiselle de Blois [2], dans son épître à la duchesse de Fontanges. Ce prince mourut à Fontainebleau, à la fleur de l'âge, le 9 novembre 1685, de la petite vérole, qu'il avait gagnée en soignant sa femme, atteinte de la même maladie; ce qui étonna d'autant plus qu'il ne vivait pas bien avec elle [3].

Après sa mort, François-Louis, son frère, connu auparavant sous le nom de prince de la Roche-sur-Yon, devint prince de Conti. Ce fut un des hommes les plus brillants du siècle de Louis XIV, mais peu estimable par ses mœurs : doué d'une figure charmante, séduisant auprès des femmes, il savait, sans rien perdre de sa dignité, plaire à l'homme du peuple comme aux grands : esprit lumineux, juste, exact, étendu, plein d'instruction, sa mémoire vaste et sûre lui donnait la faculté de

[1] La Fontaine, *Opuscules en prose*. Louis Racine confirme ceci quand il nous apprend que Boileau avait résolu d'être toujours de l'avis de M. le Prince, quand il aurait tort. (Voyez *Œuvres de J. Racine*, 1820, in-8°, t. I, p. LVIII.)

[2] Dangeau, *Mémoires*, t. I, p. 148 ; madame de Sévigné, *Lettres*, lettres des 22 et 29 mars 1680, t. VI, p. 207 et 213.

[3] Anquetil, *Louis XIV, sa cour et le régent*, t. II, p. 245 à 257; la Bruyère, *Caractères*, ch. XI, t. II, p. 30 de l'édit. de Blin de Ballu, 1790, in-8°.

placer avec un art imperceptible des louanges délicates sur les personnes et sur les familles; ses réparties, quoique vives, ne blessaient jamais : les jeunes gens et les vieillards trouvaient dans ses entretiens de l'instruction et du plaisir. « Ce n'est point une hyperbole, dit Saint-Simon, mais une vérité, cent fois éprouvée, qu'on y oublioit l'heure du repas. Il fut, ajoute-t-il, les délices du monde, de la cour, des armées, la divinité du peuple, le héros des officiers, l'amour du parlement, l'admiration des savants. » M. de Montausier et Bossuet, qui l'avaient vu élever avec le Dauphin, l'aimaient tendrement : il vivait avec eux dans une intime confiance, et se concilia aussi l'affection des ducs de Chevreuse et de Beauvilliers, des cardinaux de Janson et d'Estrées, et du vertueux Fénelon. Le grand Condé ne cachait pas la prédilection qu'il avait pour lui; le duc de Luxembourg se plaisait dans sa société, et ces deux grands capitaines l'initiaient aux secrets de l'art militaire, qui les avait rendus si fameux [1].

Dans sa jeunesse, Louis XIV eût distingué un tel homme, et en eût fait un instrument de sa puissance et de sa gloire. Mais les temps étaient changés : Louis XIV, ainsi que madame de Maintenon, étaient jaloux du prince de Conti, à cause du duc du Maine, qui se trouvait effacé par lui [2]. Lorsque, dans le salon de

---

[1] Mademoiselle de Montpensier, *Mémoires*, t. IV, p. 491 (1685), 1825, in-8°, ou t. XLIII de la collection ; la Fare, t. LXV, p. 253 de la collection.
[2] Caylus, *Souvenirs*, p. 221 et 239 ; Saint-Simon, t. I, p. 103 ; Robinet, *Momus nouvelliste*, 1685, in-12, p. 144.

Marly, on voyait le prince de Conti, entouré et écouté avec avidité, le roi ne pouvait s'empêcher d'en témoigner son déplaisir : « mais, dit Saint-Simon, quoiqu'on sût que ce n'étoit pas faire sa cour, on ne laissoit pas d'approcher, comme attiré par une force irrésistible. »

Aussi il était le seul prince sans charge, sans gouvernement, et même sans régiment. Il allait se consoler de ses disgrâces chez sa belle-sœur, avec laquelle on le soupçonna, non sans raison, d'avoir une liaison intime, du vivant même de son frère [1]. Là se réunissaient aussi Luxembourg et tous les seigneurs qui avaient des prétentions à la faveur du Dauphin, qu'attirait dans cette maison son inclination pour mademoiselle Choin, fille d'honneur de la princesse [2]. La Fontaine fut aussi admis dans cette société, et plusieurs des épîtres en vers et des lettres en prose qui nous restent de lui n'auraient pu être comprises qu'imparfaitement, sans la connaisssance des détails dans lesquels nous venons d'entrer.

Le premier prince de Conti, celui auquel la Fontaine adressa la comparaison d'Alexandre, de César et de Condé, vivait encore alors; et avec son frère, le prince de la Roche-sur-Yon, il avait obtenu la permission de suivre le prince de Turenne dans la guerre contre les Turcs. Les lettres fréquentes que le prince de Conti

---

[1] Bussy-Rabutin, *Histoire amoureuse des Gaules*, édit. 1754, t. V, p. 194-201; la Beaumelle, *Mémoires de Maintenon*, t. VI, p. 65.

[2] Caylus, *Souvenirs*, p. 218; Saint-Simon, *OEuvres*, t. III, p. 58-66.

écrivait à sa femme excitèrent les soupçons du roi, qui donna des ordres pour intercepter cette correspondance. On arrêta à Strasbourg un des pages du prince, nommé Merfit, porteur de plusieurs lettres de divers personnages, dans lesquelles on trouva des critiques amères sur le gouvernement, des railleries sur la religion, et des détails sur un genre de débauche trop commun alors, et que le roi avait dans une juste horreur[1]. Le cardinal de Bouillon fut disgracié, par suite de cette affaire; l'un des fils du duc de la Rochefoucauld fut exilé, un autre renfermé: le fils du maréchal de Villeroi, dont les lettres étaient pleines de sarcasmes impies, fut simplement exilé. « Il est bien moins coupable que les autres, disait malignement son père; il ne s'en est pris qu'à Dieu et non au roi. »

Comme c'était le prince de la Roche-sur-Yon qui était regardé comme le chef de toute cette jeunesse frondeuse, et que plusieurs des lettres saisies lui étaient adressées, ce fut surtout sur lui que tomba la colère du roi. Quand ce prince fut de retour, Louis XIV ne voulut ni le voir ni lire un mémoire justificatif qu'il lui fit remettre. Alors il se retira dans son château de l'Isle-

---

[1] Madame de Sévigné, *Lettres*, lettre du 8 août 1685, t. VII, p. 324; Mademoiselle de Montpensier, *Mémoires*, t. VII, p. 128 à 137 de l'ancienne édition, et t. IV, p. 484 de l'édition de 1825, in-8°, t XLIII de la collection, année 1685; Maintenon, *Lettres*, t. I, p. 131 de l'édit. de Léopold Collin; Dangeau, *Mémoires*, sous la date du 1er novembre 1685, t. I, p. 114 et 186; *Nouveaux Mémoires*, édit. de Lemontey, p. 17; la Beaumelle, *Mémoires pour servir à l'histoire de madame de Maintenon*, liv. VII, ch. 2, t. III, p. 4; la Fare, *Mémoires*, t. LXV, p. 252 de la collection; le marquis de Sourches, t. I, p. 249, 250, 260, 266, 287.

Adam[1], et il n'en sortit que pendant quelques jours pour aller soigner son frère, dont la mort lui causa un vif chagrin. Après ce funeste événement, le prince de la Roche-sur-Yon, devenu prince de Conti, retourna dans sa retraite de l'Isle-Adam[2]. C'est dans ce lieu, situé sur les bords de l'Oise, que la Fontaine lui écrivit une épître pour le consoler.

> Pleurez-vous aux lieux où vous êtes?
> La douleur vous suit-elle au fond de leurs retraites?
> ....
> Le dieu de l'Oise est sur ses bords,
> Qui prend part à votre souffrance;
> Il voudroit les orner par de nouveaux trésors,
> Pour honorer votre présence.
> ....
> ....Rien ne rit sous les cieux
> Depuis le moment odieux
> Qui vous ravit un frère aimé d'amour extrême.
> Ce moment, pour en parler mieux,
> Vous ravit dès lors à vous-même[3].

L'épître est d'un style facile, et, dans certains passages, d'une poésie assez remarquable. Il se passa plus d'un an avant que le roi voulût pardonner au prince de Conti; et ce ne fut qu'à la prière du grand Condé, qui, en mou-

---

[1] Mademoiselle de Montpensier, *Mémoires*, t. VII, p. 129 à 137; t. XLIII de la collection, année 1685; madame de Caylus, *Souvenirs*, p. 221; Anselme, *Histoire générale de la maison de France*, 1726, in-folio, t. I, p. 347; de Sourches, *Mémoires*, t. I, p. 333, 334 et 338.

[2] Mademoiselle de Montpensier, *Mémoires*, t. IV, p. 485 et 486, année 1685.

[3] La Fontaine, *Épîtres*.

rant, demanda au monarque la grâce de son neveu [1].

La lettre en vers que la Fontaine adressa, cette même année, à un M. Simon de Troyes, est un modèle de grâce et de facilité. Notre fabuliste y fait la description d'un repas où il s'est trouvé avec le sculpteur Girardon, et où l'on mangea un pâté qu'avait donné M. Simon [2].

J'ai déjà dit que ce M. Simon faisait partie de la joyeuse société de Remond des Cours. Il était aussi, je crois, son parent [3]. La lettre que lui adressa la Fontaine courut en manuscrit, et le père Bouhours l'imprima dans son recueil de *Vers choisis* [4]. Elle est intéressante pour la connaissance des mœurs du temps et des faits auxquels elle fait allusion. Mais, pour bien comprendre le récit de cette conversation, il faut connaître tout ce qui occupait alors le public.

Charles II, roi d'Angleterre, venait de mourir. Jacques II, qui lui succédait, était suspect aux Anglais, à cause de son attachement à la religion catholique : Guillaume, prince d'Orange, son gendre, conçut le hardi projet de détrôner son beau-père, et d'abaisser le roi de France [5]. Il fomenta les haines, et engagea secrè-

---

[1] Par une lettre touchante, dit Gourville, *Mémoires*, t. LII, p. 497 de la *Collection de mémoires relatifs à l'histoire de France*. Cette lettre a été insérée par Désormeaux, dans son *Histoire du grand Condé*, t. IV, p. 493. Voyez aussi madame de Sévigné, *Lettres*, lettre du 15 janvier 1687, à Bussy, t. VII, p. 412.

[2] La Fontaine, *Épîtres*, 16.

[3] Grosley, *Mémoires sur les Troyens célèbres*, *Œuvres inédites*, édit. de 1812, in-8°, t. II, article *Simon de Troie*.

[4] *Recueil de vers choisis*, Paris, 1693, in-12, p. 170 à 173, et dans l'édition de Hollande, p. 145.

[5] Marquis de Sourches, *Mémoires*, t. I, p. 359.

tement toutes les puissances de l'Europe à se confédérer de nouveau contre Louis XIV. Déjà l'empereur, une partie de l'empire, la Hollande, le duc de Lorraine, s'étaient secrètement unis entre eux à Augsbourg; mais le mystère de cette coalition, dans laquelle entrèrent l'année suivante l'Espagne, la Savoie et la Suède, était déjà révélé : l'épître de la Fontaine le prouve [1].

>Votre Phidias et le mien,
>Et celui de toute la terre,
>Girardon, notre ami, l'honneur du nom troyen,
>M'oblige à vous mander, non la paix ou la guerre,
>Dont sur ma foi je ne sais rien ;
>Non la ligue d'Augsbourg, que je sais moins encore ;
>Non, dans un bel écrit plein de moralité,
>Des sottises du temps le nombre que j'ignore,
>(Et sauroit-il être compté?)
>Mais la défaite d'un pâté.
>. . . . .
>. . . . . L'eau du sacré vallon
>Auroit profané même un vin tel que le nôtre :
>Pur, et sans mélange on le but.
>Votre pâté, dès qu'il parut,
>Ramena les santés, et fit naître l'envie
>De boire à Chloris, à Sylvie,
>A ce qu'on aime enfin : bonne et louable loi.
>De la maîtresse, on vint au roi.

Alors le duc de la Feuillade voulut ériger un monu-

---

[1] *Mémoire de M. de***, pour servir à l'histoire du* XVIIe *siècle*, t. III; Hénault, *Abrégé chronologique*, p. 681 à 685 ; Voltaire, *Siècle de Louis XIV*, ch. XV, t. XXIII, p. 174 ; Choisy, *Mémoires*, t. LXIII, p. 345 des *Mémoires relatifs à l'histoire de France*.

ment à Louis XIV, auquel il avait voué une sorte de culte : il acheta l'hôtel de Senneterre, un des plus magnifiques de Paris; il le fit abattre, ainsi que l'hôtel d'Emery et plusieurs autres maisons, au nombre desquelles se trouvait la plus jolie petite maison qu'il y eût à Paris, celle de Perrault le médecin, qui, après avoir immortalisé son nom comme architecte par l'admirable colonnade du Louvre, avait employé tout son talent à construire et à orner pour son usage cette élégante demeure, située dans le plus beau quartier de Paris[1]. De l'espace que laissèrent vide toutes ces démolitions on forma la place des Victoires, au milieu de laquelle on éleva ce superbe monument que nous avons vu de nos jours détruire et remplacer par le chef-d'œuvre d'un de nos plus habiles sculpteurs[2]. Les façades de cette place furent exécutées sur les dessins de Mansard, et la statue de métal doré, élevée sur un piédestal en marbre blanc, était l'ouvrage du sculpteur Desjardins, qui avait aussi représenté la Victoire plaçant une couronne de laurier sur la tête du monarque, et quatre esclaves enchaînés à ses pieds dans des proportions énormes[3].

[1] *Mémoires inédits sur la cour de France*, par le marquis de Sourches, 1836, in-8°, p. 34.
[2] *Moniteur*, 25 août 1822.
[3] Regnier-Desmarais, *Description du monument érigé à la gloire du roi par le maréchal de la Feuillade*, 1686, in-4° de 34 pages. Voyez à la Bibliothèque du roi, t. XVI du *Varia variorum* de Huet, 18° pièce; Bussy-Rabutin, *Nouvelles lettres*, t. VI, p. 245; le Maire, *Paris ancien et nouveau*, t. III, p. 255; Germain Brice, *Description de Paris*, édit. de 1752, t. I, p. 398 à 434; Piganiol de la Force, *Description de Paris*, t. III, p. 60 à 78;

Mais, à la même époque, le roi venait d'acheter l'hôtel de Vendôme [1], bâti par Henri IV pour son fils, et on projetait de le raser pour y former une autre place, au milieu de laquelle on voulait mettre la statue équestre en bronze de Louis XIV, qu'exécutait le sculpteur Girardon. Cette place, qu'on eût désiré appeler du nom de Louis-le-Grand, mais qui a toujours conservé celui de Vendôme, ne fut achevée que deux ans après [2], et ce ne fut même qu'en 1699, treize ans après la date de l'épître de la Fontaine, qu'on put y placer une statue [3] faite par Girardon. Celle dont parle la Fontaine dans son épître fut trouvée trop petite, et donnée à la ville de Beauvais ; mais alors on la croyait encore destinée à orner la nouvelle place construite dans la capitale, et il était bien naturel qu'il en fût question dans un repas où se trouvait le sculpteur qui l'exécutait [4].

Choisy, *Mémoires*, t. LXIII, p. 302 des *Mémoires relatifs à l'histoire de France*.

[1] En avril 1685. Voyez le marquis de Sourches, *Mémoires*, t. I, p. 72.
[2] Dangeau, *Mémoires*, t. I, p. 197, sous la date du 30 janvier 1687.
[3] Lister, dans son voyage à Paris, en 1698, vit encore cette statue dans l'atelier du sculpteur, situé dans la cour du Louvre. (Lister, *Journey to Paris, the year* 1698, p. 26 et 43, in-8°, London, 1699.) D'après Saint Simon (*Mémoires*, t. II, p. 236), ce monument aurait été inauguré le 13 août 1699, après midi. « Le duc de Gesvres, gouverneur de Paris, à cheval, à la tête du corps de ville, y fit les tours, les révérences et les autres cérémonies imitées de la consécration des empereurs romains. Il n'y eut, à la vérité, ni encens ni victimes : il fallut bien donner quelque chose au titre de roi très-chrétien. Il y eut un beau feu le soir sur la rivière, que MONSIEUR et MADAME allèrent voir du Louvre. »
[4] *Description nouvelle de ce qu'il y a de plus remarquable dans la ville de Paris*, par M. B*** (Brice), 1685, in-12, t. I, p. 22 ; ou 1698, in-12, t. I, p. 143 ; *Biographie universelle*, au mot *Girardon*, t. XVII, p. 458.

De la maîtresse on vint au roi ;
Du roi l'on vint à la statue ;
De la statue on prit sujet
D'examiner la place, et cet autre projet
Où l'image du prince est encore attendue.
Il faut du temps ; le temps a part
A tous les chefs-d'œuvre de l'art.
La reine des cités, dans sa vaste étendue,
N'aura rien qui ne cède à ce double ornement.
L'équestre en est encore à son commencement ;
La pédestre, à la fin le monarque l'a vue.
Desjardins, il faut l'avouer,
Mérite par cette œuvre une éternelle gloire.
Nous en louâmes tout, car tout est à louer,
Et le vainqueur, et la Victoire,
Et les captifs.........

Pour admirer ce chef-d'œuvre de l'art, la Fontaine et tous les convives s'étaient, aussi bien que Louis XIV, transportés à l'hôtel Saint-Chaumont, qu'habitait le duc de la Feuillade, et où est actuellement le passage de ce nom, entre la rue Saint-Denis et la rue du Ponceau. C'est là que Martin Van den Bogaert, connu vulgairement sous le nom de Desjardins, travaillait sans relâche depuis trois ans, aux frais du maréchal-duc, au plus grand et au plus bel ouvrage qui soit sorti de ses mains. Il était terminé lorsque la Fontaine écrivait son épître, mais la place qui devait le recevoir n'était pas même encore commencée. Le duc de la Feuillade traitait avec la ville de Paris, pour qu'elle contribuât pour sa part à cet embellissement. Tout réussit comme il le désirait ; les travaux furent exécutés avec rapidité, et la dédicace de ce superbe monument se fit, avec beaucoup de pompe et au milieu d'un concours prodigieux de spectateurs, le 28 mars 1686 [1], peu de temps après l'époque du repas où se trouvait la Fontaine.

Notre poëte passe ensuite à l'éloge du duc de la Feuillade, et dit :

> Où d'autres échoûroient, il se rend tout facile.
> Quand on eût admiré ce qu'il fit en Sicile,
> Parlé de son adresse et de sa fermeté
> Et de l honneur qu'au Raab il avoit remporté,
> Nous avouâmes tous que pour Sa Majesté
> Il n'épargne aucun soin, ne le cède à nul homme.
>   La France entière n'auroit pu
>   Seule occuper deux la Feuillades;
>   Ainsi la Grèce n'eût pu
>   Contenir deux Alcibiades.

La première affaire dont parle ici la Fontaine eut lieu lorsque le duc de la Feuillade, ayant remplacé le duc de Vivonne dans le commandement de l'armée navale stationnée près de la Sicile, fit évacuer habilement les Français qui se trouvaient dans cette île, et avec eux quatre cents familles qui avaient pris leur parti. L'affaire du Raab est beaucoup plus célèbre. C'est la bataille du

---

[1] Le Maire, *Paris ancien et nouveau*, 1685, in-12, t. III, p. 255; *Description nouvelle de ce qu'il y a de plus remarquable dans Paris*, par M. B*** (Brice), 1685, in-12, t. I, p. 115 à 118, ou 1698, t. I, p. 169 à 201; Piganiol de la Force, *Description de Paris*, 1768, in-12, t. III, p. 66; marquis de Sourches, Louis XIV, *Mémoires historiques* dans ses *OEuvres*, t. II, p. 193; Choisy, *Mémoires*, t. LXIII, p. 296 des *Mémoires relatifs à l'histoire de France*; Bussy-Rabutin, dans les *Mémoires* de Choisy, *loc. cit.*; d'Avrigny, *Mémoires chronologiques*, t. III, p. 150.

1ᵉʳ août 1664, où les troupes envoyées par Louis XIV au secours de l'empereur forcèrent le grand vizir à repasser le Raab avec son armée en désordre. Il paraît, d'après les *Mémoires de Choisy* et un passage assez curieux des *Mémoires de Rabutin* récemment publiés, que le duc de la Feuillade, dans le rapport qu'il fit au roi, s'attribua tout entier un succès qui était dû en grande partie au comte de Coligny, commandant en chef, et qu'il exagéra de beaucoup les actes de bravoure qui auraient eu lieu dans cette affaire[1]. Cependant on ne peut refuser au duc de la Feuillade une sorte d'héroïsme guerrier et chevaleresque. Il en fit preuve lorsqu'il transporta en pleine paix, à ses frais, trois cents gentilshommes devant Candie pour combattre les Turcs. En 1666 encore il se rendit de son propre mouvement à Madrid pour se battre en duel contre Saint-Aunai[2], qui, après avoir quitté le service de la France, avait écrit au ministre le Tellier une lettre injurieuse pour le roi.

Puis le poëte raconte ce qui s'est dit dans le repas sur les journaux de la Hollande, et surtout sur Bayle et son continuateur Leclerc. Ce dernier, après avoir coopéré au journal de Bayle, intitulé : *Journal de la république des lettres*, en avait entrepris un pour son compte, intitulé : *Bibliothèque universelle*, dont le premier numéro venait de paraître, et qui, par conséquent, était, par sa nouveauté, le sujet des conversations.

---

[1] La Fare, *Mémoires*, t. LXV de la collection, p. 154 et 155.
[2] La Fare, ibid., p. 186.

Leclerc pour la satire a bien moins d'habitude ;
Il paroît circonspect, mais attendons la fin.
Tout faiseur de journaux doit tribut au malin.

Ce dernier vers est devenu proverbe. Les convives quittèrent le repas pour aller au sermon ; et ce qui est digne de remarque dans la Fontaine, c'est qu'il écouta ce sermon fort attentivement, et qu'il en parle d'une manière convenable. « J'y trouvai, dit-il, de la piété, « de l'éloquence, des expressions, et un bon tour en « beaucoup d'endroits, tout à fait selon mon goût. »

En effet, une anecdote, rapportée par Racine le fils, prouve que la Fontaine savait goûter la naïve et sublime simplicité des livres saints. Racine le mena un jour à ténèbres ; et, s'apercevant que l'office lui paraissait long, il lui donna pour l'occuper un volume de la Bible [1], qui contenait *les Petits Prophètes*. La Fontaine tomba sur la prière des Juifs, dans Baruch, et, ne pouvant se lasser de l'admirer, il disait à Racine : « C'étoit un beau génie « que Baruch : qui étoit-il ? » Le lendemain et les jours suivants, lorsqu'il rencontrait dans la rue quelque personne de sa connaissance, après les compliments ordinaires, il élevait la voix pour dire : « Avez-vous lu Ba- « ruch ? c'étoit un grand génie [2] ! »

---

[1] Louis Racine, *OEuvres*, t. V, p. 156.

[2] C'est ainsi que Racine le fils raconte le fait, et comme c'est la seule autorité que nous ayons, nous ne pouvons nous écarter de son récit ; mais je remarquerai que, dans le Bréviaire à l'usage de Paris et de Rome, il se trouve, pour le samedi saint, une très-belle prophétie de Baruch, et il se pourrait bien que ce fût là le livre prêté par le grand Racine à notre fabuliste.

D'autres faits prouvent encore que, malgré la licence de ses écrits et ses mœurs relâchées, la Fontaine avait du respect pour la religion et pour ses ministres. Il avait versifié un conte d'après la cent quatrième fable d'Abstémius [1], dans laquelle un prêtre, à qui on avait confié la direction de cinq religieuses, confondu par les justes reproches de son évêque et les reproches vivants de son inconduite, ne peut que lui répondre par ces paroles de l'Évangile : « Seigneur, vous m'aviez donné cinq talents, en voici cinq de plus que j'ai gagnés. » Sur quoi l'évêque, s'étant mis à rire, le renvoya absous. Le fabuliste tire de son écrit cette moralité, que souvent une heureuse plaisanterie, mieux que les plus légitimes excuses, apaise la colère de ceux que nos fautes ont irrités contre nous.

La Fontaine, dont le grand Arnault avait loué les *Fables*, imagina de lui en témoigner sa reconnaissance en lui adressant à son tour des éloges dans le prologue du conte qu'il avait tiré d'Abstémius. Il n'y voyait qu'un trait d'esprit loué par un auteur latin qui lui était très-familier, et il crut bonnement qu'on pouvait en régaler un fameux docteur de Sorbonne. Boileau et Racine, auxquels notre poëte montra son conte, lui firent observer que la dédicace était inconvenante, et que la plaisanterie qui le terminait, tirée d'un texte sacré, lui donnerait le caractère d'un homme sans religion. Alors il ne balança pas à supprimer non-seulement le prologue,

---

[1] Abstémius paraît avoir lui-même tiré ce conte des *Convivales sermones*, Basileæ, 1506, t. I, p. 294.

mais le conte entier, qui n'a jamais paru¹. Un jour aussi Racine, dans une discussion très-vive, le réduisit au silence, en lui citant en latin, pour s'amuser, un prétendu texte de l'Écriture qui était de son invention, et que notre poëte n'osa pas contredire, parce qu'il le crut réellement tiré des livres saints².

Girardon, que la Fontaine a mis en scène d'une manière si aimable dans l'épître à M. Simon, n'était pas alors le seul artiste dont la ville de Troyes dût s'enorgueillir; Pierre Mignard y était né³. Ce peintre, par le grand nombre de portraits qu'il avait faits en France, et par les belles fresques du Val-de-Grâce, avait encore augmenté la réputation qu'il s'était acquise en Italie. Les contemporains disaient qu'il réunissait le dessin de Raphaël au coloris du Corrége⁴; mais la postérité n'a pas confirmé ce fastueux éloge. Barthélemy d'Hervart, autrefois intendant et contrôleur général des finances, homme d'une richesse immense, et qui savait l'art d'en jouir, avait acheté l'ancien hôtel d'Épernon, et l'avait agrandi et embelli. Il sacrifia une somme considérable pour orner de peintures à fresque son cabinet et son salon. Mignard fut chargé de les exécuter. Il avait représenté sur la voûte du cabinet l'apothéose de Psyché : on la voyait s'élever sur le sommet de l'Olympe, portée

---

[1] Saint-Marc, dans son *Commentaire sur Boileau*, Paris, 1747, in-8°, t. III, p. 183.

[2] Ciseron du Rival, *Récréations littéraires, ou anecdotes et remarques sur différents sujets*, 1765, in-12, p. 211.

[3] De Monville, *Vie de Mignard*. 1730, in-12, p. 1.

[4] L'abbé Arnaud, *Mémoires*, t. XXXIV, p. 296, collection de Petitot.

par Mercure et par Hyménée; Jupiter paraissait empressé de recevoir la divinité qui venait embellir son empire; une troupe d'Amours servaient de cortége à leur nouvelle souveraine. Sur la voûte du salon, Mignard avait peint les principales aventures d'Apollon, sa cruelle vengeance envers Niobé, le combat contre le serpent Python, son séjour à la cour du roi Laomédon, la douleur dont il avait été accablé par la perte du beau Hyacinthe, son amour pour la sévère Daphné, et le soin qu'il prenait d'arroser l'arbre que la métamorphose de cette nymphe lui avait rendu si cher. Sur la coupole on le voyait dans toute sa gloire, occupé à instruire les Muses attentives.

Cette fresque était considérée comme le chef-d'œuvre de Mignard[1]. Ce grand peintre était intimement lié avec la Fontaine, ainsi que lui « homme de Champagne[2] » (il fit même le portrait de sa femme), et encore

---

[1] De Monville, *Vie de Mignard*, p. 87 à 89; le Maire, *Paris ancien et nouveau*, 3 vol. in-12, p. 301. Ces fresques existaient encore en 1752; voyez Lepicié, *Vies des premiers peintres du roi depuis M. le Brun jusqu'à présent*, Paris, 1752, in-12, p. 142; Germain Brice, *Description nouvelle de la ville de Paris*, 1698, in-12, t. 1, p. 214. L'histoire de Psyché se trouvait aussi peinte à fresque sur le plafond du salon de Ninon de Lenclos, dans la rue des Tournelles; *Mémoires et lettres pour servir à l'histoire de mademoiselle de Lenclos*, Rotterdam, in-12, p. 28; Bret, *Mémoires sur la vie de mademoiselle de Lenclos*, Amsterdam, 1751, in-12, p. 142.

[2] Je suis un homme de Champagne,
 Qui n'en veux point au roi d'Espagne,

dit la Fontaine, en parlant de lui-même dans l'épître *à une abbesse*, t. VI, p. 55.

plus avec Molière ; il fut même, dans le temps, admis aux petites réunions de ces deux poëtes avec Racine, Boileau et Chapelle [1]. Molière fit un poëme exprès pour célébrer la fresque du Val-de-Grâce [2], et le roman de *Psyché*, qu'avait composé la Fontaine, contribua aussi à la célébrité des peintures que Mignard exécuta dans le cabinet de l'hôtel d'Hervart. C'est dans cet hôtel, qui était situé rue Plâtrière, à l'endroit où est actuellement l'administration des postes, que la Fontaine devait terminer sa vie [3].

Le goût que la Fontaine avait pour les beaux-arts l'avait lié d'amitié avec plusieurs artistes ; il prenait intérêt à leur sort : c'est ainsi qu'il s'efforça, par ses conseils, de mettre un terme aux débauches de Raimond de la Fage, dessinateur et graveur, dont tout le monde admirait le talent, mais qui, par suite de son inconduite, mourut dans la force de l'âge, en 1684. Lorsque Van der Bruggen publia, cinq ans après, l'œuvre de la Fage [4], avec le portrait de cet artiste et celui de M. Bertin, trésorier de la chancellerie de France, qui avait fait la

---

[1] De Monville, *Vie de Mignard*, p. 93.
[2] Ibid., p. 93 et 191.
[3] Jaillot, *Recherches sur Paris*, t. II ; *Quartier Saint-Eustache*, p. 42 ; de Monville, *Vie de Mignard*, p. 88 en note ; *Menagiana*, t. III, p. 351 ; Germain Brice, *Description de la ville de Paris*, 1752, in-12, t. I, p. 471-474 ; Lepicié, *Vies des premiers peintres du roi*, 1752, p. 127 à 138 ; le Maire, *Paris ancien et nouveau*, t. III, p. 301. Ce dernier nous apprend que les figures qui ornaient les encoignures du cabinet de M. d'Hervart, peint par Mignard, avaient été exécutées par le sculpteur Anguière.
[4] *Recueil des meilleurs dessins de Raymond de la Fage, gravés par cinq des plus habiles graveurs, et mis en lumière par les soins de Van der Bruggen*, 1689, in-folio.

dépense de cet ouvrage, notre poëte composa les vers qui furent gravés au bas de ces deux portraits[1].

La Fontaine fut aussi lié avec plusieurs ecclésiastiques recommandables, et même avec des jésuites. Le père Bouhours, un des plus beaux esprits de cet ordre, qui publiait alternativement des livres de littérature et des pièces de vers, et que l'on accusait de servir tour à tour et par semestre le monde et le ciel, était au nombre de ses amis et lui envoyait tous ses ouvrages. Cette liaison nous explique comment le père Bouhours a pu, dans *Pièces de vers choisies*, publier plusieurs morceaux inédits de notre poëte après sa mort, et donner à sa publication tous les caractères de l'authenticité[2]. Le jésuite Commire sut gré à notre poëte d'avoir imité plusieurs de ses fables, et composa des vers latins à sa louange, pour lui témoigner sa reconnaissance[3]. Nous avons déjà fait mention de Huet, son ami particulier, qu'on nomma sous-précepteur du Dauphin, puis évêque de Soissons, et ensuite évêque d'Avranches, homme remarquable par sa prodigieuse érudition, et cependant exempt de pédanterie, pieux, mais sans exagération, passionné pour la poésie, d'un caractère égal et prévenant, loyal et franc[4].

---

[1] La Fontaine, *Vers pour des portraits*.

[2] Voyez le *fac-simile* de la lettre de la Fontaine au père Bouhours, annexée au portrait de la Fontaine, lithographié d'après celui de Rigaud, et qui fait maintenant partie de la collection de M. Héricart de Thury, dans l'*Iconographie française*.

[3] J. Commirii, e societate Jesu, *Opera posthuma*, 1704, Parisiis, p. 211.

[4] Pet. Dan. Huetii E. A., *Commentarius de rebus ad eum pertinentibus*, 1718, in-12, p. 271, 362, 366 et 371; d'Olivet, *Notice sur Huet* en tête du

Notre poëte avait eu des liaisons encore plus intimes avec l'abbé le Camus, qui d'abord s'était montré galant, aimable, libertin, et même impie [1]. L'exemple de Bouthillier de Rancé, fondateur de la Trappe, qui, dans sa première jeunesse, avait mené aussi une vie assez déréglée, convertit l'abbé le Camus. Il fut nommé aumônier du roi ; on lui donna l'évêché de Grenoble, et ensuite le chapeau de cardinal [2]. La Fontaine fait indirectement allusion à la conduite passée et à la vie présente de ce prélat dans quelques vers qu'il écrivit au bas d'une lettre que lui avait adressée M. Girin, contrôleur des finances à Grenoble, pour le rendre juge d'une gageure faite au sujet d'une difficulté grammaticale [3] qui s'était élevée sur le refrain d'un rondeau. Notre poëte, après avoir exposé fort clairement les raisons de sa décision, en vers jolis et faciles, ajoute :

> Je ne me donne point ici pour un oracle ;

Hueliana, 1722, in-12, p. 15. Évêque de Soissons en 1685, il permuta cet évêché contre celui d'Avranches en 1686. En 1699, Huet se démit de cet évêché et fut nommé abbé de Fontenay.

[1] Il fut exilé par la reine en 1659. (Voyez Motteville, *Mémoires*, 1659, partie V, t. V, p. 7 de l'édit. in-8° de 1824 ; t. XL de la collection de Petitot.) Nous avons de l'abbé le Camus un petit ouvrage manuscrit intitulé *Amours de M. l'abbé Roquette*, par M. l'abbé le Camus. C'est à lui, selon toute probabilité, que la Fontaine fait allusion dans son chapitre XI, *de l'Homme*, t. II, p. 55 de l'édit. de Coste.

[2] Dangeau, *Nouveaux Mémoires*, à la date du 11 septembre 1686, dans l'*Essai sur l'établissement monarchique de Louis XIV*, par Lemontey, p. 23 ; de Subligny, *Muse dauphine*, à la date du 19 août 1666, p. 112 ; Œuvres de la Fontaine, 1823, in-8°, t. VI, p. 173, note 1.

[3] Tallemant, *Remarques et décisions de l'Académie*, 1698, in-12 ; Boileau, t. IV, p. 309, lettre 93.

Et sans chercher si loin, Grenoble en possède un :
  Il sait notre langue à miracle ;
Son esprit est en tout au-dessus du commun.
C'est votre cardinal que j'entends : ses lumières
Dédaignent, il est vrai, de semblables matières.
....
Ballades et rondeaux, ce n'est point son affaire.
A l'égard du salut, unique nécessaire,
  Il n'est point de difficulté
Qui ne doive occuper, en pareille occurrence,
  Non-seulement son éminence,
  Mais même encor sa sainteté[1].

Mais de tous ceux que la Fontaine fréquentait, Racine était, après de Maucroix, celui qu'il chérissait le plus, et qui avait pour lui l'amitié la plus tendre et la plus sincère. Racine aurait voulu corriger notre poëte de ses défauts, et l'exhortait surtout à prendre plus de soin de ses affaires. C'est probablement dans ce but que la Fontaine s'était déterminé à se rendre à Château-Thierry, en 1686. Racine, ne recevant pas de ses nouvelles, s'en plaignit ; et la Fontaine lui écrivit : « Poignant, à son « retour de Paris, m'a dit que vous preniez mon silence « en fort mauvaise part : d'autant plus qu'on vous avoit « assuré que je travaillois sans cesse depuis que je suis « à Château-Thierry, et qu'au lieu de m'appliquer à « mes affaires, je n'avois que des vers en tête. Il n'y a « de tout cela que la moitié de vrai : mes affaires m'oc- « cupent autant qu'elles en sont dignes, c'est-à-dire

---

[1] La Fontaine, *Épîtres*, 25.

« nullement ; mais le loisir qu'elles me laissent, ce n'est
« pas la poésie, c'est la paresse qui l'emporte. » Il rapporte aussi à son ami une chanson qu'il a faite en réponse à un couplet que lui avait adressé une petite fille de huit ans : « Ç'a été là, ajoute-t-il, ma plus forte occu-
« pation depuis mon arrivée[1]. » Puis viennent des vers qui contiennent des jugements sur Ronsard, Racan et Malherbe, qu'il se proposait d'insérer dans une lettre au prince de Conti :

> Ronsard est dur, sans goût, sans choix,
> Arrangeant mal ses mots, gâtant par son françois
> Des Grecs et des Latins les grâces infinies.
> Nos aïeux, bonnes gens, lui laissoient tout passer,
> Et d'érudition ne se pouvoient lasser.
> . . . .
> Cet auteur a, dit-on, besoin d'un commentaire :
> On voit bien qu'il a lu, mais ce n'est pas l'affaire;
> Qu'il cache son savoir, et montre son esprit!
> . . . .
> Malherbe de ces traits usoit plus fréquemment :
>   Sous lui, la cour n'osoit ouvertement
>   Sacrifier à l'ignorance.

Heureusement pour la gloire du grand siècle, que la mode de sacrifier à l'ignorance était bornée à la cour, et n'avait pas gagné les auteurs. La Fontaine termine en disant : « Ne montrez ces vers à personne, car ma-
« dame de la Sablière ne les a pas encore vus. » On aime ces touchants égards de la Fontaine pour sa bien-

---

[1] La Fontaine, *Lettres à divers*, lettre 17.

faitrice ; et il paraît, d'après ce passage, que madame de la Sablière, quoique livrée alors tout entière à de pieux devoirs, conservait cependant encore le goût des vers.

La Fontaine, dans cette lettre, ne fait aucune mention de sa femme ; cependant il la vit et il paraît même que dans ce voyage, s'étant arrêté à la Ferté-Milon, il se réconcilia avec elle. Nous avons vu une procuration générale en brevet, datée de cette ville, le 19 avril 1686, par devant Grégoire, notaire, donnée à Marie Héricart et signée des deux époux. Toutefois madame de la Fontaine ne suivit pas son mari à Paris et resta à Château-Thierry. Après la vente faite en 1676 de la maison que son mari possédait en cette ville, rue des Cordeliers [1], elle s'était retirée dans le château où le duc de Bouillon avait accordé un logement à notre poëte, et elle paraît y avoir séjourné jusqu'à sa mort, qui eut lieu le 9 novembre 1709 [2]. Ce ne fut que longtemps après que le fils de la Fontaine acheta à Château-Thierry une autre maison, qui n'a cessé, jusqu'à ces derniers temps, d'appartenir à ses descendants [3].

Quant à notre poëte, le voyage qu'il fit à Château-Thierry, en 1686, fut probablement le dernier. Depuis

---

[1] Voyez ci-dessus, t. I, p 58. Cette maison de la Fontaine est à l'extrémité nord de la ville, vis-à-vis le château ou citadelle, et près du collége municipal qu'on a établi dans l'ancien couvent des Cordeliers.

[2] Voyez les *Pièces justificatives* à la fin de ce volume.

[3] *Lettre de madame J. Tancrot, datée de Château-Thierry, le 19 novembre* 1820, adressée à M. du Temple, ex-maire de Château-Thierry, en réponse aux éclaircissements demandés par l'auteur.

il ne paraît pas avoir quitté Paris et ses environs. Il était surtout fort assidu aux séances de l'Académie française, et il s'était fait tellement aimer de ses confrères académiciens, qu'un jour ils voulurent se départir en sa faveur d'une règle académique dont on ne s'écarte jamais. Il est d'usage, dans ces corps littéraires, de signer des listes de présence, et, lorsqu'on commence la séance, le secrétaire tire une barre pour clore la liste. Ceux qui arrivent après la barre tirée n'ont point part aux jetons de cette séance. La Fontaine entra un jour comme on venait de tirer la barre; tous ses confrères, qui savaient qu'il n'était pas riche, réclamèrent aussitôt pour que l'on fît exception en sa faveur; mais il ne voulut pas permettre que la règle fût enfreinte. « Non, « Messieurs, dit-il, cela ne seroit pas juste. Je suis venu « trop tard; c'est ma faute[1]! »

L'attachement que les membres de l'Académie témoignaient à la Fontaine, la confiance qu'ils avaient en lui, furent ce qui engagea cet homme si doux, si conciliant, dans la querelle avec Furetière, et qui lui attira l'inimitié de ce dernier, avec lequel il était fort lié.

L'édit du roi Louis XIII, en date du 24 janvier 1636, qui créait l'Académie française, ne fut vérifié et enregistré que le 10 juillet 1637. D'assez vives oppositions s'étaient élevées, dans le sein du parlement, contre la création de ce corps littéraire. On savait qu'il était l'ouvrage du cardinal de Richelieu, et l'on craignait que

---

[1] Louis Racine, *Mémoires sur la vie de J. Racine*, t. V, OEuvres, p. 157, édit. 1808, in-8°.

cette innovation ne cachât encore quelques nouveaux piéges de ce ministre despote : comme rien ne déterminait les limites de la compétence académique, on redoutait les empiétements d'une compagnie constituée légalement. Aussi, le parlement n'enregistra les priviléges accordés à l'Académie qu'avec cette clause : « A la charge que ceux de ladite assemblée et Académie ne connoîtront que de l'ornement, embellissement, et augmentation de la langue françoise, et des livres qui seront par eux faits, et par autres personnes qui le désireront et voudront [1]. »

La suite démontra que la prévoyance du parlement n'était pas inutile, ni ses craintes tout à fait vaines. L'Académie, d'après ses statuts, devait s'occuper à composer une rhétorique, une poétique et un dictionnaire de la langue française; mais, sous prétexte qu'elle craignait l'infidélité des copistes employés à transcrire ses cahiers, elle obtint, le 28 juin 1674, un privilége, signé en commandement, par lequel défenses étaient faites de publier un dictionnaire français avant que le sien ne fût au jour [2]. L'Académie s'attribuait ainsi un monopole contraire aux termes de la loi qui l'avait créée, et qui lui interdisait toute juridiction sur les livres composés par des auteurs qui n'avaient point été admis dans son sein, à moins qu'ils n'eussent désiré ou voulu s'y soumettre. Ce nouveau privilége n'était pas moins nui-

---

[1] Pellisson, *Histoire de l'Académie françoise*, 1729, in-4°, t. I, p. 36 à 44 ; Ancillon, *Mémoires, etc.*, 1709, in-12, p. 2 et 112.
[2] D'Olivet, *Histoire de l'Académie françoise*, 1729, in-4°, t. II, p. 36.

sible aux lettres qu'attentatoire aux droits de ceux qui les cultivaient. Toutefois, l'on conviendra qu'il devait au moins être respecté par tous les membres de l'Académie. Cependant Furetière, qui en faisait partie depuis plus de vingt ans, obtint de son côté, et sans l'aveu de ses confrères, le 24 août 1684, un privilége du grand sceau, pour l'impression d'un *Dictionnaire universel*, dans lequel, suivant le titre qu'il avait montré à l'approbateur, on ne devait trouver que des termes d'arts et de sciences, mais qui, d'après le titre inséré dans le privilége, devait renfermer tous les mots français, tant vieux que modernes.

Lorsqu'on apprit que le *Dictionnaire universel* s'imprimait, il y eut un soulèvement général de toute l'Académie contre l'auteur de cet ouvrage. Elle l'accusait non-seulement de violer les priviléges du corps, mais d'en avoir pillé le travail pour enrichir le sien. On convoqua une assemblée extraordinaire où Furetière fut interrogé. Ces procédés violents l'aigrirent contre ses confrères, et l'Académie permit que Racine, la Fontaine et Boileau, qui étaient particulièrement liés avec lui, allassent le trouver pour le disposer à la soumission et à une réconciliation. Tout fut inutile. M. de Novion, premier président du parlement, qui était alors directeur de l'Académie, et qui prenait un vif intérêt à Furetière, lui déclara qu'il ne pouvait, ni comme juge, ni comme académicien, ni comme ami, se dispenser de le condamner. Alors Furetière ne garda plus de mesure, et publia des factums et des libelles en vers et en prose, où plusieurs membres de l'Académie, et notamment la Fontaine, étaient maltraités.

Un des articles des statuts de l'Académie l'autorisait et même l'obligeait à destituer un académicien qui aurait fait quelque action indigne d'un homme d'honneur : ce fut en vertu de cet article que l'Académie, dans sa séance du 22 janvier 1685, exclut Furetière de son sein. Le roi, dont l'approbation était nécessaire, se fit rendre compte de cette affaire ; et, comme on avait mêlé la demande de l'expulsion avec celle de la réforme du privilége, le roi se contenta de répondre que l'affaire devait suivre le cours ordinaire de la justice. L'Académie plaida donc contre Furetière, et, s'étant pourvue au conseil, elle fit supprimer, par arrêt contradictoire, rendu le 9 mars 1685, le privilége qu'il avait obtenu. Furetière continua d'écrire, pour diffamer ses confrères, des libelles qui furent supprimés par sentence de police[1].

---

[1] Antoine Furetière, *Factum contre quelques-uns de Messieurs de l'Académie françoise*, Amsterdam, 1685, in-12 ; *Second factum*, Amsterdam, 1686 ; *Troisième factum servant d'apologie*, Amsterdam, 1688 ; *Recueil de plusieurs vers, épigrammes et autres pièces qui ont été faites contre M. l'abbé Furetière, et contre Messieurs de l'Académie françoise*, Amsterdam, 1687 ; *Plan et dessin du poëme allégorique des couches de l'Académie françoise*, Amsterdam, 1687 ; *Preuves par écrit des faits contenus au procès de M. Furetière*, Amsterdam, 1688, in-12 ; *Nouveau recueil des factums du procès contre défunt M. l'abbé Furetière*, 1694, 2 vol. in-12. Les passages contre la Fontaine sont aux pages 13, 14 et 44 de l'édition originale in-4° du *Second factum pour M. Antoine Furetière, abbé de Chativoy*. Il ne porte ni nom d'imprimeur, ni privilége, ni approbation. A la fin est gravé un emblème avec cette devise : *è duro perch'è vero*. On peut lire un récit curieux de ces démêlés entre Furetière, la Fontaine et l'Académie françoise dans le *Mercure galant* du mois de mai 1688, p. 211 et 234. Le passage sur la Fontaine est à la page 234. C'est une lettre de Tallemant aîné.

C'est ainsi qu'il perdit les trois dernières années de sa vie ; et il n'eut pas même la satisfaction de voir paraître son dictionnaire, qui ne fut publié, en Hollande, que deux ans après sa mort, arrivée le 12 mai 1688.

On a dit que la Fontaine, à la séance qui eut lieu pour l'exclusion de Furetière, avait mis, par distraction, une boule noire au lieu d'une boule blanche, et que de là venait la colère de ce dernier contre lui. C'est un conte inventé par des hommes peu instruits des détails de cette affaire. La Fontaine était bon confrère ; il crut, quoique lié avec Furetière, qu'il était de son devoir de le condamner, pour soutenir les droits du corps auquel il appartenait ; d'autant plus qu'alors il était, en quelque sorte, chargé de le représenter[1], puisque, six jours avant sa décision, l'Académie l'avait nommé, avec Tallemant le jeune, pour faire les démarches qu'elle jugeait nécessaires dans cette circonstance. Aussi Furetière crut-il devoir prendre à partie la Fontaine avec les autres académiciens qui avaient agi le plus activement contre lui, dans le procès qu'il intenta à l'Académie. L'intitulé de ses plaidoiries porte : « contre MM. Régnier-Desmarais, Charpentier, Tallemant, Boyer, et Jean de la Fontaine, de l'Académie françoise, qui en tiennent ordinairement le bureau, intimés en leurs propres et privés noms. » Mais Furetière était mal instruit, et notre poëte,

---

[1] D'Olivet, *Histoire de l'Académie françoise*, t. II, p. 41 ; *Bolœana*, dans Boileau, t. V, p. 48 de l'édit. de Saint-Marc ; Mathieu Marais, *Histoire de la vie et des ouvrages de J. de la Fontaine*, p. 82 de l'édit. in-12, ou p. 108 de l'édit. in-18.

pendant tout le cours de ces contestations, n'a point été officier de l'Académie [1].

La Fontaine mettait réellement peu d'intérêt à toutes ces disputes, et probablement au Dictionnaire même. Pavillon, dans une lettre à Furetière, commence de la manière suivante la description d'une des séances de l'Académie :

> Troublé d'une fureur divine,
> Je vois les Muses, Apollon,
> Accompagnés de Mnémosyne,
> Se présenter dans ce salon.
> Le grec Charpentier y préside ;
> Le tendre Quinault y réside ;
> La Fontaine n'y peut parler,
> Il dort ; et, prêt à s'en aller,
> Le chevalier de l'Équivoque
>   Le regarde, et s'en moque [2].

Par le chevalier de l'Équivoque, Pavillon désigne Benserade, qui dissertait beaucoup dans l'Académie sur les divers sens des mots.

Dans ses libelles, Furetière cherche à indisposer l'autorité contre la Fontaine, relativement à la publication de ses *Contes* : il le plaisante sur ses distractions, et il lui attribue le trait singulier de M. le comte de Brancas, qui alla pour faire visite à une personne de sa connais-

---

[1] *Extrait des registres de l'Académie française*, publié par M. Raynouard, son secrétaire perpétuel, dans le *Journal des savants*, mars 1824, p. 153.
[2] Ét. Pavillon, *Œuvres*, Amsterdam, 1750, in-12, t. I, p. 143.

sance à l'enterrement de laquelle il avait assisté quelques jours auparavant [1]. Les auteurs des notices sur la vie de notre poëte n'ont pas manqué de lui appliquer cette anecdote, ne connaissant pas la main ennemie qui la lui avait faussement attribuée [2]. Enfin, Furetière s'étend beaucoup sur l'ignorance de la Fontaine, qui, dit-il, après avoir été plus de vingt ans maître des eaux et forêts, ne sait pas distinguer le bois de grume d'avec le bois de marmenteau. La Fontaine, impatienté de ce reproche, laissa échapper de sa plume une épigramme contre Furetière [3]. Ce fut ce dernier qui fit imprimer l'épigramme avec une réponse en prose, et en prétendant que cette épigramme même prouvait l'exactitude du reproche qu'il avait fait à son adversaire. Furetière ajouta à cela deux épigrammes et des bouts-rimés, qui sont encore de plus mauvais goût que les vers dont il a voulu se venger. La Fontaine répliqua par un sonnet en bouts-rimés pareils à ceux de Furetière [4].

Un prêtre de Normandie, nommé Dulot, avait inventé les bouts-rimés en 1648, ou plutôt il paraît qu'il donna lieu à cette invention sans y penser. Ce Dulot avait la

---

[1] Furetière, *Second factum*, édit. 1686, p. 20; *Troisième factum*, édit. 1688, p. 28; *Nouveau recueil des factums*, 1694, in-12, t. I, p. 291, 364, 495, 498.

[2] Cotolendi, *Livre sans nom*, Paris, 1695, in-12, p. 131; *Furcteriana*, 1696, in-12, p. 138; Brillon, *Apologie de M. de la Bruyère, ou Réponse à la critique des Caractères de Théophraste*, 1700, in-12, p. 258; Montenault, *Vie de la Fontaine*, p. XXIV dans les *Fables* in-fol., t. I.

[3] La Fontaine, *Épigrammes*, 5.

[4] La Fontaine, *Sonnets*, 3. Ce sonnet fut publié pour la première fois dans les *Preuves par écrit des faits contenus au procès de Furetière*, Amsterdam, 1688, in-12, p. 36, mais sans nom d'auteur.

manie des vers, et, pour s'éviter la difficulté de trouver la rime, c'est par la rime qu'il commençait tous ses vers. On connut cette singulière méthode parce que, dans une grande assemblée, il se plaignit de ce qu'on lui avait dérobé trois cents sonnets. Et comme on s'étonnait qu'il en eût pu composer un si grand nombre, il répondit qu'à la vérité il n'en avait encore fait que les rimes, mais qu'il commençait toujours par là. Cette manière de faire des vers parut si plaisante, qu'aussitôt tous les gens de cour et de qualité s'amusèrent à choisir des rimes bizarres afin de rendre leurs vers plus burlesques, et la fureur des bouts-rimés devint générale [1].

D'abord précepteur de l'abbé de Tillière, beau-frère du maréchal de Bassompière, Dulot fut attaché au cardinal de Retz lorsqu'il était coadjuteur, et ensuite à l'évêque de Metz. Peu régulier dans ses mœurs, Dulot était devenu amoureux d'une certaine Madeleine Quipet [2] et cet amour le rendit fou; mais sa folie n'avait rien de fixe ni de dangereux, elle contribuait seulement à le rendre plus plaisant : il n'en faisait que mieux des bouts-rimés.

On s'aperçut pour la première fois de l'aliénation de son esprit un jour qu'il disait la messe à son ancien élève. Au lieu de prononcer ces mots *Dominus vobiscum*, il se mit à dire à haute voix : « M. de Tillière, vous êtes un sot [3] ! » La vogue qu'avaient eue les bouts rimés dans

---

[1] *Le génie et la politesse de l'esprit, et la délicatesse de la langue françoise*, 1705, in-12, p. 182.
[2] M. de Monmerqué à *la Quipet*.
[3] Tallemant des Réaux, *Mémoires* intitulés *Historiettes*, manuscrits, t. V, p. 221.

leur naissance ne survécut pas à leur auteur et au poëme de Sarrasin intitulé : *La Défaite des bouts-rimés, ou Dulot vaincu* [1]. La Fontaine, qui moins qu'un autre pouvait assujettir ses pensées à des rimes déterminées d'avance, n'aurait probablement jamais abaissé sa muse à ce puéril abus de la versification, s'il n'y avait été provoqué par Furetière.

Rien ne révolta plus dans les plaidoyers de ce dernier que les grossières injures qui s'y trouvaient contre la Fontaine. Bussy-Rabutin, ami de Furetière, lui écrivit pour lui témoigner combien il les désapprouvait : madame de Sévigné surtout en fut indignée; elle ne pouvait concevoir comment Furetière, dans ses vilains factums, dans ses noires satires, comme elle les appelait, pouvait déprécier les écrits de la Fontaine. Ceux qui ne les admirent pas, elle les qualifie d'esprits durs et farouches; elle dit que nulle puissance humaine n'est capable de les éclairer, et qu'elle leur ferme sa porte à jamais [2]. « Il est bien certain, disait alors Bayle dans son journal, que MM. de Benserade et de la Fontaine sont aussi estimés qu'ils l'étaient avant le factum de M. Furetière [3]. » Mais les critiques de Furetière contre la Fontaine étaient l'expression de sa haine, et non celle de son jugement.

On voit, en effet, dans la préface d'un recueil de fa-

---

[1] Sarrasin, *OEuvres*, 1658, in-12, *Poésies*, p. 116-136.

[2] Madame de Sévigné, *Lettres*, en date des 8 et 14 mai 1686, t. VII, p. 382 et 389.

[3] Bayle, *Nouvelles de la république des lettres*, juin 1686, t. VIII, p. 710, in-18.

bles [1], que Furetière avait publié longtemps avant cette querelle, qu'il jugeait la Fontaine de la même manière que tous les hommes de lettres de ce temps. Après avoir parlé des *Fables* d'Ésope et de Phèdre, il ajoute : « Mais il n'y a personne qui leur ait fait tant d'honneur que M. de la Fontaine, par la nouvelle et excellente traduction qu'il en a faite, dont le style naïf et marotique est tout à fait inimitable, et ajoute de grandes beautés aux originaux. » Et plus loin il dit que la Fontaine a relevé son sujet « par la beauté de son style et ses heureuses expressions. »

Ce qu'il y a de remarquable, c'est que Furetière, et plus tard la Motte, se reconnaissant inférieurs à la Fontaine pour le style, croyaient compenser ce qui leur manquait sous ce rapport par le mérite qu'ils s'attribuaient d'avoir inventé les sujets de leurs *Fables*. La Harpe, pour combattre le reproche fait par ces auteurs à notre poëte de n'avoir presque rien inventé, se contente de dire : « Il a inventé son style, et son secret lui est demeuré. » Mais, si l'on veut se faire une idée précise de ce qui constitue l'invention en poésie, on verra que la Fontaine mérite, plus qu'aucun autre poëte peut-être, d'être considéré comme inventeur.

Le but de la poésie, comme de tous les autres arts, est de plaire ; et comme rien ne satisfait plus notre âme que ce qui l'agrandit, l'élève et réveille en elle le sen-

---

[1] Furetière, *Fables nouvelles*, Paris, 1671, in-12, p. vi de l'Avertissement.

timent de son immortelle origine, les poëtes ne nous font jamais éprouver de plus délicieuses sensations que quand ils nous peignent une nature sublime, qu'ils nous racontent de grandes actions, ou qu'ils nous entraînent avec eux dans le domaine des vérités religieuses et morales. Sous ce dernier rapport, non-seulement ils plaisent, mais ils instruisent, non en philosophes, mais en poëtes. L'instruction n'est cependant pas le but principal auquel ils tendent, c'est pour eux un moyen de plus pour plaire. Le poëte ne veut pas, à l'exemple du philosophe, enrichir notre mémoire de nouvelles connaissances, convaincre ou éclairer notre raison. Non, il a de plus hautes, ou du moins de plus ambitieuses prétentions; il veut, par la magie de son art enchanteur, s'emparer de notre imagination, émouvoir à son gré nos cœurs, charmer nos esprits, et imprimer à nos âmes les élans du noble enthousiasme qui le possède. Les idées et les images qu'il emploie n'ont donc pour lui de valeur et d'existence réelle qu'autant qu'elles se présentent de manière à produire tout l'effet que son art se propose.

Il est évident, d'après cela, que le véritable poëte est toujours créateur, soit qu'il emploie des pensées ou des fictions connues de tous, ou qu'il en enfante de nouvelles : il importe donc peu qu'elles procèdent directement ou indirectement de lui, puisque de toutes manières elles lui appartiennent tout entières, quand il a su leur donner l'empreinte de son génie : sans les formes qu'il leur a prêtées, sans les couleurs dont son imagination les a revêtues, elles ne pourraient ni plaire ni émouvoir : c'est donc lui qui en est le créateur. Auparavant, poétiquement parlant, elles n'existaient pas ; car une chose n'existe que par les attributs et les qualités qui la constituent. Voilà pourquoi ce qu'on appelle invention du sujet, combinaison nouvelle d'événements, est compté pour si peu en poésie. Ces combinaisons, ces idées nouvelles ne produisent rien, si le poëte ne sait les mettre en œuvre, s'il ne sait les enfanter de nouveau et les animer du feu de son génie. L'idée d'un guerrier fougueux est dans toutes les têtes ; mais il a fallu qu'il naquît un Homère pour nous faire connaître un Achille. Assurément, depuis qu'il y a des femmes au monde, on a vu des coquettes et des perfides ; mais, sans le Tasse, peut-être une Armide n'aurait-elle jamais existé.

Pour revenir à la Fontaine, il est bien vrai qu'il a choisi les sujets de presque toutes ses fables dans les auteurs qui l'ont précédé ; mais il n'est pas vrai, comme le dit Furetière, qu'il les ait traduits. Il ajoute souvent aux sujets qu'il a empruntés de nouvelles circonstances : quelquefois il en altère entièrement le fond, d'autres fois il en tire une morale toute différente ; il crée ses caractères d'animaux, et les fait agir et parler autrement que l'auteur original. Enfin, les couleurs de sa poésie donnent un aspect tout différent aux choses mêmes qu'il n'altère pas. Ses apologues lui appartiennent donc tous, et on peut dire que la Fontaine doit être considéré comme inventeur, à aussi juste titre que tout autre poëte.

Le mérite de Voltaire ne paraît pas moins grand dans

la tragédie de *Mérope,* qui est en partie calquée sur celle de Maffei, que dans *Alzire,* dont le sujet est de l'invention de l'auteur. *Phèdre* n'est-elle pas considérée comme une des plus sublimes pièces qu'ait enfantées le génie de Racine, quoiqu'il ait puisé le sujet de cette tragédie, et même les motifs des plus belles scènes, dans Euripide ? Cependant on peut ajouter encore qu'avant Corneille, Racine et Voltaire, Melpomène était connue dans toute sa majesté par les chefs-d'œuvre des anciens; mais la muse plus humble de l'apologue, que l'affranchi d'Auguste semblait avoir asservie pour toujours à une simplicité sévère, incompatible avec nos idiomes modernes, par qui, pour la première fois, a-t-elle été ornée d'attraits assez variés pour la rendre digne de paraître souvent dans le Parnasse ? Par la Fontaine. Ainsi donc nul poëte, je le répète, n'a plus que lui de droit à être considéré comme inventeur; et cependant quelle modestie ! Aujourd'hui nous réimprimons sans cesse son recueil avec ce titre : *Fables de la Fontaine;* mais de son vivant il l'intitula toujours : *Fables choisies mises en vers par M. de la Fontaine.* C'est la seule fois que ses éditeurs ont eu raison de s'écarter du texte des éditions de ses ouvrages imprimées sous ses yeux; car les *Fables* qu'il a *mises en vers* sont bien les siennes, et c'est d'après lui qu'on a traduit ou imité ensuite ces mêmes fables dans toutes les langues de l'Europe.

A peine la querelle littéraire qu'avait excitée l'expulsion de Furetière commençait à s'apaiser, qu'il s'en éleva une autre : voici quelle en fut l'occasion. Le roi, dont la santé avait toujours été très-robuste, éprouva une révolution dans ses humeurs, et on fut obligé de lui faire subir l'opération douloureuse, et alors encore inusitée, de la fistule. Lorsqu'il fut rétabli, il y eut des réjouissances dans tout le royaume : lui-même fit, le 30 janvier 1687, une entrée solennelle dans Paris, pour aller à Notre-Dame rendre des actions de grâces, et il dîna pour la première fois à l'hôtel de ville [1]. L'Académie française, trois jours auparavant, avait fait, à ce sujet, chanter un *Te Deum*, et l'après-dînée avait tenu une assemblée extraordinaire, dans laquelle Perrault lut un poëme intitulé : *Le siècle de Louis le Grand*, qui alluma dans le sein de l'Académie et sur le Parnasse français une guerre littéraire qui a duré plus de cinquante ans. Déjà Desmarest de Saint-Sorlin avait cherché à la provoquer; mais les doctrines de ce poëte fanatique avaient fait peu de sensation.

Il n'en fut pas de même lorsque Perrault, qui ne manquait ni d'esprit ni de jugement, les reproduisit dans l'Académie. Il avait, dans son poëme, cherché à tourner les anciens en ridicule, et exalté les modernes; et cependant, parmi les hommes illustres du siècle de Louis le Grand qu'on pouvait opposer aux anciens, il ne nommait ni Racine, ni Boileau, ni la Fontaine. C'était

---

[1] Dangeau, *Mémoires*, sous les dates du 17 novembre 1686 et du 30 janvier 1687, t. I, p. 180, 195 et 197; Félibien, *Histoire de Paris*; madame de Montmorency, *Lettres*, édit. de 1805, in-12, p. 118 et 119; madame de Maintenon, *Lettres*, édit. de 1806, t. I, p. 158, lettre en date du 3 janvier 1687; Choisy, *Mémoires*, dans la *collection des Mémoires*, t. III, p. 162, 354 et 358.

ajouter l'insulte au scandale. Boileau, pendant la lecture de ce poëme, outré de colère, voulait interrompre l'auteur, et l'empêcher de continuer. Huet le retint, et lui fit sentir l'indécence et la grossièreté d'un tel procédé; mais il grondait tout bas à chaque vers, et lorsque cette lecture fut terminée, il éclata, et dit que c'était une honte pour l'Académie d'écouter de pareils blasphèmes contre les plus beaux génies de l'antiquité. Le malin Racine, au contraire, prit la parole avec beaucoup de calme et de sang-froid, et se répandit en louanges sur Perrault, et sur le tour heureux qu'il avait su donner à son excellente plaisanterie : celui-ci protesta qu'il avait écrit sérieusement, et chercha à en convaincre Racine, qui continua toujours sur le même ton : il en résulta une scène comique, à la suite de laquelle Perrault, croyant avoir besoin de prouver qu'il était sincère dans ses opinions, fit imprimer sa pièce[1].

Alors le déchaînement fut général parmi les érudits et les hommes de lettres qui faisaient le plus d'honneur à la France par leur talent. Boileau, comme on le pense bien, fut un de ceux qui combattirent avec le plus d'ardeur. « Il n'aiguisa pas ses traits, dit d'Olivet, il les envenima. » Cependant aucune des épigrammes dont il cherche à accabler son adversaire ne vaut les vers par lesquels Perrault termine sa préface contre l'abbé Régnier, Dacier, et les autres traducteurs maladroits des anciens. « Ces traductions des poëtes grecs, disait Perrault, sont contre la bonne politique.

---

[1] Charles Perrault, *Mémoires*, 1759, in-12, liv. IV, p. 201.

Ils devoient, ces auteurs, demeurer dans leur grec,
  Et se contenter du respec[1]
  De la gent qui porte férule.
D'un savant traducteur on a beau faire choix,
  C'est les traduire en ridicule,
  Que de les traduire en françois. »

La Fontaine fut le premier qui se déclara publiquement en faveur des anciens : non-seulement il fit à ce sujet un aveu, dont Dacier se prévalut depuis dans ses préfaces[2], mais, dix jours après la célèbre séance académique, il publia, sur une feuille séparée, une épître en vers, adressée à son ami et son confrère le savant Huet, alors évêque de Soissons, auquel il avait donné un Quintilien de la traduction d'Oratio Toscanella[3]. Dans cette épître, qui se ressent de la précipitation avec laquelle l'auteur l'a composée, non-seulement la Fontaine défend les anciens, mais il expose sa propre doctrine et ses goûts particuliers en matière de littérature.

---

[1] Perrault a écrit ainsi pour la rime et par licence poétique. On trouve dans la Fontaine, dans Corneille et dans les autres poëtes de ce temps un grand nombre d'exemples de ce genre de licence; Perrault, *Entretiens sur les anciens et les modernes*, t. I, à la fin de la préface; et Bruzen de la Martinière, *Nouveau recueil des épigrammatistes françois*, 1720, in-12, t. I, p. 372.

[2] Dacier, *OEuvres d'Horace*, Hambourg, 1733, in-12, p. III de la préface, ou p. 116 de l'édit. de Paris, 1709.

[3] La Fontaine, *Épîtres*, 22. Ce que Huet a écrit sur cette matière dans son *Hueliana*, Paris, 1722, in-12, p. 16, n° 12, ne vaut pas l'épître de la Fontaine, et renferme bien des idées et des assertions erronées. Il eût été très-facile à Perrault de le réfuter : c'est probablement le résumé de la dissertation qu'il avait envoyée à Perrault, et que dans ses Mémoires il reproche à ce dernier d'avoir supprimée. (Voyez *Petri Huetii Commentarius de rebus ad eum pertinentibus*, p 312.)

Art et guides, tout est dans les Champs-Élysées.
J'ai beau les évoquer, j'ai beau vanter leurs traits,
On me laisse tout seul admirer leurs attraits.
Térence est dans mes mains ; je m'instruis dans Horace,
Homère et son rival sont mes dieux du Parnasse.
Je le dis aux rochers; on veut d'autres discours :
Ne pas louer son siècle est parler à des sourds.
Je le loue, et je sais qu'il n'est pas sans mérite;
Mais, près de ces grands noms, notre gloire est petite [1].

La Fontaine, en parlant de son admiration pour Voiture, avoue qu'il fut près de se laisser égarer par le goût des antithèses et des concetti dont cet auteur est plein :

Je pris certain auteur autrefois pour mon maître;
Il pensa me gâter. A la fin, grace aux dieux,
Horace, par bonheur, me dessilla les yeux.

Il ne peut s'empêcher de témoigner encore ici son admiration pour Platon :

Quand notre siècle auroit ses savants et ses sages,
En trouverai-je un seul approchant de Platon ?

Il ne veut pas cependant que l'on soit exclusif, et il recommande la lecture des modernes, tant des nationaux que des étrangers :

Je chéris l'Arioste, et j'estime le Tasse ;
Plein de Machiavel, entêté de Boccace,

---

[1] La Fontaine, *Épîtres*, 22.

J'en parle si souvent qu'on en est étourdi.
J'en lis qui sont du Nord, et qui sont du Midi[1].

Enfin, tout en admirant les anciens, il recommande de ne pas les imiter servilement :

> Quelques imitateurs, sot bétail, je l'avoue,
> Suivent en vrais moutons le pasteur de Mantoue.
> J'en use d'autre sorte ; et, me laissant guider,
> Souvent à marcher seul j'ose me hasarder.
> On me verra toujours pratiquer cet usage.
> Mon imitation n'est point un esclavage :
> Je ne prends que l'idée, et les tours et les lois
> Que nos maîtres suivoient eux-mêmes autrefois.
> Si d'ailleurs quelque endroit plein chez eux d'excellence
> Peut entrer dans mes vers sans nulle violence,
> Je l'y transporte, et veux qu'il n'ait rien d'affecté,
> Tâchant de rendre mien cet air d'antiquité.

Il se plaint, avec une bonhomie vraiment touchante, de ce que les antagonistes des anciens ne veulent pas, sans se fâcher ou s'en moquer, écouter ses raisons :

> On me dit là-dessus : De quoi vous plaignez-vous ?
> De quoi ? Voilà mes gens aussitôt en courroux ;
> Ils se moquent de moi, qui, plein de ma lecture,
> Vais partout prêchant l'art de la simple nature[2].

Il a prêché, et Perrault, plus équitable dans sa prose que dans ses vers, se servait des ouvrages mêmes de

---

[1] La Fontaine, *Épîtres*, 22.
[2] Id, ib.

la Fontaine pour combattre ce qu'il appelait ses préjugés sur les anciens. Dans les *Dialogues* que Perrault publia pour répondre à ses adversaires, il ne se contente pas de remarquer que le fabuliste moderne l'emporte de beaucoup sur Phèdre, il ajoute encore qu'il a créé un nouveau genre de poésie qui n'a point de modèle dans l'antiquité. « On a beau, dit-il, vanter le sel attique, il est de la même nature que tous les autres sels; il n'en diffère que du plus au moins; mais celui de M. de la Fontaine est d'une espèce toute nouvelle, il y entre une naïveté, une surprise et une plaisanterie d'un caractère qui lui est tout particulier, qui charme, qui émeut, et qui frappe tout d'une autre manière. » Perrault en cite ensuite des exemples, ajoutant : « Il y a dans toutes ses fables une infinité de choses semblables, toutes différentes entre elles, et dont il n'y a pas une seule qui ait son modèle dans les écrits des anciens [1]. »

Dès son début, la Fontaine avait fait un aveu qui nous révèle en quelque sorte le secret de son talent et du genre qu'il avait adopté. Il déclare, en terminant la préface de la première édition de ses *Contes*, que comme Térence il n'écrit pas seulement pour un petit nombre de gens choisis, mais qu'il veut aussi plaire au peuple. *Populo ut placerent quas fecisset fabulas* [2]; et Voltaire, qui est injuste à son égard, n'a pu cependant s'empêcher de dire, en parlant de ses *Fables :* « Je ne

---

[1] Perrault, *Parallèle des anciens et des modernes en ce qui regarde la poésie*, 1692, in-12, t. III, p. 303 à 306.
[2] La Fontaine, *Contes*.

connais guère de livre plus rempli de ces traits qui sont faits pour le peuple, et de ceux qui conviennent aux esprits délicats. Je crois que, de tous les auteurs, la Fontaine est celui dont la lecture est d'un usage plus universel... Il est pour tous les esprits et pour tous les âges [1]. »

Entièrement absorbé par les jouissances que lui procuraient la culture des lettres, la société des hommes les plus spirituels et des femmes les plus aimables de Paris et de la cour, notre poëte s'était fait une habitude invincible de son insouciance pour les affaires et pour tout ce qui tenait aux soins de sa fortune. Cependant la gêne où il se trouvait l'engagea à se rappeler au souvenir du roi, et à solliciter ses bienfaits. Voici à quelle occasion. François d'Usson, seigneur de Bonrepaux, de la famille de Bonac, homme aimable et d'une grande capacité, était l'ami intime de notre poëte et celui de madame de la Sablière. « C'étoit, dit Saint-Simon, un
« très-petit homme, gros, d'une figure assez ridicule,
« avec un accent désagréable, mais qui parloit bien,
« et avec qui il y avoit à apprendre et même à s'amu-
« ser; honnête homme et fort bien reçu dans les mai-
« sons les plus distinguées de la cour; point marié,
« riche, honorable, et cependant économe. » Plus loin, il ajoute : « Il étoit frère de d'Usson, lieutenant général,
« qui n'étoit pas sans mérite à la guerre où il a passé sa
« vie : point mariés tous deux, ils prirent soin d'un fils

---

[1] Voltaire, *Mélanges littéraires*, t. II, p. 70, in-8°, ou t. XLIII des *Œuvres complètes*, édit. in-8° de Renouard.

« de leur frère aîné, qui étoit demeuré dans son pays
« de Foix, et dont on n'a jamais ouï parler. Ce neveu
« s'appelait Bonac, dont j'aurai occasion de parler [1]. »
François d'Usson s'était attaché à Seignelay, qui lui
avait d'abord procuré l'emploi modeste de lecteur du
roi à la place de Dangeau [2], démissionnaire. Il eut plusieurs missions de confiance, puis, après avoir passé par
les divers grades de la marine [3], et avoir commandé
en qualité de chef d'escadre au bombardement de Gênes,
M. de Bonrepaux fut nommé conseiller [4] et intendant
général de la marine et des armées navales de France ;
puis, chargé des négociations les plus importantes, il fut
envoyé plusieurs fois comme ministre plénipotentiaire
en Angleterre [5].

Pendant un de ces voyages, qui eut lieu au commencement de l'année 1687, la Fontaine lui adressa une

---

[1] Saint-Simon, *Mémoires*, t. II, p. 54, édit. 1829, in-8°, année 1697.

[2] Marquis de Sourches, *Mémoires*, édit. de 1836, t. I, p. 352-378. Il écrit *Bonrepos*.

[3] Saint-Simon, qui en 1697 écrivait *Bonrepos*, dit qu'il a passé sa vie dans les bureaux de la marine, où il obtint toute la confiance de Seignelay et de Croisy, son neveu (t. II, p. 53).

[4] Voyez l'*État de la France* de 1694, p. 227. Le nom s'y trouve écrit *Bonrepaus*.

[5] *Dictionnaire de la noblesse*, 2e édit., in-4°, t. XII, p. 719 ; *Œuvres de Saint-Évremond*, édit. 1753, t. V, p. 162, 205, 243 ; *Vie de Jacques II, d'après les Mémoires écrits de sa main*, 1819, in-8°, t. III, p. 257 de la traduction française ; Hume's *History of England*, ch. LXXI, t. VIII, p. 289, in-8°, 1782 ; *Dépêches de Dusson de Bonrepaus* manuscrites, conservées dans les archives des affaires étrangères ; Mazure, *Histoire de la révolution de 1688*, liv. XII, t. II, p. 124, 161, 250, 251, 263, 272 et 279. Bonrepaux était, en 1697, ambassadeur de France en Danemark (Saint-Simon, *Mémoires*, t. II, p. 7).

lettre mêlée de vers et de prose, dont un fragment parut à la suite de l'épître à Huet dont nous venons de parler. Ce fragment commence par un éloge du roi, fait à propos de sa convalescence. Notre poëte loue ensuite le monarque de la révocation de l'édit de Nantes [1]. Cette mesure cruelle et désastreuse obscurcit les dernières années d'un règne dont les commencements avaient été si brillants [2] : cependant ceux mêmes qui se sont le plus élevés contre Louis XIV avouent qu'il fut alors abusé par l'impitoyable Louvois, qui lui cacha le véritable état des choses [3]. Lorsque l'autorité a l'imprudence de déchaîner les unes contre les autres des factions ou des croyances contraires, elle s'environne aussitôt de ténèbres ou ne discerne plus les objets qu'à la lueur des flambeaux du fanatisme, qui, comme les torches des furies, n'éclairent que des fantômes. La

---

[1] La déclaration est du 22 octobre 1685, mais les persécutions avaient commencé bien avant ce temps. Voyez les *Mémoires du marquis de Sourches*, grand prévôt de France, t. I, p. 21, 275, 289, 292, 298, 306, 311, 326, 337, 345, 346, 359, 361, 365, 373, 384. L'auteur donne l'analyse de la déclaration du roi, p. 317-319.

[2] On peut voir les changements qui s'étaient opérés dans l'esprit de Louis XIV, en un petit nombre d'années, relativement à la conduite à tenir envers les protestants, en comparant la lettre qu'il écrivit au duc de Saint-Aignan, en date du 1er avril 1666, et celle qu'il adressa à Colbert le 3 mai 1674. (Voyez Louis XIV, *OEuvres*, t. V, p. 375.)

[3] Saint-Simon, cité par Anquetil dans *Louis XIV, sa cour et le régent*, t. I, p. 176-179; Duclos, *Mémoires secrets sur les règnes de Louis XIV et de Louis XV*, 1791, in-8°, p. 193; madame Suard, *Vie de madame de Maintenon*, p. 187; Auger, *Vie de madame de Maintenon*, à la tête de ses *Lettres*, 1806, in-12, p. CLXXIII; Choisy, *Mémoires*, t. LXIII, p. 284, de la collection des *Mémoires relatifs à l'histoire de France*, et le marquis de Sourches, *Mémoires*, t. I, p. 289 à 294.

Bruyère[1] et Fontenelle même y furent trompés, et applaudirent au projet glorieux de réunir tous les Français par une seule et même religion. La Fontaine suivit donc en cela le torrent de l'opinion commune, et disait du roi :

> Il veut vaincre l'erreur ; cet ouvrage s'avance :
> Il est fait : et le fruit de ces succès divers
> Est que la Vérité règne en toute la France,
>   Et la France en tout l'univers.
> Non content que sous lui la valeur se signale,
> Il met la piété sur le trône à son tour [2].

D'ailleurs tout n'était pas à blâmer dans les diverses mesures que prenait Louis XIV pour la conversion des fidèles. En Poitou et en Saintonge, Fénelon, ayant refusé l'emploi de la force armée, gagna, par la seule puissance de sa vertu et le seul ascendant de son éloquence, plusieurs milliers de personnes à la foi catholique. Dans les instructions qui furent données à M. de Bonrepaux avant son départ pour la Hollande et l'Angleterre, on lui recommanda la conversion des hérétiques, et on mit dans ce but des fonds considérables à sa disposition. Il eut le bon esprit de s'attacher principalement aux ouvriers des manufactures ; il leur donnait de l'argent et leur payait leur passage. Il enleva ainsi un grand nombre d'ouvriers anglais qui vinrent s'éta-

---

[1] La Bruyère, *Caractères*, chap. X, *du souverain ou de la république*, 1790, in-8°, t. I, p. 380 et 388.
La Fontaine, *Lettres à divers*, lettre 18.

blir en France. Quelques-uns y apportèrent le secret de la fabrication du papier, et c'est à cette émigration que remonte l'établissement de nos plus belles papeteries de France [1].

A la fin de sa lettre, la Fontaine fait entendre au monarque qu'il désirerait avoir part à ses bienfaits.

> Il faut plus de loisir pour louer ce héros :
> Une Muse modeste et sage
> Ne touche qu'en tremblant à des sujets si hauts.
> Je me tais donc, et rentre au fond mes retraites :
> J'y trouve des douceurs secrètes.
> La Fortune, il est vrai, m'oublîra dans ces lieux ;
> Ce n'est point pour mes vers que ses faveurs sont faites ;
> Il ne m'appartient pas d'importuner les dieux.....

Et, après ces mots, viennent deux lignes de points qui terminent cette épître, dans la première édition que la Fontaine fit imprimer. Pour un homme aussi réservé que lui, c'était s'expliquer suffisamment. On feignit de ne point le comprendre, ou plutôt on ne fit pas attention à son épître. Madame de Maintenon, d'ailleurs, avait un puissant motif pour écarter de sa présence la Fontaine : il avait autrefois vécu dans son intimité. Madame Fouquet emmenait souvent à Saint-Mandé et à Vaux la femme de Scarron. A cette époque, notre poëte eut occasion de la voir fréquemment : elle était brillante de jeunesse et de beauté, mais dans une situation pénible, et qui

---

[1] Mazure, *Histoire de la révolution de 1688 en Angleterre*, note II, t. III, p. 393; de Sourches, *Mémoires*, t. I, p. 21-352.

l'eût été encore davantage si le généreux Fouquet n'avait pas fait une pension à son mari [1]. Le souvenir de ces temps, et de tous ceux qui l'avaient connue alors, ne pouvait être agréable à madame de Maintenon ; elle comblait de biens ceux de ses anciens bienfaiteurs qui faisaient partie de la cour, mais elle en éloignait tous ceux qui l'avaient fréquentée avant son élévation, et qui auraient voulu se rapprocher d'elle.

Ce fut après la publication de l'épître à M. de Bonrepaux que la Fontaine, excité par le mauvais état de sa fortune et par l'ennui de ne plus voir que rarement madame de la Sablière, qui restait presque toujours aux Incurables, fut sur le point de se décider à passer en Angleterre, où on lui offrait un asile. Madame la duchesse de Bouillon voulait l'emmener avec elle à Londres, où elle alla voir, en 1687, madame la duchesse de Mazarin, sa sœur [2]. La Fontaine sut résister à ses séduisantes instances, et il fut retenu dans sa patrie, nonseulement par son attachement pour elle, mais encore par divers motifs. Les princes de Conti et de Vendôme, et le duc de Bourgogne, encore enfant, mais que guidait le vertueux Fénelon, surent par leurs largesses subvenir aux besoins de notre poëte : ils ne purent re-

---

[1] Scarron, *OEuvres*, 1737, t. I, p. 92; lettre de Scarron au maréchal d'Albret, en date du 13 octobre 1659 ; Bruzen de la Martinière, dans la *Vie de Scarron*, t. I, p. 79 des *OEuvres*, 1737, in-12; *Dernières œuvres de Scarron*, 1700, in-12, t. I, p. 57 ; La Beaumelle, *Mémoires pour servir à l'histoire de madame de Maintenon et du siècle passé*, Amsterdam, 1755, in-12, t. I, p. 162.

[2] Saint-Évremond, *OEuvres*, édit. 1753, in-12, t. I, p. 183.

médier au peu d'ordre de ses affaires, parce que cela ne dépendait pas d'eux, et que la Fontaine était un de ces hommes qu'il est impossible d'enrichir ; mais, sans être riche, il ne manqua jamais d'argent, même pour satisfaire ses fantaisies. Outre ce qu'il recevait de la munificence des princes, il avait des amis qui pourvoyaient attentivement à ce qui lui était nécessaire : il trouva enfin dans M. et madame d'Hervart tout ce que le changement de vie de madame de la Sablière lui avait fait perdre de douceur et d'agréments.

Le riche financier Barthélemy d'Hervart [1], né en 1606 d'une famille noble d'Augsbourg, mourut conseiller d'État ordinaire vers la fin du mois d'octobre 1676, à Tours (selon Chandon), dans la soixante-dixième année de son âge. Il laissa deux fils et une fille de son mariage avec Esther Wymar. L'aîné se nommait Jean-Antoine, le cadet Anne, la fille Esther. Elle épousa Charles de la Tour, marquis de Gouvernet (c'est le marquis de Gouvernet dont parle la Fontaine). Leur mère (veuve de Barthélemy d'Hervart), Jean-Antoine et Esther, quittèrent la France lors de la révocation de l'édit de Nantes, et se retirèrent en Angleterre, auprès d'Esther de la Tour de Gouvernet, leur nièce et petite-fille, mariée à milord d'Éland, fils aîné de Georges Saville, marquis d'Halifax.

Anne d'Hervart, conseiller au parlement de Paris et maître des requêtes, épousa Françoise de Ragois de Bre-

---

[1] Saint-Évremond, *OEuvres*, t. VI, p. 241 ; Spon, *Histoire de Genève*, 1730, in-4°, t. I, p. 426 à 434 ; Fouquet, *Défenses*, 1665, in-18, t. II, p. 60 ; De Monville, *Vie de Mignard*, p. 69.

tonvilliers, petite-fille du seigneur de Bretonvilliers, qui, vers 1630, avait bâti le bel hôtel de ce nom. Les richesses en partie léguées à son fils par Barthélemy d'Hervart, et le souvenir des services que ce dernier avait rendus à la reine régente en débauchant à prix d'argent les troupes du grand-duc de Weimar, n'avaient pu soustraire Anne d'Hervart aux mesures portées contre les réformés, et après avoir perdu sa place de conseiller au parlement il aurait été relégué loin des siens dans quelque ville de province, comme M. de Beringhen et tant d'autres, s'il n'avait abjuré en 1685 [1]. Sa jeune femme, l'une des plus belles personnes, dit Marais, que l'on ait jamais vues [2], non-seulement partagea l'amitié que son mari avait pour notre poëte, mais elle eut pour lui ces attentions aimables, ces soins touchants, qui, dans les femmes, nous enchantent à tout âge, parce qu'ils semblent, en quelque sorte, le témoignage d'un sentiment plus vif, plus affectueux que l'amitié même. Madame d'Hervart devint pour la Fontaine une seconde madame de la Sablière. Toute jeune qu'elle était, elle donnait à notre vieux poëte d'utiles conseils, qu'il ne suivait guère. Mais il faut avouer aussi que la société qu'elle recevait chez elle était peu propre à inspirer à la

---

[1] Voyez, sur les d'Hervart, Voltaire, *Siècle de Louis XIV*, au mot *Fouquet*; *Mémoires de Joly*, t. XLVII, p. 72 de la collection; madame de Motteville, *Mémoires*, année 1665, t. V, p. 254 (au lieu d'*Herval*, lisez d'*Hervart*); marquis de Sourches, *Mémoires*, t. I, p. 345; Louis Moreri, *Grand Dictionnaire historique*, édit. 1759, t. V, p. 646; Tallemant des Réaux, in-8° (1835), t. V, p. 215.

[2] Mathieu Marais, *Histoire de la vie et des ouvrages de la Fontaine*, p. 100 de l'édit. in-12, et 131 de l'édit. in-18; Vergier, *OEuvres*, t. I, p. 274.

Fontaine des pensées sérieuses et conformes à son âge. Cet abbé Vergier, qui depuis abandonna la soutane pour l'uniforme de la marine, qui composait de si jolies chansons, et des contes, dont quelques-uns ont mérité d'être placés à côté de ceux de notre poëte ; cette belle d'Arais, si vive et si spirituelle ; cette Gouvernet, si remplie de grâce ; sa belle-sœur, l'aimable Viriville; sa nièce, la charmante d'Héland [1] ; cette jeune et folâtre Beaulieu, qui s'amusait de la passion qu'elle avait inspirée à un vieillard, et qui ne s'effarouchait pas de la licence de ses vers [2] : toute cette société, si gaie, si séduisante, ne contribua pas peu à entretenir dans la Fontaine ce goût pour une vie indolente et joyeuse qui ne l'avait jamais quitté, et dont l'habitude avait fait chez lui une seconde nature.

Dès qu'il connut madame d'Hervart, il voulut la chanter ; « et, pour cela, écrivait-il, il lui faut donner un nom « de Parnasse. Comme je suis le parrain de plusieurs « belles, je veux et entends qu'à l'avenir madame d'Her- « vart s'appelle Sylvie dans tous les domaines que je pos- « sède sur le double mont [3]. » Le bon la Fontaine oubliait-il que, dans *le Songe de Vaux*, il avait déjà baptisé madame Fouquet du nom de Sylvie [4], ou croyait-il qu'elle était par trop âgée pour se montrer sur ses do-

---

[1] Madame d'Éland, femme de milord d'Éland ou d'Héland, comme écrit Vergier, devint, à la mort de son beau-père, marquise d'Halifax.
[2] Vergier, *OEuvres*, t. I, p. 159 ; t. II, p. 98, 101, 154 et 265, édit. de 1750.
[3] La Fontaine, *Lettres à divers*, lettre 19.
[4] La Fontaine, *Songe de Vaux*, 3 et 4.

maines du Parnasse¹ ? La Fontaine d'abord fit pour madame d'Hervart une chanson², et depuis il composa pour elle des vers, dont une partie seulement nous est parvenue³.

M. de Bonrepaux continuait son séjour en Angleterre : dans une de ses lettres à madame de la Sablière, il avait demandé avec instance des nouvelles de la Fontaine. Celui-ci, sensible à cette marque d'intérêt, s'occupait à écrire à M. de Bonrepaux, lorsqu'il reçut lui-même une lettre de cet intendant de la marine, qui l'invitait à passer en Angleterre. Afin de le déterminer plus facilement, M. de Bonrepaux lui parlait de madame de Bouillon, du vieux poëte Waller, qui désirait le connaître, et de son ancien ami, l'aimable Saint-Évremond. La réponse de la Fontaine mérite de nous arrêter un instant, parce qu'elle nous fait connaître les dispositions de son esprit, ses occupations habituelles, la situation où il se trouvait alors, demeurant encore chez madame de la Sablière, objet de reconnaissance, de tendresse et de regrets, et se livrant aux plaisirs qui l'entraînaient dans la société de madame d'Hervart.

Notre poëte commence d'abord par remercier M. de Bonrepaux de ce que, malgré les négociations et les

---

¹ Duclos, *Mémoires secrets*, t. I, p. 291, édit. 1791, in-8°. Madame Fouquet mourut sous le régent.

² La Fontaine, *Chansons*, 1 ; et *Lettres à divers*, lettre 19.

³ La famille d'Hervart avait toujours aimé les lettres et protégé les poëtes ; c'est ainsi que M. d'Hervart le père avait donné asile au poëte Gabriel Gilbert, connu par dix-neuf pièces de théâtre et quelques poëmes, *l'Art de plaire*, etc. (Voyez les frères Parfaict, *Hist. du Théâtre François*, t. VI, p. 120, et l'article *Gilbert* dans la *Biographie universelle*, t. XVII, p. 355.)

traités, il pense encore à lui. Ces paroles prouvent que la Fontaine n'ignorait pas que le voyage de cet intendant de la marine avait pour objet une mission diplomatique de la plus haute importance[1]. Il se félicite ensuite de ce que madame d'Hervart a congédié les vapeurs et la toux, et n'a retenu que la gaieté et les grâces. Puis, passant à madame de la Sablière, il dit : « Les graces de « la rue Saint-Honoré nous négligent. Ce sont des in« grates à qui nous présentions plus d'encens qu'elles « n'en vouloient. Par ma foi, Monsieur, je crains que « l'encens ne se moisisse au temple. La divinité qu'on y « venoit adorer en écarte tantôt un mortel, tantôt un « autre, et se moque du demeurant, sans considérer ni « le comte ni le marquis, aussi peu le duc... Autrefois je « vous aurois écrit une lettre qui n'auroit été pleine que « de ses louanges : non qu'elle se souciât d'être louée ; « elle le souffroit seulement, et ce n'étoit pas une chose « pour laquelle elle eût un si grand mépris. Cela est « changé.

> J'ai vu le temps qu'Iris (et c'étoit l'âge d'or
>   Pour nous autres gens du bas monde),
> J'ai vu, dis-je, le temps qu'Iris goûtoit encor,
> Non cet encens commun dont le Parnasse abonde ;
>   Il fut toujours, au sentiment d'Iris,
>   D'une odeur importune ou plate ;
>   Mais la louange délicate
>   Avoit auprès d'elle son prix.

---

[1] On en trouve le détail dans Mazure, *Hist. de la révolution de* 1688, livre XVI, t. II, p. 279, 281, 283, 313, 316.

> Elle traite aujourd'hui cet art de bagatelle;
> Il l'endort; et, s'il faut parler de bonne foi,
> L'éloge et les vers sont pour elle
> Ce que maints sermons sont pour moi [1]. »

Il revient ensuite aux louanges de madame d'Hervart, qui avait été l'objet des attentions particulières et des galanteries aimables de M. de Bonrepaux.

> Jamais cette beauté divine
> N'affranchit un cœur de ses lois
> Notre intendant de la marine
> A beau courir chez les Anglois;
> Puisque une fois il l'a servie,
> Qu'il aille et vienne à ses emplois,
> Il en a pour toute sa vie.
>
> Que cette ardeur où nous convie
> Un objet si rare, et si doux,
> Ne soit de nulle autre suivie,
> C'est un sort commun pour nous tous;
> Mais je m'étonne de l'époux,
> Il en a pour toute la vie.

« J'ai tort de vous dire que je m'en étonne, il faudroit
« au contraire s'étonner que cela ne fût pas ainsi. Com-
« ment cesseroit-il d'aimer une femme souverainement
« jolie, complaisante, d'humeur égale, d'un esprit
« doux, et qui l'aime de tout son cœur? Vous voyez
« bien que toutes ces choses, se rencontrant dans un

---

[1] La Fontaine, *Lettres à divers*, lettre 19.

« seul sujet, doivent prévaloir à la qualité d'épouse[1]. »

Cette dernière plaisanterie, qui avait bien pour la Fontaine son côté sérieux, rappelle ce joli vers d'une de nos comédies modernes que prononce un mari enchanté de la figure et de l'esprit de celle que sa famille lui avait fait épouser, et dont il s'était toujours tenu séparé, pour se conformer aux mœurs du jour :

Il est bien malheureux que ce soit là ma femme [2]!

Comme la Fontaine ne pouvait plus habiter continuellement le salon de madame de la Sablière, désormais désert, il se trouvait forcé de recevoir ses amis et sa société particulière dans son appartement. Cette société se composait principalement de M. d'Hervart, qu'à cause des robes rouges que portaient les membres du parlement, il surnommait, dans son style de fablier, « l'ornement de la gent porte-écarlate ; » puis d'un M. Saint-Dié, qui, ainsi que M. d'Hervart et M. Hessein, frère de madame de la Sablière, était une des connaissances intimes de M. de Bonrepaux ; enfin du joyeux Vergier : tels étaient les principaux habitués de ces petites réunions. La Fontaine avait aussi un clavecin, et quelque actrice ou chanteuse charmait par sa voix et son jeu cette société de vrais amis. Notre poëte avait orné la chambre où il recevait de bas-reliefs et des bustes en terre cuite des principaux philosophes de l'antiquité. Il

---

[1] La Fontaine, *Lettres à divers*, lettre 19.
[2] Vigée, *l'Entrevue*, comédie.

entretient M. de Bonrepaux de tous ces détails avec une joie d'enfant.

« Il faut pourtant que je vous mande, Monsieur, en
« quel état est la chambre des philosophes. Ils sont cuits,
« et embellissent tous les jours. J'y ai joint un autre or-
« nement qui ne vous déplaira pas, si vous leur faites
« l'honneur de les venir voir avec ceux de vos amis qui
« doivent être de la partie.

>Mes philosophes cuits, j'ai voulu que Socrate,
>   Et Saint-Dié mon fidèle Achate,
>   Et de la gent porte-écarlate
>D'Hervart tout l'ornement, avec le beau berger
>   Verger,
>   Pussent avoir quelque musique
>   Dans le séjour philosophique.
>   Vous vous moquez de mon dessein ;
>   J'ai cependant un clavecin.
>Un clavecin chez moi ! Ce meuble vous étonne.
>   Que direz-vous si je vous donne
>   Une Chloris de qui la voix
>   Y joindra ses sons quelquefois ?
>La Chloris est jolie, et jeune ; et sa personne
>   Pourroit bien ramener l'Amour
>   Au philosophique séjour.
>Je l'en avois banni ; si Chloris le ramène,
>   Elle aura chansons sur chansons ;
>Mes vers exprimeront la douceur de ses sons.
>Qu'elle ait à mon égard le cœur d'une inhumaine,
>Je ne m'en plaindrai point, n'étant bon désormais
>Qu'à chanter les Chloris, et les laisser en paix[1]. »

---

[1] La Fontaine, *Lettres à divers*, lettre 19.

Cependant, malgré les sermons que ne lui épargnait pas madame de la Sablière, à laquelle il aurait voulu complaire, il envie le sort de Waller, qui, selon ce que lui avait dit M. de Bonrepaux, était amoureux et poëte à quatre-vingt-deux ans. « Je n'espère pas du ciel, répond « la Fontaine, tant de faveurs. C'est du ciel dont il est « fait mention au pays des fables que je veux parler; car « celui que l'on prêche à présent en France veut que je « renonce aux Chloris, à Bacchus et à Apollon. Je con- « cilierai tout cela le moins mal et le plus longtemps « qu'il me sera possible. »

Ninon de Lenclos, qui était en correspondance avec Saint-Évremond, autrefois son amant, apprit les tentatives que l'on faisait pour attirer la Fontaine en Angleterre. Cette femme célèbre réunissait alors chez elle tout ce que Paris renfermait de plus aimable et de plus distingué par les talents et la naissance. Bonrepaux lui avait été recommandé par madame de la Sablière, et était devenu un de ses amis les plus fidèles, et la Fare, un de ses plus assidus courtisans, lui récitait ses vers. Comme elle le dit très-bien elle-même, il ne recherchait auprès d'elle, et elle auprès de lui, que la meilleure et la plus insatiable des voluptés, celle de l'esprit. Ses contemporains assurent que, quoique septuagénaire[1], elle

---

[1] Elle était née le 15 mai 1616, et mourut le 17 octobre 1705, et non 1706. Voyez les registres de l'ancienne paroisse Saint-Paul, année 1705, feuillet 53, n° 651 ; le *Journal des Gourmands et des Belles*, 3ᵉ trimestre 1806, juillet, p. 8, note 1; le *Journal de Verdun* ou la *Clef des cabinets de l'Europe*, décembre 1705, t. III, p. 439. Voyez aussi l'édition des *Mémoires de Saint-Simon* de 1829, in-8°, qui fait mention de la mort de Ninon en 1705 : le long

plaisait encore non-seulement par son esprit, mais par les grâces de sa personne ; ce qui faisait dire à Chaulieu que l'amour s'était réfugié jusque sous les rides de son front.

Orpheline de père et de mère dès l'âge de quinze ans, l'éclat de sa beauté, sa jeunesse, l'abandon où elle se trouva lors de son entrée dans le monde, fixèrent sur elle tous les regards, et lui concilièrent tous les cœurs généreux. Son habileté à jouer du luth et du théorbe, à danser la sarabande, la firent admettre avec empressement dans les sociétés les plus brillantes. Les femmes recherchaient mademoiselle de Lenclos pour en faire l'ornement de leurs cercles ; les hommes, subjugués par ses charmes, tentaient auprès d'elle tous les moyens de plaire, et n'étaient que trop favorisés par ses dispositions naturelles et par l'éducation qu'elle avait reçue. Elle se fit d'abord une habitude et ensuite une sorte de gloire de s'abandonner sans scrupule à ses penchants, et de ne reconnaître d'autre guide que le plaisir ; mais, par une exception rare chez les personnes de son sexe, la coupe enivrante de la volupté n'altéra ni la solidité de son jugement, ni la sincérité de son cœur.

Dans tout le cours de sa longue et heureuse carrière, elle se montra volage dans ses choix, mais invariable dans ses sentiments ; inconstante dans ses goûts, mais constante dans ses affections ; maîtresse infidèle, mais compagne toujours bonne et toujours aimable ; capri-

---

passage de cet auteur est très-curieux, et confirme le portrait que nous avons tracé de cette femme extraordinaire.

cieuse amante, mais amie sûre et désintéressée. Elle conserva ses attraits au delà du terme prescrit par la nature : le temps sembla pour elle seule arrêter le cours de ses ravages, et la montra belle à plusieurs générations successives. Aussi nulle femme n'a, par ses seuls charmes, exercé un empire plus entier, plus durable et plus absolu ; nulle n'a fasciné les âmes par d'aussi puissantes séductions. Après avoir étonné par l'éclat et le nombre de ses conquêtes, elle triompha encore du scandale de sa conduite par l'excellence de son caractère. Elle se concilia l'affection des personnes les plus austères, comme des moins scrupuleuses, par sa franchise, sa loyauté et les agréments infinis de son commerce. La société la plus brillante et la mieux choisie accourait à l'extrémité de Paris, dans la rue des Tournelles, où elle demeurait, pour y jouir de la douceur de ses entretiens. Les hommes les plus illustres, les femmes les plus vertueuses la fréquentaient et se faisaient un délice d'être admis à ses modestes soupers. Sa maison était, selon la Fare, la seule où l'on passât des journées entières sans jeu et sans ennui.

Ce qui faisait chérir Ninon de tous ceux qui avaient le bonheur de l'approcher, c'était cette grâce qui brillait dans ses gestes, dans ses regards, dans ses paroles, et sans laquelle, disait-elle, la beauté est un hameçon sans appât ; c'était aussi cet esprit plein d'originalité, de finesse et de solidité qui se manifestait par des saillies vives et subites, par des remarques pleines de justesse, par des réflexions piquantes et souvent profondes.

Elle saisissait avec une promptitude merveilleuse le ridicule et le comique en toutes choses, et savait plaire et réjouir sans jamais offenser [1]. « Quant à elle, dit l'abbé Fraguier, qui l'a connue précisément à l'époque dont nous nous occupons, on ne se seroit point pardonné de l'avoir blessée. C'étoit une liaison naturelle, une amitié intime entre tous ceux qui la voyoient. Elle apercevoit le bon au travers de mille défauts, et elle l'aimoit. Elle avoit la confiance de tout le monde dans les grandes affaires comme dans les petites. Si elle eût passé sa vie dans les premiers emplois de l'État, elle n'auroit pas eu une vieillesse plus honorable et plus respectée que celle qui suivoit une vie pleine de galanterie et d'amour [2]. »

Mais ce jugement exquis, ce prompt discernement, ce tact parfait des convenances qui distinguaient si éminemment Ninon de Lenclos, et avaient fait de sa société le type du bon goût et du bon ton, lui faisaient repousser aussi tout ce qui s'y trouvait contraire. Elle n'avait d'indulgence pour les faiblesses qu'autant qu'elles se conciliaient avec l'urbanité des manières et l'élévation des sentiments. Elle se montrait scrupuleuse, non sur le

---

[1] *Mémoires et lettres pour servir à l'histoire de mademoiselle de Lenclos*, Rotterdam, 1751, attribué à Douxmesnil ; *Mémoires sur la vie de mademoiselle de Lenclos*, par B*** (Bret), Amsterdam, 1751 ; réimprimés en tête des *Lettres de Ninon de Lenclos et du marquis de Sévigné*, par Damours, 1756, in-12, t. I ; Voltaire, *Mélanges littéraires*, t. II des *Mélanges*, ou t. XLIII des *OEuvres*, p. 470, édit. de Renouard ; Tallemant des Réaux, *Mémoires* manuscrits.

[2] L'abbé Fraguier, *Portrait de mademoiselle de Lenclos* dans les *Mémoires et lettres pour servir à l'histoire de mademoiselle de Lenclos*, p. 146.

nombre, mais sur le choix des plaisirs, et, indépendante dans ses relations, elle ne se laissait dominer ni par la réputation, ni par le rang, ni par les richesses. Elle n'admettait à sa familiarité que les personnes qui pouvaient lui plaire et auxquelles elle se trouvait heureuse de plaire.

Ainsi lorsqu'elle vit que, malgré tous ses efforts, il lui était impossible de corriger Chapelle de son goût pour le vin, et que ses excès dans ce genre augmentaient de jour en jour, elle lui ferma sa porte, et aima mieux s'exposer à ses piquantes épigrammes que de supporter son ignoble gaieté [1].

Par une raison semblable, quoique par des motifs différents, Ninon ne cherchait point alors à attirer chez elle la Fontaine. Assurément, celle qui avoit nourri son esprit des chefs-d'œuvre de notre littérature, qui lisait les poëtes de l'Italie et de l'Espagne dans leur langue originale; celle qui composa une critique si spirituelle et si juste du discours de réception de l'académicien Tourreil [2], qui devina Voltaire enfant, et fit de ce poëte de treize ans un de ses légataires [3]; celle enfin que Molière consultait sans cesse pour la composition de ses pièces [4], ne peut être soupçonnée d'avoir été insen-

---

[1] Bret, *Mémoires sur la vie de mademoiselle de Lenclos*, 1751, in-12, p. 137; Voltaire, *Sur mademoiselle de Lenclos*, 1751, t. II des *Mélanges littéraires*, ou t. XLIII des *OEuvres*, édit. in-8° de Renouard, p. 468.

[2] *Journal de Verdun* ou *Clef des cabinets*, décembre 1705, t. III, p. 439; Bret, *Mémoires sur la vie de mademoiselle de Lenclos*, p. 103.

[3] Voltaire, t. XLIII, p. 470.

[4] Bret, *Mémoires*, etc., p. 103.

sible au mérite d'un auteur qui avait dans ses écrits, ainsi qu'elle dans sa conduite, je ne dis pas concilié, mais réuni la morale et la volupté. Ninon était charmée des ouvrages de la Fontaine et en appréciait toute la valeur; mais elle savait que notre poëte était intimement lié avec le grand prieur de Malte, dont elle avait autrefois repoussé les vœux[1], et qui se montrait dans ses discours aussi déréglé que dans ses mœurs. La délicate Ninon ne se souciait pas d'admettre à ses soupers ceux qui fréquentaient les soupers du Temple[2]. Elle n'ignorait pas d'ailleurs que la Fontaine, « qui avoit passé le temps d'aimer[3], » n'avait pu cependant renoncer aux femmes, et que, trop entraîné par l'exemple de ses nouveaux amis, il ne se refusait pas des jouissances faciles auprès des Jannetons et des Chloris.

Ces circonstances portaient Ninon à croire que l'esprit de notre poëte était baissé; mais, en laissant percer ce sentiment, elle s'exprimait de manière à faire connaître la haute estime qu'elle avait pour lui[4]. « J'ai su,

---

[1] Douxmesnil, *Mémoires et lettres, etc.*, p. 122; Bret, *Mémoires*, p. 95.
[2] Bret, *Mémoires, etc.*, p. 23 et 24.
[3]   Ne sentirai-je plus de charme qui m'arrête?
       Ai-je passé le temps d'aimer?
                            (La Fontaine, *Fables*, IX, 2.)
[4] Pour ce qui concerne Ninon, consultez encore le chevalier de Méré, *OEuvres*, t. II, p. 196, lettre 88; Saint-Évremond, *OEuvres*, édit. 1753, in-12, t. I, p. 2 et 135; t. II, p. 87-89; t. IV, p. 160-306; t. VI, p. 36, 71, 74, 75; madame de Maintenon, *Lettres*, édit. 1758, t. I, p. 17, 18, 70, surtout la lettre en date du 12 novembre 1679; madame de Sévigné, *Lettres*, édit. stéréotype de Grouvelle, in-12, t. I, p. 112, lettre du 13 mars 1671; t. II, p. 57 et 71, en date du 22 et du 27 avril 1671; t. IX, p. 159, en date du 10 février 1689;

écrivait-elle à Saint-Évremond, que vous souhaitiez la Fontaine en Angleterre : on n'en jouit guère à Paris ; sa tête est bien affoiblie ! C'est le destin des poëtes : le Tasse et Lucrèce l'ont éprouvé. Je doute qu'il y ait eu du philtre amoureux pour la Fontaine ; il n'a guère aimé de femmes qui en eussent pu faire la dépense[1]. »

Dans le même temps que la moderne Aspasie portait un jugement si sévère sur l'Anacréon français, Saint-Évremond lisait une lettre que notre poëte venait d'écrire à madame la duchesse de Bouillon. Cette lettre seule suffisait pour prouver que la Fontaine n'avait rien perdu des grâces de son esprit. Il badine sur son projet de voyage en Angleterre, et indique assez qu'il n'a pas dessein de le réaliser. Il se plaint de ce que madame la duchesse de Bouillon reste si longtemps à Londres auprès de sa sœur. « Mais, dit-il, on ne quitte « pas madame la duchesse Mazarin comme l'on vou- « droit. Vous êtes toutes deux environnées d'enchante- « ments et de grâces de toutes les sortes.

Vous portez en tous lieux la joie et les plaisirs :

---

t. X, p. 168, en date du 22 février 1695 ; et t. XI, p. 297, en date du 3 février 1696 ; *Mémoires manuscrits de Tallemant des Réaux*; *Chansons historiques et critiques*, t. III, p. 357 et 358, manuscrit. Voyez aussi Madame de Motteville, *Mémoires*, année 1656, t. IV, p. 392 de l'édit. Petitot. Madame de Motteville nous dit que de toutes les femmes que la reine Christine vit en France, Ninon fut la seule à qui elle donna des marques d'estime. (Saint-Simon, *Mémoires*, édit. 1829, in 8°, t. IV, p. 420, ch. XXXIV, année 1705.)

[1] Saint-Évremond, *Œuvres*, t. VI, p. 73.

Allez en des climats inconnus aux zéphyrs,
  Les champs se vêtiront de roses[1]. »

La duchesse de Bouillon avait eu sans doute quelque motif grave pour se retirer à Londres, et son voyage en Angleterre était probablement un exil forcé ; car la Fontaine ajoute :

Mais, comme aucun bonheur n'est constant dans son cours,
Quelques noirs aquilons troublent de si beaux jours.
C'est là que vous savez témoigner du courage :
Vous envoyez aux vents ce fâcheux souvenir.
Vous avez cent secrets pour combattre l'orage :
Que n'en aviez-vous un qui le sût prévenir[2] !

La Fontaine s'occupe ensuite de Saint-Évremond, qui avait été fort étonné d'apprendre que Descartes n'était pas le premier auteur du système sur l'âme des bêtes. En effet, Bayle, à qui rien n'échappait, découvrit qu'un médecin espagnol, nommé Gomésius Pereïra, avait établi cette doctrine dans un livre imprimé à Medina del Campo, en 1554[3]. « Quand on ne lui en auroit point ap-
« porté de preuves, dit la Fontaine, je ne laisserois pas

---

[1] La Fontaine, *Lettres à divers*, lettre 20 ; mais les citations que nous faisons ici ont été conférées avec l'autographe même de la Fontaine que nous n'avions pas vu lorsque nous imprimâmes cette lettre dans notre première édition de ses *OEuvres*. Cette lettre, et la lettre de la Fontaine à Saint-Évremond, furent imprimées du vivant de notre auteur, dans les *OEuvres mêlées de monsieur de Saint-Évremond*, troisième partie, chez Claude Barbin, 1692, p. 227 à 264.

[2] La Fontaine, *Lettres à divers*, lettre 20.

[3] Bayle, *Nouvelles de la république des lettres*, mars 1684, ou 2ᵉ édition, Amsterdam, 1686, in-12, p. 20.

« de le croire, et ne sais que les Espagnols qui pussent
« bâtir un château tel que celui-là¹. » On voit, d'après
cela, que la Fontaine ne croyait pas que les bêtes fussent
de pures machines. La remarque de Bayle semble avoir
diminué le respect de notre poëte pour Descartes, car il
ajoute :

« Tous les jours je découvre ainsi quelque opinion
« de Descartes répandue de côté et d'autre dans les
« ouvrages des anciens, comme celle-ci : Qu'il n'y a
« point de couleurs au monde ; ce ne sont que de diffé-
« rents effets de la lumière sur de différentes superfi-
« cies. Adieu les lis et les roses de nos Amintes ! Il n'y a
« ni peau blanche ni cheveux noirs : notre passion n'a
« pour fondement qu'un corps sans couleur. Et, après
« cela, je ferai des vers pour la principale beauté des
« femmes ! » En effet, la Fontaine a pu trouver cette
idée sur les couleurs dans Platon et dans Plutarque,
deux auteurs qu'il lisait beaucoup ; il aurait pu aussi
la remarquer dans Aristote, mais il ne le lisait guère ².

Notre poëte revient ensuite à l'éloge de madame la
duchesse de Bouillon, et il lui dit qu'elle voulait tout savoir sans se donner d'autre peine que d'en entendre
parler à table.

« Vous jugez de mille sortes d'ouvrages, et en jugez
bien.

---

[1] La Fontaine, *Lettres à divers*, lettre 20.
[2] Plato, *In Timæo*, 68, b-c, A-B ; Plutarch., *de Placit. Philos.*, liv. IV, cap. 13 ; Stobæus, *Eclog. Phil.*, p. 35 ; Lucretius, *de Rerum Natura*, liv. IV, v. 754-794 ; Dutens, *Recherches sur l'origine des découvertes attribuées aux modernes*, t. I, p. 181, chap. VIII.

Tout vous duit[1], l'histoire et la fable,
Prose et vers, latin et françois...
Parmi ceux qu'admet à sa cour
Celle qui des Anglois embellit le séjour,
Partageant avec vous tout l'empire d'Amour,
Anacréon et les gens de sa sorte,
Comme Waller, Saint-Évremond et moi,
Ne se feront jamais fermer la porte.
Qui n'admettroit Anacréon chéz soi?
Qui banniroit Waller et la Fontaine?
Tous deux sont vieux, Saint-Évremond aussi;
Mais verrez-vous aux bords de l'Hippocrène,
Gens moins ridés en leurs vers que ceux-ci?
Le mal est que l'on veut ici
De plus sévères moralistes.
Anacréon s'y tait devant les Jansénistes!
Encor que leurs leçons me semblent un peu tristes,
Vous devez priser ces auteurs
Pleins d'esprit et bon disputeurs.
Vous en savez goûter de plus d'une manière :
Les Sophocles du temps, et l'illustre Molière,
Vous donnent toujours lieu d'agiter quelque point.
Sur quoi ne disputez-vous point[2]? »

On aime à voir la Fontaine s'estimer franchement ce qu'il valait, et se placer lui-même à côté d'Anacréon. Ce n'était pas un mal, quoi qu'il en dise, de souhaiter de plus sévères moralistes que lui ; mais c'en était un réel que les misérables querelles des Jansénistes et des Molinistes : excepté la Fontaine, qu'elles ennuyaient, tout le monde s'en mêlait, même les femmes les moins

---

[1] Vous convient.
[2] La Fontaine, *Lettres à divers*, lettre 20.

dévotes, telles que la duchesse de Bouillon. Cependant ces disputes laissaient encore quelque place pour la littérature, bien différentes en cela des discussions politiques qui nous occupent si tristement depuis cinquante ans.

La Fontaine, continuant sur le même ton, ressuscite Anacréon, et suppose qu'il se rencontre en Angleterre avec cet ancien poëte, avec Waller et Saint-Évremond.

> Il nous feroit beau voir, parmi de jeunes gens,
> Inspirer le plaisir, danser, et nous ébattre,
> Et de fleurs couronnés, ainsi que le printemps,
> Faire trois cents ans à nous quatre[1] !

Presque dans le même temps que la Fontaine traçait ces lignes, Waller expirait[2]. Sans pouvoir être comparé à notre fabuliste, Waller fut un de ceux qui contribuèrent le plus à donner du nombre et de l'harmonie à la poésie anglaise. Il fut un poëte élégant et spirituel, mais il manquait de force et de naturel.

La Fontaine, à la fin de sa lettre, revient sur les motifs qui l'empêchent de passer en Angleterre : un des plus décisifs est qu'on lui a dit que madame d'Hervart, madame de Gouvernet et madame d'Éland n'étaient

---

[1] La Fontaine, *Lettres à divers*, lettre 20; *Lettres écrites de Londres sur les Anglais et les autres sujets*, par M. D. V*** (Voltaire), 1734, in-8°, p. 184, lettre 21.

[2] Le 21 octobre 1687, suivant Johnson, *Works of the english poëts*, édit. 1790, t. II, p. 44; et le 31 octobre, selon l'édition de Saint-Évremond. *Œuvres*, t. V, p. 219.

pas disposées à faire ce voyage, et il fait entendre qu'il en coûterait trop d'efforts à son indolence pour les convertir. « Non plus que Perrin-Dandin, dit-il, je ne suis « bon que quand les parties sont lasses de contester[1]. » Enfin, après une digression en vers sur le roi d'Angleterre, Jacques II, et sur Louis XIV, la Fontaine dit de ce dernier :

> On trouvera ses leçons
> Chez ceux qui feront l'histoire :
> J'en laisse à d'autres la gloire,
> Et reviens à mes moutons.

« Ces moutons, Madame, c'est votre altesse, et madame Mazarin... » Il n'y a que la Fontaine qui ait pu se permettre, avec une altesse, une si comique transition ; mais il n'y avait que lui qui alors savait écrire des choses aussi aimables et aussi spirituelles que celles qui suivent immédiatement.

« Ce seroit ici le lieu de faire aussi son éloge (de ma- « dame de Mazarin), afin de le joindre au vôtre ; mais, « toutes réflexions faites, comme ces sortes d'éloges « sont une matière un peu délicate, je crois qu'il vaut « mieux que je m'en abstienne.

> Vous vous aimez en sœurs : cependant j'ai raison
>   D'éviter la comparaison.
> L'or se peut partager, mais non pas la louange.
> Le plus grand orateur, quand ce seroit un ange,

---

[1] La Fontaine, *Lettres à divers*, lettre 20.

Ne contenteroit pas, en semblables desseins,
Deux belles, deux héros, deux auteurs, ni deux saints[1]. »

Toute la société de madame de Mazarin et de la duchesse de Bouillon fut enchantée de cette lettre : elle augmenta les regrets de ne pouvoir posséder le poëte qui l'avait écrite. Saint-Évremond fut chargé d'y répondre au nom de tous. Sa lettre, qui est en prose et en vers, commence ainsi : « Si vous étiez aussi touché du mérite de madame de Bouillon que nous en sommes charmés, vous l'auriez accompagnée en Angleterre, et vous eussiez trouvé des dames qui vous connoissent autant par vos ouvrages que vous connoît madame de la Sablière par votre commerce et votre entretien[2]. » Saint-Évremond, dans cette lettre, apprend à la Fontaine la nouvelle de la mort de Waller, et exprime sa douleur de cette perte. « M. Waller, dit-il, dont nous regrettons la perte sensiblement, a poussé la vie et la vigueur de l'esprit jusqu'à quatre-vingt-deux ans :

> Et dans la douleur que m'apporte
> Ce triste et malheureux trépas,
> Je dirois, en pleurant, que toute muse est morte,
> Si la vôtre ne vivait pas.
> O vous, nouvel Orphée ! ô vous de qui la veine
> Peut charmer des enfers la noire souveraine
> Et le terrible dieu qu'on appelle Pluton,
> Daignez, tout-puissant la Fontaine,
> Rendre Waller au jour au lieu d'Anacréon ! »

---

[1] La Fontaine, *Lettres à divers*, lettre 20.
[2] Id., lettre 21.

Saint-Évremond s'étend ensuite sur les qualités de la duchesse de Bouillon, et de la duchesse de Mazarin qui fondait l'espoir de son retour en France sur la mort de son mari.

> Par tous moyens traversez son retour,
> Jeunes beautés; tremblez au nom d'Hortense :
> Si la mort d'un époux la rend à votre cour,
> Vous ne soutiendrez pas un moment sa présence.

Saint-Évremond loue ensuite la Fontaine sur son esprit, et même sur sa morale, parce que c'était aussi la sienne :

> Vous possédez tout le bon sens
> Qui sert à consoler des maux de la vieillesse ;
> Vous avez plus de feu que n'ont les jeunes gens ;
> Eux, moins que vous, de goût et de justesse.

« Après avoir parlé de votre esprit, il faut dire un mot de votre morale.

> S'accommoder aux ordres du destin,
> Aux plus heureux ne porter point d'envie ;
> De ce faux air d'esprit que prend un libertin
> Connoître avec le temps, comme nous, la folie,
> Et dans les vers, jeu, musique et bon vin,
> Entretenir son innocente vie ;
> C'est le moyen d'en reculer la fin.

« Puissiez-vous pousser la vie plus loin que n'a fait Waller !

Que plus longtemps votre muse agréable
Donne au public ses ouvrages galants !
Que tout chez vous puisse être conte et fable,
Hors le secret de vivre heureux cent ans [1] !»

Dans la réponse à cette lettre, nous voyons que la Fontaine fut surtout très-satisfait de ce que Saint-Évremond ne le comptait pas, malgré la licence de ses mœurs et de ses écrits, au nombre des hommes irréligieux ; car le mot *libertin* avait alors cette signification.

« J'en reviens à ce que vous me dites de ma morale,
« et suis fort aise que vous ayez de moi l'opinion que
« vous en avez. Je ne suis pas moins ennemi que vous
« du faux air d'esprit que prend un libertin. Quiconque
« l'affectera, je lui donnerai la palme du ridicule.

Rien ne m'engage à faire un livre,
Mais la raison m'oblige à vivre
En sage citoyen de ce vaste univers :
Citoyen qui, voyant un monde si divers,
Rend à son auteur les hommages
Que méritent de tels ouvrages.
Ce devoir acquitté, les beaux vers, les doux sons,
Il est vrai, sont peu nécessaires;
Mais qui dira qu'ils soient contraires
A ces éternelles leçons ?
On peut goûter la joie en diverses façons,
Au sein de ses amis répandre mille choses,
Et, recherchant de tout les effets et les causes,
A table, au bord d'un bois, le long d'un clair ruisseau,

---

[1] La Fontaine, *Lettres à divers*, lettre 21 ; Saint-Évremond, *Œuvres*, t. V, p. 219.

> Raisonner avec eux sur le bon, sur le beau :
> Pourvu que ce dernier se traite à la légère,
>   Et que la nymphe ou la bergère
> N'occupe notre esprit et nos yeux qu'en passant.
>   Le chemin du cœur est glissant :
> Sage Saint-Évremond, le mieux est de m'en taire,
> Et surtout n'être plus chroniqueur de Cythère,
>   Logeant dans mes vers les Chloris,
>   Quand on les chasse de Paris.
>   On va faire embarquer ces belles ;
> Elles s'en vont peupler l'Amérique d'Amours [1]. »

Il faut avouer qu'il échappe ici au bonhomme un singulier aveu. L'éditeur des œuvres de Saint-Évremond n'a voulu nous laisser aucun doute sur le sens, déjà fort clair, de ces derniers vers : il nous apprend que, lorsque la Fontaine écrivit cette lettre, on faisait enlever à Paris un grand nombre de courtisanes, qu'on envoya peupler l'Amérique. L'usage était de les transporter non-seulement aux Indes occidentales, mais à Madagascar. Bussy-Rabutin a décrit assez plaisamment, dans un petit poëme, ces sortes d'exécutions de la police de Paris, qui se faisaient régulièrement, et il nomme aussi *Chloris* une de ces dames, qui, embarquée pour Madagascar, se trouve obligée,

> ....malgré ses dents,
> D'obéir à la politique
> Qui règle la chose publique [2].

---

[1] La Fontaine, *Lettres à divers*, lettre 22.
[2] Bussy-Rabutin, *Amours des Gaules*, 1754, t. II, p. 109-131 ; *Amours*

Deux ou trois ans avant la date de cette lettre de la Fontaine, on en transporta une troupe nombreuse au Canada, et le baron de Lahontan décrit plaisamment les circonstances de leur arrivée à Québec [1].

La Fontaine, dans cette même lettre, exprime de justes regrets sur la mort de Waller, et les vers qu'il consacre à son éloge sont dans sa meilleure manière.

« Je ne devrois peut-être pas, dit-il, faire entrer
« M. Waller dans une lettre aussi peu sérieuse que
« celle-ci. Je crois toutefois être obligé de vous rendre
« compte de ce qui lui est arrivé au delà du fleuve
« d'Oubli.

> Les beaux esprits, les sages, les amants,
> Sont en débat dans les Champs-Élysées;
> Ils veulent tous en leurs départements
> Waller pour hôte, ombre de mœurs aisées.
> Pluton leur dit : « J'ai vos raisons pesées;
> « Cet homme sut en quatre arts exceller :
> « Amour et vers, sagesse et beau parler.
> « Lequel d'eux tous l'aura dans son domaine? »
> Sire Pluton, vous voilà bien en peine.
> S'il possédoit ces quatre arts en effet,
> Celui d'amour, c'est chose toute claire,
> Doit l'emporter; car quand il est parfait,
> C'est un métier qui les autres fait faire [2]. »

---

des dames illustres de notre siècle, Cologne, 1681, in-12, p. 361; Saint-Évremond, *OEuvres*, t. V, p. 235; Subligny, *Muse dauphine*, 1667, in-12, p. 202.

[1] De Lahontan, *Lettres* (Québec, 15 mai 1686); *Voyage dans l'Amérique septentrionale*, Amsterdam, 1733, in-12, t. I, p. 15.

[2] La Fontaine, *Lettres à divers*, lettre 22.

Waller avait fait à la fois, à l'âge de dix-huit ans, son entrée dans le monde, sur le Parnasse, au parlement et à la cour, et il ne cessa pendant quatre règnes de paraître avec éclat sur ce quadruple théâtre. Riche des biens paternels, homme aimable, courtisan habile, orateur éloquent et poëte charmant, ses succès, sa réputation, son bonheur, eussent été complets s'il avait vécu dans des temps ordinaires et tranquilles; mais, faible par les qualités de l'âme, sans élévation et sans courage, on devine ce qu'il a dû devenir lorsqu'il eut à traverser une époque d'exaltation et de fanatisme qui fut, comme toutes celles de ce genre, féconde en vertus publiques et en vices énergiques. Neveu de Hampden et cousin de Cromwell, sa parenté l'entraînait dans le parti patriote; ses sentiments, ses liaisons, ses opinions, le faisaient pencher du côté des royalistes. Les avantages de la fortune le précipitèrent dans de grands dangers, mais l'en retirèrent aussi. Il servit divers partis et ne s'attira la confiance d'aucun; il acquit de la célébrité sans gloire, fut recherché sans être aimé, et loué sans être estimé[1].

La Fontaine rend à Saint-Évremond les louanges que celui-ci lui avait données et qui étaient d'autant plus flatteuses que la réputation de Saint-Évremond comme auteur était alors prodigieuse : tout ce qui sortait de la plume de cet ingénieux écrivain avait la vogue, et une pièce de lui, insérée dans un recueil, suffisait pour

---

[1] Voyez notre article WALLER dans la *Biographie universelle*.

en assurer le succès. Les libraires de ce temps disaient sans cesse aux auteurs : « Faites-nous du Saint-Évremond[1]. » La Fontaine le reconnaît, trop modestement, comme son maître; mais il ajoute qu'il a aussi beaucoup profité à la lecture de Clément Marot, de Vincent Voiture et de François Rabelais.

> L'éloge qui vient de vous
> Est glorieux et bien doux :
> Tout le monde vous propose
> Pour modèle aux bons auteurs.
> Vos beaux ouvrages sont cause
> Que j'ai su plaire aux neuf Sœurs :
> Cause en partie, et non toute;
> . . . .
> J'ai profité dans Voiture;
> Et Marot, par sa lecture,
> M'a fort aidé, j'en conviens.
> Je ne sais qui fut son maître :
> Que ce soit qui ce peut être,
> Vous êtes tous trois les miens.

« J'oubliois maître François, dont je me dis encore « le disciple, aussi bien que celui de maître Vincent « et celui de maître Clément[2]. »

Nous apprenons encore, par cette lettre, que la Fontaine, qui paraît avoir joui constamment d'une santé robuste, commençait à ressentir les atteintes de l'âge; il souffrait beaucoup du rhumatisme, qu'il appelle une in-

---

[1] La Harpe, *Cours de littérature*, an vii, in-8°, t. VII, p. 287.
[2] La Fontaine, *Lettres à divers*, lettre 22; Voiture, *Œuvres*, 1677, t. I, p. 255, lettre 23.

vention du diable, pour rendre impotents le corps et l'esprit. Après avoir parlé des belles que la police de Paris faisait embarquer pour l'Amérique, il ajoute :

> Que maint auteur puisse avec elles
> Passer la ligne pour toujours !
> Ce seroit un heureux passage.
> Ah! si tu les suivois, tourment qu'à mes vieux jours
> L'hiver de nos climats promet pour apanage !
> Triste fils de Saturne, hôte obstiné d'un lieu,
> Rhumatisme, va-t'en : suis-je ton héritage?
> Suis-je un prélat? Crois-moi, consens à notre adieu[1].

Pour bien comprendre tout ce que ce dernier vers a de comique, il faut se rappeler que la Fontaine, dans une de ses fables, raconte que la goutte abandonna l'orteil d'un pauvre homme qui, étant toujours en mouvement, la tracassait de mille manières, pour aller se loger dans le corps d'un prélat, où elle reposait en paix, et où les médecins la choyaient bien et la faisaient prospérer[2].

Ce rhumatisme, non-seulement lui ôtait la faculté de marcher, mais, soit que la douleur fût trop vive, soit qu'il lui paralysât les mains, il le gênait infiniment pour écrire, ainsi que le montre le *fac-simile* d'une lettre adressée au père Bouhours (voy. ci-dessus, p. 111) qui lui avait envoyé son ouvrage sur *la manière de penser dans les ouvrages d'esprit*, dialogues, et sa traduction d'un ouvrage du père Ligneri contre les quié-

---

[1] La Fontaine, *Lettres à divers*, lettre 22.
[2] Id., *Fables*, III, 8.

tistes. Autant le premier plut à la Fontaine, autant le second lui déplut. « Madame de la Sablière, dit-il, est « aussi très-satisfaite de vos *Dialogues;* vous êtes un « de nos maîtres ; votre traduction sur les quiétistes est « aussi de bonne main, j'aurois voulu que vous eussiez « employé votre talent sur une autre matière. » Il mande au père Bouhours que son rhumatisme l'empêche de marcher et d'aller plus loin que la rue Saint-Honoré.

Cependant la Fontaine, malgré ses infirmités, avait encore assez de vigueur et de santé et assez peu d'empire sur lui-même pour ne pas renoncer au penchant qui, dans tout le cours de sa vie, l'avait entraîné vers les femmes.

A l'âge de cinquante ans il disait :

J'ai servi des beautés de toutes les façons [1].

Deux lettres de lui, insérées dans ses *OEuvres posthumes*, et publiées par madame Ulrich, décèlent une intrigue dont nous avons pénétré enfin le secret. Mais, pour excuser les faiblesses que nous avons à révéler, il faut se rappeler les amis et les protecteurs dont notre poëte était entouré, son caractère facile et surtout les mœurs de cette époque.

La société était alors, en France, divisée en deux portions distinctes : l'une se réglait sur la cour devenue sérieuse et dévote, l'autre s'abandonnait sans contrainte

---

[1] La Fontaine, *Contes,* III, 1, *les Oies du frère Philippe.*

à ce goût effréné pour les plaisirs dont l'exemple du monarque avait fait une sorte de mode dans le commencement de son règne. La licence semblait ne plus connaître de mesure depuis qu'elle manquait de modèle. Les mauvaises mœurs s'accroissaient par l'extrême sévérité des doctrines, et la multiplicité des pratiques pieuses contribuait aux succès de l'impiété. La nouvelle génération, qui ne pouvait s'assujettir à tant de rigorisme, pour en éviter les inconvénients, se précipita dans l'excès contraire, et se laissa entraîner à ces vices aimables qui se liaient dans ses souvenirs avec les années de joie, de grandeur et de gloire du monarque qui les proscrivait. Il semblait, à cette jeunesse hardie et frondeuse, qu'en se livrant à ses inclinations voluptueuses elle faisait un acte de courage, puisqu'elle contrariait les désirs d'un souverain qui, après ne s'être rien refusé lorsqu'il était dans l'âge des passions, voulait, dans le déclin de sa vie, asservir jusqu'aux consciences.

Les revers que les chances de la guerre firent éprouver à Louis XIV, à la fin de son règne, amenèrent le désordre des finances ; les fortunes exorbitantes de gens sortis de la lie du peuple, qui en furent la suite, accélérèrent encore le déclin de la morale. Le vice ne chercha plus, comme précédemment, à déguiser ce qu'il avait d'impur par les prestiges du sentiment, et ne crut plus avoir besoin de se couvrir du vêtement des grâces et de s'orner des fleurs de la galanterie ; il osa enfin se produire dans toute sa grossière et honteuse nudité avec ses fidèles compagnes, l'impudicité et la débauche.

Il se fit une révolution complète dans les mœurs, les habitudes et les manières ; et il est digne de remarque que, plusieurs années avant la mort de Louis XIV, Thalie retrouva encore toute l'énergie de ses pinceaux pour immoler dans *Turcaret*[1] des vices et des ridicules qui n'étaient déjà plus ceux que Molière avait retracés, et que son génie n'aurait pu même deviner. Les cantiques sublimes de J.-B. Rousseau et quelques licencieuses épigrammes sont l'exemple et le résultat du contraste que présentait, à cette époque, la haute société à laquelle le poëte s'efforçait de plaire par un emploi à la fois si noble et si coupable de son talent [2].

La Fontaine ne fut pas le témoin de cette ruine complète de la morale publique, mais il fut fort répandu dans les sociétés qui contribuèrent le plus à l'accélérer : celles des Vendômes, des Contis et des Bouillons. C'est dans la maison d'un de ces derniers qu'il rencontra une femme dont la conduite n'était que trop bien d'accord avec la licence de ces temps, et aux séductions de laquelle il opposa une résistance qui, d'après l'empire que la beauté n'avait cessé d'exercer sur lui, ne pouvait être bien longue. Cette femme est cette madame Ulrich, qui a publié les *OEuvres posthumes* de notre poëte, et qui occupe une trop grande place dans les événements de sa vie pour que nous ne la fassions

---

[1] *Turcaret* fut représenté pour la première fois en 1709, c'est-à-dire six ans avant la mort de Louis XIV.

[2] La première édition des *OEuvres de J.-B. Rousseau* est de 1712, mais la composition des pièces qu'elle renferme est plus ancienne.

pas connaître plus particulièrement à nos lecteurs.

Madame Ulrich était la fille d'un des vingt-quatre violons du roi. Ces vingt-quatre violons, choisis parmi les musiciens de la chambre, et célèbres par leurs talents dans toute l'Europe, avaient la charge exclusive de jouer aux bals parés et masqués de la cour, et aussi pendant le lever du roi et à son grand couvert. Le père de madame Ulrich mourut pauvre, et sa femme, presque sans ressource, resta seule chargée d'une nombreuse famille. Un Suédois, nommé Ulrich, maître d'hôtel du comte d'Auvergne, frère du duc de Bouillon, proposa à cette veuve infortunée de prendre soin d'une de ses filles et de l'élever pour l'épouser ensuite. La mère accepta cette offre, et Ulrich mit dans un couvent la jeune personne qui n'avait pas encore atteint sa quatorzième année. Elle était belle, spirituelle, parfaitement bien faite; son père l'avait destinée pour le théâtre de l'Opéra; elle dansait avec une grâce merveilleuse, et promettait par sa voix de surpasser les plus habiles cantatrices. Le Suédois en devint éperdument amoureux, et, en attendant l'époque fixée pour son mariage, il allait la voir assidûment.

Les fréquentes visites et les longs entretiens de cet homme, dont l'âge était si disproportionné avec le sien, ne causèrent à la jeune fille que de l'ennui et du dégoût. Elle eut occasion de voir à la grille du couvent un jeune homme d'une charmante figure, plein de vivacité et d'esprit : c'était d'Ancourt, si connu depuis comme auteur et comme acteur.

Né d'une famille noble, et petit-fils d'un sénéchal de Saint-Quentin, d'Ancourt avait fait d'excellentes études au collége des Jésuites à Paris. Le père la Rue, qui le distingua entre tous ses élèves, voulut l'attirer dans son ordre, mais il ne put y réussir. D'Ancourt se fit recevoir avocat; mais bientôt il s'amouracha d'une comédienne, et se consacra tout entier au théâtre. Il fut très-sensible aux charmes de notre jeune recluse, et parvint à s'en faire aimer. Il eut avec elle de fréquentes entrevues par le moyen d'une de ses parentes qui se trouvait dans le même couvent. Ulrich le sut, et, espérant rompre cette intrigue, il retira subitement la jeune fille du couvent et l'épousa. Elle n'en eut que plus de facilité pour voir son amant : elle se livra à lui avec tout l'emportement de la passion, et sans se donner même la peine de conserver les apparences. D'Ancourt fit des vers pour elle, et, selon un auteur contemporain, il s'est plu à en faire l'héroïne de quelques-unes de ses comédies [1]. Il paraît même certain qu'elle composa une petite pièce en un acte, intitulée *la Folle enchère*, dont elle s'avoua l'auteur, qu'elle fit jouer avec succès, et qui fut ensuite imprimée. D'Ancourt a depuis placé cette pièce dans ses œuvres comme étant de lui, parce que, sans doute, ayant une assez grande part à sa composition, il ne se sera fait aucun scrupule de reprendre un bien qui lui appartenait en partie [2].

---

[1] *Pluton mallôtier*, p. 134, édit. 1712, in-12; *Notes du recueil manuscrit de chansons historiques et critiques*, t. II, p. 156.

[2] On lit dans les *Anecdotes dramatiques*, Paris, 1775, in-8°, t. I, p. 388 :

A ce premier amant madame Ulrich en fit succéder plusieurs autres. Le plaisir seul détermina d'abord le choix de ses liaisons ; mais bientôt, trouvant la fortune de son mari trop peu considérable pour ses goûts dispendieux, elle en vint jusqu'à trafiquer de ses charmes : son faste s'augmenta sans mesure, et par conséquent aussi le scandale de sa conduite.

Dans le nombre de ceux qu'elle parvint à atteler à son char fut un partisan fort riche, nommé Boulanger, qu'elle ruina presque entièrement. Elle fut aussi pendant quelque temps la maîtresse du marquis de Sablé, et ensuite du duc de Ventadour [1]. Plus séduisante encore par son esprit que par sa beauté, elle sut plaire à madame la duchesse de Choiseul-Praslin [2], dont les

---

« *la Folle enchère*, comédie en un acte et en prose, par mademoiselle Ul-
« rich, attribuée à Dancourt au Théâtre Français. » Remarquons que madame Ulrich, quoique mariée, ne portait, puisqu'elle n'était pas noble, que le titre de *mademoiselle* (ce qui prouve que ce fait a été puisé dans un recueil plus ancien). Dans le même ouvrage, on lit : « *La Folle enchère*. On
« prétend que cette comédie n'est pas de Dancourt, mais d'une femme qui,
« dans la première édition, disait en forme de préface : « Cette petite pièce a
« extrêmement diverti ceux qui en ont vu les représentations, et je me suis
« *étonnée* moi-même que, *sans aucune connoissance du théâtre*, j'aie pu
« faire quelque chose qui ait mérité une attention favorable. » Dancourt a
« mis dans ses éditions : je me suis *étonné*, mais il a laissé *sans aucune*
« *connoissance du théâtre ;* or il avait déjà composé sept pièces. On sait
« d'ailleurs qu'il s'appropriait souvent les ouvrages d'autrui. » Ces dernières réflexions prouvent que l'auteur des *Anecdotes* ne connaissait pas la nature de la liaison de d'Ancourt avec madame Ulrich.

[1]. *Pluton maltôtier*, p. 36-130-140, Cologne, 1708, in-12 ; ou Rotterdam, 1710, in-12. Dans ces deux éditions, le titre de l'ouvrage diffère ; cependant la dernière n'est qu'une réimpression de l'autre. *Chansons historiques*, manuscrit, t. III, p. 337.

[2]. Marie-Louise-Gabrielle le Blanc de la Vallière. Elle était nièce de la

mœurs avaient quelque conformité avec les siennes [1], et qui compta au nombre de ses amants le maréchal de Luxembourg et le fils du président Briou, devenu célèbre par le procès relatif à son mariage avec mademoiselle de la Force, dont nous aurons bientôt occasion d'entretenir nos lecteurs.

Madame la duchesse de Choiseul eut une fille dont l'existence fut ignorée de son mari tant qu'il vécut et du public pendant vingt-sept ans, mais qui, élevée par la marquise de Hautefort sous le nom de mademoiselle de Saint-Cyr, parvint à se faire reconnaître et légitimer, et gagna, en 1726, contre le duc de la Vallière, ce procès célèbre qui la déclara unique héritière et maîtresse de la succession du duc et de la duchesse de Choiseul. Dans les commencements de son mariage, madame de Choiseul trouvait dans madame Ulrich une compagne aimable, complaisante et utile : elle ne pouvait se passer d'elle, et, afin de ne point s'en séparer, elle lui accorda un logement dans son hôtel, rue de l'Université, au faubourg Saint-Germain. C'est là que madame Ulrich réunissait une société nombreuse, composée en partie des hommes les plus riches et les plus aimables de la ville et de la cour, qui s'étaient adonnés au jeu, à la bonne chère et à la dissipation. Elle n'eut pas d'autre enfant qu'une fille qui, par les soins de son mari ou de

célèbre madame de la Vallière, et avait épousé, le 30 juillet 1681, César-Auguste duc de la Vallière, comte du Plessis-Praslin.

[1] Madame de Sévigné, *Lettres*, édit. 1820, t. VII, p. 226; *Supplément aux Lettres et Mémoires de M. le comte de Bussy-Rabutin*, t. II, p. 128; *Recueil de chansons historiques et critiques*, t. II, p. 156.

celui qui en était le père, fut, au sortir de l'enfance, séparée de sa mère, placée dans un couvent d'où elle ne sortait pas, et où elle était élevée dans les principes d'une piété rigoureuse. De sorte que madame Ulrich, n'étant plus retenue par aucune considération ni par aucun devoir, poursuivit sans scrupule le genre de vie qu'elle avait adopté. Dans ce but elle s'efforçait de rendre sa maison une des plus remarquables de Paris par les agréments de la société. Elle y attira facilement la Fontaine, qu'elle avait eu occasion de connaître chez le comte d'Auvergne, qu'il fréquentait, ainsi que tous les Bouillons.

Notre poëte, souvent distrait et silencieux dans la société, avait dans le tête-à-tête avec les femmes une amabilité peu commune L'attachement singulier et bien désintéressé qu'eurent pour lui madame de la Sablière et madame d'Hervart, la bienveillance constante avec laquelle il fut accueilli par madame de Thianges, madame de Sévigné et madame de la Fayette, en sont des preuves certaines. Les femmes ne souffrent pas ceux qui les ennuient : leur curiosité les excite quelquefois à accueillir un instant un homme célèbre ; mais quand elles recherchent longtemps sa société, c'est pour les qualités qui le rendent aimable, et non pour celles qui établissent sa réputation. Madame Ulrich, dont l'imagination licencieuse se complaisait dans la lecture des *Contes* de la Fontaine, eut la fantaisie d'essayer sur ce poëte le pouvoir de ses charmes : elle désira se l'attacher en lui accordant les dernières faveurs, espérant en obtenir par ce moyen de nouveaux ouvrages dans le goût de ceux dont la lecture l'avait enchantée.

On voit, d'après les deux lettres de notre fabuliste qu'elle-même a publiées, qu'elle éprouva quelque résistance. La Fontaine sentait tout ce qu'une telle intrigue, à son âge, avait d'extravagant. D'ailleurs, le Suédois ne souffrait pas toujours patiemment les désordres de sa femme, qui se croyait encore obligée à user de quelques ménagements envers lui, et notre poëte craignait de s'exposer à son juste ressentiment. Cependant sa raison ne tint pas longtemps contre les attaques d'une femme aussi séduisante, et l'attrait du plaisir l'emporta chez lui sur la crainte. « Comme vous n'avez « pas résolu (lui écrivait-il) de profiter des remontrances « que je vous ai faites, je vous suis fort obligé de ce que « vous me dispensez de vous en faire d'autres à l'ave- « nir : c'est là tout à fait mon compte. Je n'ai nulle- « ment le caractère de Bastien le remontreur [1]. »

Et, dans une seconde lettre, il lui dit encore : « Je « suis au désespoir de vous avoir fait les remontrances « que je vous ai faites, non qu'elles ne soient raisonna- « bles; mais votre lettre ne permet pas qu'on écoute la « raison en façon du monde, et vous renverserez l'es- « prit de qui vous voudrez et quand vous voudrez, fût- « ce un philosophe du temps passé [2]. » Mais il l'engage surtout à prendre garde à son mari. « Délivrez-moi le « plus tôt que vous pourrez de l'inquiétude où je suis

---

[1] La Fontaine, *Lettres à divers*, lettre 25.
[2] Id., lettre 26.

« touchant le retour de votre époux, car je n'en dors
« point..... J'accepte, madame, les perdrix, le vin de
« Champagne et les poulardes, avec une chambre chez
« M. le marquis de Sablé... En un mot, j'accepte tout
« ce qui donne bien du plaisir, et vous en êtes toute
« pétrie. Mais j'en viens toujours à ce diable de mari,
« qui est pourtant un fort honnête homme. Ne nous
« laissons point surprendre. Je meurs de peur que
« nous ne le voyions sans nous y attendre, comme le
« larron de l'Évangile..... Vous payerez de caresses
« pleines de charmes; mais moi, de quoi payerai-je?
« Adieu, madame, aimez-moi toujours [1]. »

Pendant que madame Ulrich était à la campagne, elle chargea la Fontaine d'aller voir sa fille au couvent; il s'acquitta exactement de cette commission. « J'ai
« vu, lui écrivait-il, mademoiselle Thérèse, qui m'a
« semblé d'une beauté et d'un teint au-dessus de toutes
« choses. Il n'y a que la fierté qui m'en choque. » On voit par là que ceux qui dirigeaient cette jeune personne l'instruisaient à n'accueillir qu'avec précaution ceux qui venaient la voir de la part de sa mère. En effet, elle persista toujours dans les pieux principes qu'on lui avait inculqués, et la conduite de celle qui lui avait donné le jour lui inspira tant de chagrin et tant de dégoût pour le monde, qu'elle se fit religieuse dans un couvent d'Évreux [2].

Madame Ulrich parvint au but qu'elle s'était proposé

---

[1] La Fontaine, *Lettres à divers*, lettre 25.
[2] Id., ib.

dans sa liaison avec la Fontaine. Elle en obtint de nouveaux ouvrages [1], et surtout un nouveau conte ; c'est celui qu'il a intitulé : *les Quiproquo* [2]. Il ne le publia point, parce que sa conversion, qui s'opéra peu de temps après cette intrigue, lui fit désirer d'anéantir tout ce qu'il avait composé en ce genre; mais madame Ulrich le fit imprimer dans ses *OEuvres posthumes*, dont elle se rendit éditeur. Elle ne gardait alors aucun ménagement, car elle dédia ce volume au marquis de Sablé, un de ses amants, qui, ainsi que l'abbé Servien, son frère, était connu par ses mœurs dissolues [3].

Nous avons déjà eu occasion, au commencement de cet ouvrage [4], de citer quelques passages du portrait que madame Ulrich a tracé de la Fontaine. Elle l'appelle son ami, et assure que s'il était philosophe c'était du moins un philosophe galant. Elle ne dissimule pas que,

---

[1] *Pluton mattôtier*, p. 137, Rotterdam, 1710, in-12.

[2] Sablier (*Variétés amusantes*, 1765, in-12, t. II, p. 111) dit : « On sait que madame Hulrich (sic), amie de la Fontaine, donna un recueil de ses *OEuvres posthumes;* mais elle oublia d'y mettre quelques pièces qu'elle a depuis communiquées à l'abbé G., qui les écrivit lui-même à la suite de son la Fontaine. »

[3] *Mémoires de M. de ***, pour servir à l'histoire du dix-septième siècle*, t. I, p. 87; madame de Sévigné, *Lettres*, t. I, p. 55; *Menagiana*, t. III, p. 351; Bussy-Rabutin, *Histoire amoureuse des Gaules*; Duclos, *Mémoires secrets sur les règnes de Louis XIV et de Louis XV*, 1791, in-8°, t. I, p. 291; Voltaire, *OEuvres*, t. XIII, p. 6; *Chansons historiques et critiques*, manuscrit, t. III, p. 62, 64 et 326. L'abbé Servien et le marquis de Sablé étaient tous deux fils d'Abel Servien : celui-ci, lorsqu'il eut été fait surintendant, acquit le marquisat de Sablé, qu'il laissa en mourant à son fils aîné. L'abbé Servien fut mis en prison à Vincennes, en 1714, pour quelques aventures par trop scandaleuses.

[4] Voyez t. I, p. 29.

de tous ses ouvrages, ce sont ses *Contes* qu'elle préfère. « Pour ses *Contes*, dit-elle, je ne trouve personne qui puisse entrer en parallèle avec lui ; il est absolument inimitable. Quels récits véritablement charmants ! Tout y coule de source ! Leur lecture fait sentir à l'âme un plaisir qu'on ne peut décrire [1] ! »

On ne sera pas étonné d'apprendre qu'une femme qui trouvait les *Contes* de la Fontaine si fort à son gré ait tenu une conduite tellement désordonnée, que son mari, ou l'homme puissant qui fut le père de sa fille (ceci est un mystère que nous n'avons pu percer), ait à la fin obtenu une lettre de cachet pour la faire renfermer à la Salpêtrière, où elle termina ses jours.

Madame Ulrich, en publiant, dans les *OEuvres posthumes*, les deux lettres que notre poëte lui avait adressées, eut cependant encore assez de pudeur pour remplacer son nom par des astérisques et pour supprimer les dates ; mais il est facile de prouver que ces lettres de la Fontaine furent écrites à la fin de l'année 1688. En effet, dans la seconde on lit ces mots : « Comme on dit « que le prince d'Orange s'en retourne en Angleterre, « nos princes et nos grands seigneurs pourroient bien « s'en revenir au plus vite. » Ceci nous donne la date de cette intrigue.

Les fautes de Charles II, son impéritie, sa légèreté, sa trahison même, n'avaient pu lui faire perdre un trône sur lequel il avait été placé par le concours de toutes les volontés. Il était mort roi d'Angleterre. Son

---

[1] *OEuvres posthumes de M. de La Fontaine*, 1698, in-12.

frère, Jacques II, lui avait succédé sous les plus heureux auspices. La nation anglaise, fatiguée, était disposée à se reposer de ses secousses dans les bras du pouvoir, lorque le roi s'aliéna tous les cœurs, et effraya toutes les consciences, en s'efforçant de changer la religion nationale et de convertir l'Angleterre au culte catholique, dans le même temps que Louis XIV exerçait, au nom de ce culte, des cruautés qui inspiraient une juste horreur à l'Europe entière, et forçaient cinq cent mille Français à s'expatrier et à transporter chez l'étranger leurs richesses et leur industrie. Le prince d'Orange profita de cette faute, et, vers la fin de 1688; il se transporta en Angleterre, et détrôna son beau-père, Jacques II, qui vint en France, avec sa femme et son fils encore enfant, se mettre, comme avait fait son frère, sous la protection de Louis XIV. Cette révolution mémorable et la ligue d'Augsbourg déterminèrent de nouveau la guerre entre Louis XIV et la plus grande partie de l'Europe coalisée [1].

Un des événements les plus remarquables de cette première campagne fut la prise de Philisbourg, assiégé par Vauban et par Catinat, alors lieutenant général [2]. Cette ville se rendit le 26 octobre 1688. Le Dauphin se trouvait à ce siége, et montra tant de bravoure que

---

[1] Hume's *History of England*, chap. 71, t. VIII, p. 275, London, 1782, in-8; Voltaire, *Siècle de Louis XIV*, chap. 15; *Histoire des révolutions d'Angleterre, sous le règne de Jacques II, jusqu'au couronnement de Guillaume III*; Amst., 1689, in-18.

[2] Anquetil, *Louis XIV, sa cour et le régent*, t. II, p. 227; Voltaire, *Siècle de Louis XIV*, chap. 16.

les soldats le surnommèrent Louis le Hardi. C'est à propos de ce surnom que la Fontaine composa une ballade, qui fut louée dans le temps par Bayle [1]; et, comme il était de la destinée de notre poëte d'essayer de tous les genres de poésie, depuis les plus élevés jusqu'aux plus futiles, il fit aussi sur ce sujet des stances à la manière de Neuf-Germain.

Dans ce genre de poésie, les dernières syllabes de chaque vers, ou les rimes, doivent former, par leur réunion, le nom que l'on veut illustrer. Citons pour exemple un des chefs-d'œuvre du maître. Le cardinal de Richelieu, que Neuf-Germain amusait par ses folies [2], mit les vers suivants au bas de la pièce qui ordonnait à de Bullion, trésorier des finances, de payer au poëte une légère somme qui lui était accordée.

> De par le roi, de Bullion,
> Ne manquez d'élargir la main,
> Pour donner moins d'un million
> Au facétieux Neuf-Germain.

Neuf-Germain, pour n'être pas en reste avec Son Éminence, fit sur-le-champ cette épigramme :

> Fendez en deux une sou*ri*,
> Prenez la moitié d'une mou*che*,
> Coupez milieu par le mi*lieu*,
> Et vous trouverez *Richelieu* [3].

---

[1] Bayle, *Lettres choisies*, lettre 91, en date du 13 octobre 1701, t. II, p. 729, édit. in-12, 1714.
[2] Id., *Dictionnaire*, t. III, p. 2085.
[3] *Cabinet des Muses*, Paris, 1668, in-12, p. 172.

Les stances de la Fontaine, et c'est tout dire, sont presque dignes de ce chef-d'œuvre; il n'est pas impossible qu'elles aient beaucoup réussi dans le temps: Voiture en a fait de semblables qui ont été fort louées. Ce mauvais goût, qui était universel dans le commencement du règne de Louis XIV, doit augmenter notre reconnaissance pour les grands auteurs de ce siècle, et nous faire apprécier les pas immenses qu'ils ont faits pour nous ramener au vrai et au naturel : la Fontaine y a contribué plus qu'aucun autre.

Le prince de Conti était aussi à ce siége de Philisbourg. Il venait d'épouser, quelques mois auparavant, mademoiselle de Bourbon, petite-fille du prince de Condé[1] ; et la Fontaine ne se contenta pas de célébrer cet hymen dans un épithalame, il dédia au prince une de ses fables, dans le prologue de laquelle il fit entrer les louanges de la nouvelle épouse. Il y revient encore, ainsi qu'on le verra, dans une lettre en prose et en vers, qu'il écrivit plus tard, afin d'instruire le prince de Conti, qui était à l'armée, des nouvelles qu'on débitait à Paris.

La Fontaine, dans l'épithalame, qu'on a eu tort d'insérer parmi ses fables, s'adresse ainsi aux deux époux :

> Vous possédez tous deux ce qui plaît plus d'un jour,
> Les grâces et l'esprit, seuls soutiens de l'amour.
>   Dans la carrière aux époux assignée,
>   Prince et princesse, on trouve deux chemins :
>   L'un de tiédeur, commun chez les humains ;

---

[1] Anselme, *Histoire généalogique et critique de la maison de France*, 3ᵉ édit., 1726, in-folio, t. I, p. 341 à 348 ; Dangeau, *Mémoires*, t. I, p. 228.

> La passion à l'autre fut donnée.
> N'en sortez point ; c'est un état bien doux,
> Mais peu durable en notre ame inquiète [1].

Et dans sa fable il leur dit :

> Hymen veut séjourner tout un siècle chez vous.
> Puissent ses plaisirs les plus doux
> Vous composer des destinées
> Par ce temps à peine bornées [2] !

Ces vœux ne furent point accomplis. Cet hymen, que le grand Condé, en mourant, avait souhaité, ne fut pas heureux. La princesse de Conti avait de beaux yeux ; mais elle était petite, et même légèrement contrefaite. Cependant, malgré son peu d'attraits, son mari la tourmenta par sa jalousie, quoique, au témoignage de Madame, elle n'y donnât pas le moindre sujet, et qu'elle fût la vertu même [3]. Ce qu'il y eut de plus fâcheux, c'est que le prince de Conti conçut, par la suite, une passion très-vive pour la duchesse du Maine, sa belle-sœur, pleine d'esprit et d'appas, et qu'il parvint à la lui faire partager : on prétend même qu'il lui sacrifia une couronne, et que ce fut son amour qui ralentit son ambition et lui ravit le sceptre de la Pologne, dont le cardinal Radziejouski le proclama roi, en 1697 [4].

---

[1] La Fontaine, *Poésies diverses*, 9.

[2] Id , *Fables*, III, 12.

[3] *Fragments de lettres originales de* Madame, *Charlotte-Élisabeth de Bavière*, 1788, in-12, t. II, p. 217 ; ou la nouvelle traduction de cet ouvrage intitulée : *Mémoires sur la cour de Louis XIV et de la régence, extraits de la correspondance allemande d'Élisabeth-Charlotte de Bavière, duchesse d'Orléans.*

[4] Madame de Caylus, *Souvenirs*, p. 242 à 245 ; *Curiosités historiques, ou*

Quoi qu'il en soit, les intrigues d'amour dans lesquelles le prince de Conti se trouvait presque toujours mêlé ¹ lui aliénèrent l'affection du roi. Les occupations de la guerre n'empêchaient même pas ce prince d'en ourdir toujours de nouvelles; et tandis qu'il était à l'armée, on en découvrit une dont il était l'âme, et qui fit beaucoup de bruit à la cour. Il voulait, secondé par le maréchal de Luxembourg et le duc de Montmorency, former un parti pour s'emparer de l'esprit de l'héritier du trône, et le conduire à son gré. Il fallait mettre dans les intérêts de cette coalition mademoiselle Choin, qui avait une grande influence sur le Dauphin. On crut y parvenir en faisant dominer celle-ci par un parent du maréchal de Luxembourg, chevalier de Malte, cornette des chevau-légers, nommé Clermont-Chatte², qui était l'amant de la princesse de Blois. Mademoiselle Choin, qui était dame d'honneur de la princesse, n'ignorait pas cette liaison. Lors donc que Clermont, d'après les instructions qu'il avait reçues, voulut faire la cour à mademoiselle Choin, celle-ci lui objecta la passion qu'il

---

Recueil de pièces utiles à l'histoire de France, t. I, p. 228; Hénault, *Abrégé chronologique*, année 1697, t. II, p. 705; Lassay, *Recueil de différentes choses*, 2ᵉ partie, p. 126 à 157. Massillon a fait l'oraison funèbre du prince de Conti et il y parle des *Mémoires* qu'il a laissés. Ils n'ont jamais paru. Voyez les détails de l'élection de Conti au trône de Pologne dans Saint-Simon, *Mémoires*, 1829, in-8°, t. II, p. 22, ch. II.

¹ Ses excès furent probablement cause de sa mort. Voyez le *Grand Dictionnaire historique* de Prosper Marchand, t. I, p. 140.

² L'auteur de la *Relation des intrigues de cour* dit, en parlant de lui : Le chevalier de Clermont-Chatte, cadet du comte de Roussillon, homme « de qualité du Dauphin, dont la maison s'étoit entée sur celle de Clermont-« Tonnerre, dont il n'est pas. »

avait pour la princesse. Clermont, sans hésiter, sacrifia à la fille d'honneur les lettres qu'il avait reçues de la maîtresse. Le roi, ayant intercepté des courriers, découvrit toute cette intrigue : sa colère tomba sur sa fille et sur mademoiselle Choin, qu'il fit mettre au couvent. La guerre continuait ; la rare valeur et les talents de Conti et de Luxembourg lui étaient utiles, et il les crut assez punis de voir leur dessein avorté. Pour toute vengeance, il écrivit les détails de cette aventure à leur « gros ami ; » car c'est ainsi que les coalisés appelaient le Dauphin dans leurs lettres.

Il paraît que cette intrigue commença vers l'époque de la campagne de Philisbourg, mais qu'elle ne fut découverte que quelque temps après[1]. La disgrâce qu'elle fit éprouver au prince de Conti et à tous ceux qui composaient sa société rejaillissait sur la Fontaine, que le prince honorait de son amitié, et dont il était le correspondant.

Vers l'époque de la célébration du mariage du prince de Conti, de toutes ces guerres et de toutes ces intrigues, la Fontaine se trouvait étroitement lié avec M. et

---

[1] Saint-Simon, *Mémoires*, t. III, p. 58 à 66 ; madame de Sévigné, *Lettres*, 6 septembre 1671 et 27 août 1694 ; *Recueil manuscrit de chansons critiques et historiques*, t. III, p. 86 verso, et p. 357 ; Duclos, *Mémoires secrets sur les règnes de Louis XIV et de Louis XV*, in-8°, 1791, t. I, p. 32 à 36. Une relation curieuse, mais malheureusement manquant de sanction, intitulée : *Intrigues de cour qui causèrent l'exil de mademoiselle Choin*, raconte en détail toute cette affaire. Elle se trouve dans le recueil de M. Barrière intitulé : *La Cour et la ville, ou Relation historique sous Louis XIV, Louis XV et Louis XVI*. Cet événement se passa, selon toute probabilité, en 1694.

Mme d'Hervart, et allait souvent, pendant la belle saison, à leur campagne de Bois-le-Vicomte[1]. Une jeune personne, qu'il n'avait jamais vue (c'était mademoiselle de Beaulieu), y parut un jour et attira ses regards. M. d'Hervart qui s'aperçut de l'impression qu'elle faisait sur notre poëte, voulut s'en amuser. Il lui fit remarquer, en détail, tous les agréments de cette nouvelle beauté ; et celle-ci, vive et spirituelle, provoqua la Fontaine par des agaceries, qui étaient sans conséquence de la part d'une jeune fille de quinze ans envers un homme qui en avait soixante-huit. Dans l'après-midi, notre poëte monte à cheval pour s'en retourner à Paris, entièrement préoccupé de cette charmante personne, qui lui avait fait passer des heures si agréables. Au bout de l'allée de Bois-le-Vicomte, au lieu de tourner à gauche, pour se diriger sur Paris, il traverse la grand'route, et suit tout droit le chemin qui conduit à Louvres, s'éloignant ainsi de plus en plus de la capitale. Un domestique, qui le connaissait, et qui le rencontra, le tira de sa rêverie et l'avertit de sa méprise. La Fontaine retourna alors sur ses pas, pour rejoindre la grand'route ; mais une pluie violente l'arrêta à Aunay, et, comme il était tard, il fut enfin obligé de suspendre son voyage, et de coucher dans un très-mauvais gîte. Il fit de tout cela un récit fort amusant, et l'adressa à l'abbé Vergier, qui était resté à Bois-le-Vicomte.

---

[1] Cette terre avait appartenu à Mademoiselle, et elle y fut exilée en octobre 1652 par le roi ; mais elle ne s'y rendit pas. (Voyez la duchesse de Nemours, *Mémoires*, t. XXXIV, p. 439.)

« Qu'avoit à faire M. d'Hervart, lui écrit-il, de s'atti-
« rer la visite qu'il eut dimanche ? Que ne m'avertissoit-
« il ? Je lui aurois représenté la foiblesse du personnage,
« et lui aurois dit que son très-humble serviteur étoit
« incapable de résister à une fille de quinze ans, qui a
« les yeux beaux, la peau délicate et blanche, les traits
« de visage d'un agrément infini, une bouche, et des
« regards! Je vous en fais juge : sans parler de quel-
« ques autres merveilles sur lesquelles M. d'Hervart
« m'obligea de jeter la vue [1]. » La Fontaine raconte ensuite sa plaisante aventure, et il avoue que mademoiselle de Beaulieu lui a fait consumer trois ou quatre
jours en distractions et en rêveries, dont on a fait des
contes par tout Paris. Ensuite il écrit, sur cette jeune
beauté, deux pages de vers sur un ton moitié burlesque,
moitié gracieux.

>Plus je songe en mon cerveau,
>De combien peu d'apparence
>Seroit pour moi l'espérance
>De la toucher quelque jour,
>Plus je vois que c'est folie
>D'aimer fille si jolie,
>Sans être le dieu d'Amour.
>. . . . .
>Comment pourrois-je décrire
>Des esprits si gracieux?
>Il semble, à voir son sourire,
>Que l'Aurore ouvre les cieux.
>. . . . .

[1] La Fontaine, *Lettres à divers*, lettre 23.

> Si ceci plaît à la belle,
> Dites-lui que les neuf Sœurs
> Me font réserver pour elle
> Encore d'autres douceurs.
>
> . . . .
>
> Une autre fois, je l'espère,
> Je ferai, moyennant Dieu,
> Quelque reine de Cythère
> D'Amarante de Beaulieu.

La Fontaine charge ensuite Vergier de faire ses compliments à mademoiselle de Gouvernet « que les grâces, « dit-il, ne quittent point. » C'était la sœur du marquis de Gouvernet[1], qui lui-même avait épousé une sœur de M. d'Hervart, une des plus belles femmes de son temps, et dont le portrait était considéré comme le chef-d'œuvre du pinceau de Mignard[2]. Nous verrons bientôt la Fontaine, trois ans plus tard, continuer sur le même ton de plaisanterie avec mademoiselle de Gouvernet lorsqu'elle fut, en se mariant, devenue comtesse de Viriville. Il termine sa lettre en disant : « Vous pouvez vous « moquer de moi tant qu'il vous plaira, je vous le per- « mets ; et si cette jeune divinité, qui est venue trou- « bler mon repos, y trouve un sujet de se divertir, je « ne lui en saurai point mauvais gré. A quoi servent « les radoteurs, qu'à faire rire les jeunes filles[3] ? »

Vergier fit à notre poëte une réponse charmante. Il

---

[1] *Mercure galant*, octobre 1705, p. 157, et juillet 1691, p. 155.
[2] L'abbé de Monville, *Vie de Mignard*, p. 70.
[3] La Fontaine, *Lettres à divers*, lettre 23.

lui apprend que sa lettre a diverti M. et madame d'Hervart et mademoiselle de Gouvernet, et qu'il l'a fait voir aussi à mademoiselle de Beaulieu. « Sa jeunesse et sa modestie, dit Vergier, ne lui ont pas permis de dire ce qu'elle en pensoit ; mais je ne doute point que des douceurs si bien apprêtées ne l'aient touchée comme elles doivent. » Du reste, il assure la Fontaine que personne n'a été surpris de son aventure, et il ajoute :

> Hé ! qui pourroit être surpris
> Lorsque la Fontaine s'égare ?
> Tout le cours de ses ans n'est qu'un tissu d'erreurs,
> Mais d'erreurs pleines de sagesse.
> Les plaisirs l'y guident sans cesse
> Par des chemins semés de fleurs.
> Les soins de sa famille, ou ceux de sa fortune,
> Ne causent jamais son réveil :
> Il laisse à son gré le soleil
> Quitter l'empire de Neptune,
> Et dort tant qu'il plaît au sommeil :
> Il se lève au matin, sans savoir pour quoi faire :
> Il se promène, il va, sans dessein, sans sujet,
> Et se couche le soir, sans savoir d'ordinaire
> Ce que dans le jour il a fait [1].

On voit, d'après cette lettre, que le peu d'accord qui régnait entre la Fontaine et sa femme était assez connu pour qu'on osât en plaisanter avec lui. Vergier compare les aventures de notre poëte, dans son voyage à Bois-le-

---

[1] Vergier, *OEuvres*, 1750, in 12, t. II, p. 7-10 ; *OEuvres de La Fontaine*, lettres 24 et 27.

Vicomte, à celles d'Ulysse dans l'Odyssée et il dit : « Je
« ne trouverois qu'une différence entre Ulysse et vous :

> Ce héros s'exposa mille fois au trépas,
> Il parcourut les mers presque d'un bout à l'autre
> Pour chercher son épouse et revoir ses appas
>   Quel péril ne courriez-vous pas
>   Pour vous éloigner de la vôtre ? »

Quelques mois après la date de cette lettre, Vergier quitta la soutane et le titre d'abbé. Il obtint une place dans l'administration de la marine [1], par la protection du ministre Seignelay, et par celle de M. d'Hervart, dont il avait été le précepteur [2]. Il fut envoyé en mission en Angleterre, et se trouvait à Londres dans le mois de novembre de l'année 1688 [3], lors de la révolution qui plaça Guillaume III sur le trône de la Grande-Bretagne. Nous apprenons, par une lettre que Vergier écrivit l'année suivante à madame d'Hervart, que la Fontaine continuait à se plaire à Bois-le-Vicomte ; que la présence de mademoiselle de Beaulieu ajoutait beaucoup aux plaisirs dont il jouissait dans cette campagne ; qu'enfin le badinage de cette société sur un amour si disproportionné dura encore assez longtemps.

Un passage de cette lettre de Vergier achève de peindre notre fabuliste tout entier : « J'ai reçu une lettre du bonhomme la Fontaine. Il me marque qu'il ne

---

[1] Il fut nommé écrivain principal au Havre, le 2 octobre 1688.
[2] Piganiol de la Force, *Description de Paris*, t. III, p. 391 et 393, édit. de 1765.
[3] Vergier, *OEuvres*, 1750, in-12, t. II, p. 153 et 158.

vous la fera pas voir, parce qu'il n'en est pas content, et qu'il ne la trouve pas digne de la délicatesse de votre goût. Je vous dirai franchement que je la trouve de même, et, pour la même raison, je le prie de ne pas vous montrer la réponse que je lui ai faite : ce sont, de part et d'autre, cas honteux qu'il faut au moins savoir cacher, quand on a eu la faiblesse de se les permettre. Ce qu'il y a de meilleur dans sa lettre, est qu'il me marque qu'il va passer six semaines avec vous à la campagne. Voilà un bonheur que je lui envie fort, quoiqu'il ne le ressente guère, et vous m'avouerez bien, à votre honte, qu'il sera moins aise d'être avec vous que vous ne le serez de l'avoir, surtout si mademoiselle de Beaulieu vient vous rendre visite, et qu'il s'avise d'effaroucher sa jeunesse simple et modeste par ses naïvetés, et par les petites façons qu'il emploie quand il veut caresser de jeunes filles.

>   Je voudrois bien le voir aussi,
> Dans ces charmants détours que votre parc enserre,
>   Parler de paix, parler de guerre,
> Parler de vers, de vin et d'amoureux souci ;
> Former d'un vain projet le plan imaginaire,
> Changer en cent façons l'ordre de l'univers,
> Sans douter, proposer mille doutes divers ;
> Puis tout seul s'écarter, comme il fait d'ordinaire,
> Non pour rêver à vous qui rêvez tant à lui,
>   Non pour rêver à quelque affaire,
>   Mais pour varier son ennui.

Car vous savez, Madame, qu'il s'ennuie partout, et

même, ne vous en déplaise, quand il est auprès de vous, surtout quand vous vous avisez de vouloir régler ou ses mœurs ou sa dépense [1]. »

Ces derniers mots nous révèlent toute l'étendue des bontés de cette jeune et jolie femme pour notre vieux poëte, dont, par ses remontrances et ses conseils, elle cherchait à réformer la conduite. Comment expliquer cet attachement si vrai, si désintéressé que la Fontaine inspirait à tant de personnes d'âge et de sexe si différents ? C'est qu'avec tous les défauts d'un enfant, la légèreté, l'imprévoyance, la faiblesse de caractère, il en avait aussi toutes les qualités, le naturel, la sensibilité, l'enjouement et la candeur.

Quelques années après l'époque qui nous occupe, lorsque la Fontaine, tout entier au repentir et à la pénitence, était bien loin de songer aux jeunes filles, Vergier, qui avait été nommé commissaire de la marine, fit aussi la cour à mademoiselle de Beaulieu. Il inséra, dans une épître en vers qu'il lui adressa, le conte intitulé *le Gros Guillaume*, aussi licencieux qu'aucun de ceux que la Fontaine ait composés [2]. Nous apprenons encore, par une autre épître de Vergier, qu'à l'âge de vingt quatre ans, mademoiselle de Beaulieu avait eu une inclination, dont l'issue malheureuse lui fit répandre beaucoup de larmes [3]. Elle finit par épouser un

---

[1] Vergier, *Œuvres*, 1750, in-12, t. II, p. 133, lettre 21, ou 1731, in-8°, t. I, p. 104, ou les *Contes et nouvelles en vers du sieur Vergier et de quelques auteurs anonymes*, 1727, in-12, t. II, p. 84.

[2] Vergier, *Œuvres*, 1750, in-12, t. I, p. 159, ou 1731, in 8°, t. I, p. 44.

[3] Id., t. II, p. 1.

gentilhomme, du nom de Nully, de la famille du président Nully, fameux ligueur, assez célèbre dans l'histoire. Elle mourut à Paris, en 1733, âgée d'environ cinquante ans. Mathieu Marais, qui l'a connue, assure qu'elle avait conservé jusqu'à la fin presque toute sa beauté. Quant à Vergier, on sait que ce poëte aimable fut assassiné le soir à Paris, au coin de la rue du Bout-du-Monde, par un complice de Cartouche, et qu'il mourut au mois d'août de l'année 1720 [1], à l'âge de soixante-cinq ans.

[1] *Lettres bourguignones* de M. Amanton, 1823, in-8°, p. 70 ; *Lettres de Rousseau sur différents sujets de littérature*, 1750, in-12, t. II, p. 313 ; la *Clef ou le journal de Verdun*, octobre 1720, t. VIII, p. 310 ; Piganiol de la Force dans sa *Description de Paris*, t. III, p. 393 ; Mathieu Marais dans son *Histoire de la vie et des ouvrages de la Fontaine*, p. 107 ; et l'auteur de la vie de Vergier dans l'édition de ses *OEuvres* de 1750, p. IV de la préface. Vergier était né à Lyon, le 5 janvier 1655, de Hugues Vergier, maître cordonnier. Voyez aussi les *Lettres bourguignones*, p. 65 et 75 ; A. Labouisse dans le *Journal anecdotique de Castelnaudary*, 13 août 1823, p. 11.

LIVRE SIXIÈME.

1689 — 1695.

La jeune douairière de Conti qui aimait tant la société de la Fontaine, et dont nous avons plusieurs fois eu occasion d'entretenir nos lecteurs, fut une des plus belles personnes de ce temps. Sa taille svelte, élancée, majestueuse, l'avait fait surnommer à la cour la grande princesse [1]. Aux grâces de madame la Vallière, sa mère, elle réunissait le port et l'air de Louis XIV, son père; et le bruit de sa beauté s'était tellement répandu que, quelques années après l'époque dont nous traitons, l'empereur de Maroc, ce Muley Ismaïl si fameux par sa férocité, fit demander son portrait au roi, qui le lui envoya, et sur ce portrait et le rapport que lui fit son ambassadeur à Paris, Abdala ben Aïssa, il la fit demander en mariage, demande burlesque qui amusa beaucoup la cour, et fut la matière de plusieurs pièces de vers [2].

---

[1] Voyez les *Mémoires sur la cour de Louis XIV et de la régence, extraits de la correspondance de* MADAME, *Élisabeth-Charlotte, duchesse d'Orléans*, 1 vol. in-8°, Paris, 1823, ou *Fragments de lettres originales de Madame*, t. II, p. 34, 215 et 237; *Lettres du Dauphin à madame de Maintenon*, p. 19 et 29, dans le recueil intitulé : *Mélanges publiés par la Société des bibliophiles français*, 1822, in-8°.

[2] Il y en eut de J.-B. Rousseau, du duc de Nevers, de Périgny. On fit sur ce sujet un roman assez insipide intitulé : *Relation historique de l'amour de l'empereur de Maroc pour madame la princesse douairière de Conty,*

Ce fut aussi un portrait de cette princesse qui, trouvé en Amérique au bras d'un armateur français, par don Joseph Valeto, fils du vice-roi du Pérou, lui inspira une passion violente qui divertit longtemps Paris et la cour. Auprès de cette princesse, dit madame de Caylus, les plus belles et les mieux faites n'étaient pas regardées [1]. Elle dansait surtout avec une étonnante perfection.

Le marquis de Sourches dit qu'elle surpassait les meilleures danseuses de l'Opéra et de Paris, entre autres une demoiselle de la Fontaine qui, au théâtre, attirait la foule, et mademoiselle Rolland, qui était considérée dans le monde comme la plus brillante de toutes les danseuses [2].

Madame de Sévigné, qui voulait absolument que sa

écrite en forme de lettres à une personne de qualité, par M. le comte D***. Cologne, 1700. Voyez aussi Thomassy, *Histoire de la politique maritime de la France sous Louis XIV, et de la demande adressée à ce monarque par Muley Ismaïl, empereur de Maroc, pour obtenir en mariage la princesse de Conti*, Paris, 1841, p. 17.

[1] Caylus, *Souvenirs*, p. 63; Sévigné, *Lettres*, en date du 12 août 1685, t. VII, p. 331; Lister, *A Journey to Paris*, in-8°, London, 1699, p. 196; Anquetil, *Louis XIV, sa cour, etc.*, t. II, p. 250 à 257; Dreux du Radier, *Mémoires historiques et critiques des reines et régentes de France*, 1782, in-12, t. VI, p. 413; Dangeau, *Mémoires*, t. I, p. 106, 119, 179. « Peut-être, « dit un contemporain, y a-t-il au monde quelque femme plus belle que la « princesse de Conti, mais il n'y en a jamais eu qui réunît plus de moyens « de plaire; soit qu'elle regardât, soit qu'elle se laissât seulement regarder, « rien n'étoit plus dangereux qu'un pareil amusement. » Voyez la relation intitulée : *Intrigues de cour qui concernent l'exil de mademoiselle Choin en 1694*, dans le recueil de M. Barrière intitulé : *La Cour et la ville sous Louis XIV, Louis XV et Louis XVI*, 1830, in-8°, p. 101.

[2] *Mémoires du marquis de Sourches*, t. I, p. 262. Mademoiselle Roland était la fille d'un des fermiers des cinq grosses fermes du roi. Sa sœur avait épousé le marquis de Plumartin, qui remporta un prix au carrousel de 1685.

fille eût, sur ce point, la prééminence sur toutes les femmes, se fâche un peu de ce que madame de Grignan lui parle avec trop d'enthousiasme de la princesse de Conti, qu'elle avait vue à un bal. Suivant elle, ce n'est point pour la danse qu'on l'admire, « c'est en faveur de cette taille divine, qui emporte l'admiration,

Et fait voir à la cour
Que du maître des dieux elle a reçu le jour. »

La Fontaine, pendant le carnaval de l'an 1689, vit un soir cette jeune princesse parée et prête à partir pour le bal. Il rêva d'elle pendant la nuit : tel fut le motif d'une petite pièce de vers, intitulé *le Songe*, qu'il lui adressa.

La déesse Conti m'est en songe apparue :
Je la crus de l'Olympe ici bas descendue.
Elle étaloit aux yeux tout un monde d'attraits,
Et menaçoit les cœurs du moindre de ses traits.
Fille de Jupiter! m'écriai-je à sa vue,
On reconnoît bientôt de quel sang vous sortez.
L'air, la taille, le port, un amas de beautés,
Tout excelle en Conti, chacun lui rend les armes ;
Sa présence en tous lieux fera dire toujours :
    Voilà la fille des Amours;
    Elle en a la grâce et les charmes.
On ne dira pas moins, en admirant son air :
    C'est la fille de Jupiter.
Quand Morphée à mes sens présenta son image,
Elle alloit en un bal s'attirer maint hommage.
Je la suivis des yeux ; ses regards et son port

Remplissoient en chemin les cœurs d'un doux transport.
Le songe me l'offrit par les Grâces parée ;
Telle aux noces des dieux ne va point Cythérée :
Telle même on ne vit cette fille des flots
Du prix de la beauté disputer dans Paphos.
Conti me parut lors mille fois plus légère
Que ne dansent aux bois la nymphe et la bergère :
L'herbe l'auroit portée ; une fleur n'auroit pas
Reçu l'empreinte de ses pas [1].

Quelle verve ! quelle touche délicate et gracieuse dans un poëte de soixante-huit ans !

Mais à cet âge encore les femmes et le plaisir l'occupaient sans cesse. Le grand prieur de Malte, tandis que son frère, le duc de Vendôme, se battait sur le Rhin, était revenu passer le carnaval à Paris, et faisait au Temple ses orgies accoutumées. La Fontaine s'y trouvait souvent ; et comme il avait coutume d'écrire au duc de Vendôme, qui lui faisait une pension, il termine une lettre en vers, qu'il lui adressa alors, par le récit d'un souper fait au Temple, chez le grand prieur, à la suite duquel on but presque toute la nuit. L'horrible exécution du Palatinat, mis en cendres par ordre de Louis XIV, venait d'avoir lieu ; et on voit que, malgré le désir de faire sa cour, la Fontaine en était péniblement préoccupé, et qu'il ne pouvait s'empêcher de laisser percer les sentiments d'un bon cœur.

Comment, seigneur, pouvez-vous faire ?

[1] La Fontaine, *Poésies diverses*, 7.

Vous plaignez les peuples du Rhin.
D'autre côté, le souverain
Et l'intérêt de votre gloire
Vous font courir à la victoire.
Mars est dur ; ce dieu des combats,
Même au sang trouve des appas.
Rarement voit-on, ce me semble,
Guerre et pitié loger ensemble[1].

Il ajoute :

J'aime mieux les Turcs en campagne
Que de voir nos vins de Champagne
Profanés par des Allemands.

Louis XIV, et, grâce à son influence, la diète qui siégeait à Ratisbonne, excitaient alors les Turcs à faire la guerre à l'empereur d'Allemagne, et c'était un des reproches qu'on faisait au roi de France. La Fontaine approuvait cette politique.

Notre poëte rapporte ensuite un mot du chevalier de Sillery, qu'il trouve excellent : « C'est que, pour bien faire aller les affaires, il faudroit que le pape se fît catholique, et le roi Jacques, huguenot. » Une des grandes causes des malheurs de Jacques II fut un zèle impolitique pour la religion qu'il professait. Quant au pape, s'il désapprouvait les persécutions par le moyen desquelles Louis XIV prétendait convertir ses sujets protestants, il n'en était pour cela que meilleur catholique ; et si notre poëte badine sur ce sujet avec tant

---

[1] La Fontaine, *Lettres à divers*, lettre 29.

de légèreté, c'est qu'on était mieux instruit à Paris des événements de la guerre et de ce qui se passait au delà des frontières, que des fatales conséquences qu'entraînaient dans l'intérieur du royaume les ordres donnés par les ministres.

La Fontaine parle ensuite de sa pension, et fait un aveu bien naïf de la manière dont il se propose d'employer l'argent qu'il recevra du duc de Vendôme. On se rappelle ce que nous avons déjà dit de son goût pour les sculptures et les bustes, dont il ornait sa chambre, et enfin de ses déplorables faiblesses qu'il n'a pu s'empêcher d'avouer, même à Saint-Évremond, homme de bon ton et de bonne compagnie. On pense bien que notre poëte les cache encore moins au duc de Vendôme, pour qui c'était un mérite :

> L'abbé m'a promis quelque argent.
> Amen, et le ciel le conserve !
> Apollon, ses chants et sa verve,
> Bacchus et peut-être l'Amour,
> L'occupent souvent tour-à-tour [1].

L'abbé dont parle ici la Fontaine est le célèbre Chaulieu, qui était chargé de lui payer la pension que lui faisait le duc de Vendôme. Né d'une ancienne famille de Normandie, Chaulieu, après avoir fait des études brillantes, se fit, dès son entrée dans le monde, des protecteurs puissants, par les charmes de son esprit et la

---

[1] La Fontaine, *Lettres à divers*, lettre 29.

gaieté de son caractère. Il avait été, au collége, le condisciple du prince et de l'abbé de Marcillac, tous deux fils du duc de la Rochefoucauld, qui furent depuis ses amis. Il fut accueilli avec empressement par le duc et la duchesse de Bouillon, et par le prince de Conti.

Mais de toutes ses liaisons avec les personnes d'un rang supérieur, aucune ne fut plus intime, et ne servit autant à sa fortune, que celle qu'il forma avec les deux princes de Vendôme. Il eut la direction de leurs affaires, et ils lui procurèrent un revenu de trente mille francs en bénéfices. Il s'abandonna dès lors à son goût pour les plaisirs et la poésie. Élève de Chapelle et de Bachaumont, il fut plus incorrect qu'eux, et cependant plus poëte. Il était l'ami intime du marquis de la Fare, et lié avec J.-B. Rousseau, la Fontaine, et tous les beaux esprits qui se réunissaient au Temple, où il avait fixé son séjour[1]; aussi a-t-il été, par son genre de vie et par ses productions, surnommé à juste titre l'Anacréon du Temple[2]. On peut juger combien les relations de la Fontaine avec un homme de ce caractère devaient être agréables. Notre poëte lui était en grande partie redevable des bienfaits des princes de Vendôme, et la suite de l'épître dont nous nous occupons ne

---

[1] Chaulieu, *OEuvres*, 1774, t. 1, p. 88.

[2] Conférez les différentes notices que Saint-Marc a mises en tête des *OEuvres de Chaulieu*, Paris, 1757, 2 vol. in-12; les notes qui sont à la fin de l'édition des *OEuvres de Chaulieu*, donnée par Fouquet, en 2 vol. in-8°, Paris, 1774, et une note du catalogue manuscrit de l'abbé Goujet, publiée par M. Barbier dans son *Dictionnaire des ouvrages anonymes et pseudonymes*, 1823, in-8°, t. II, p. 499, n° 13164.

laisse aucun doute à cet égard. La Fontaine, parlant toujours de l'abbé de Chaulieu, continue ainsi :

> Il veut accroître ma chevance.
> Sur cet espoir, j'ai par avance
> Quelques louis au vent jetés,
> Dont je rends grace à vos bontés.
> ....
> Le reste ira, ne vous déplaise,
> En bas-reliefs, *et cætera :*
> Ce mot-ci s'interprétera
> Des Jeannetons, car les Clymènes
> Aux vieilles gens sont inhumaines [1].

Il fait ensuite la description du souper, et donne à entendre que, le verre en main, il ne veut connaître que des égaux :

> Jusqu'au point du jour on chanta,
> On but, on rit, on disputa,
> On raisonna sur les nouvelles;
> Chacun en dit, et des plus belles.
> Le grand prieur eut plus d'esprit
> Qu'aucun de nous sans contredit.
> J'admirai son sens ; il fit rage ;
> Mais, malgré tout son beau langage
> Qu'on étoit ravi d'écouter,
> Nul ne s'abstint de contester.
> Je dois tout respect aux Vendômes ;
> Mais j'irois en d'autres royaumes,
> S'il leur falloit en ce moment
> Céder un ciron seulement [2].

[1] La Fontaine, *Lettres à divers*, lettre 29.
[2] Id., ib.

Quand l'aurore parut, les convives se séparèrent et la Fontaine fut reconduit chez lui par Lanjeamet.

> La nuit étant sur son déclin,
> Lorsque j'eus vidé mainte coupe,
> Lanjeamet, aussi de la troupe,
> Me ramena dans mon manoir.

Lanjeamet, dont le nom revient assez souvent dans les vaudevilles satiriques faits contre la cour, était un petit homme avec un grand nez de perroquet élevé et recourbé qui lui couvrait tout le visage. Il avait de l'esprit, beaucoup d'intrigue, une voix de fausset; il parlait sans cesse, décidait, tranchait et se fourrait partout. C'était, selon Saint-Simon, un de ces insectes de cour que l'on est toujours surpris d'y voir et dont le peu de conséquence fait toute la considération : cependant il ne manquait pas de valeur, il avait été longtemps lieutenant au régiment des gardes, et, ayant fait une campagne comme aide de camp du roi, il fut nommé gouverneur d'une ville de Bretagne. Dans sa vieillesse il épousa secrètement la fille d'un procureur, son ancienne maîtresse; il déclara ensuite ce mariage. « Elle avoit de la beauté, dit Saint-Simon, mais de l'intrigue comme quatre diables [1]. »

Le prince de Conti se délassait aussi à l'armée des fatigues de la guerre, par les lettres que la Fontaine lui écrivait. Notre poëte lui mandait fort exactement toutes

---

[1] Voyez Saint-Simon, *Mémoires*, t. VI, p. 201.

les nouvelles de Paris. Une affaire particulière y faisait alors beaucoup de bruit, et occupa un instant les oisifs de la capitale plus que les opérations des armées et la révolution d'Angleterre. Ce fut le procès de mademoiselle de la Force avec le président Briou et son fils. La Fontaine, qui se trouvait présent lorsque cette cause fut plaidée et jugée, en fait un récit burlesque au prince de Conti ; mais, pour bien le comprendre, il est nécessaire d'entrer dans quelques détails : on me les pardonnera d'autant plus facilement qu'ils seront, je crois, entièrement neufs pour tous les lecteurs.

On a écrit plusieurs notices sur mademoiselle de la Force, connue par ses romans historiques ; mais dans aucune on ne trouve le moindre récit des circonstances de sa vie [1]. Enfin les erreurs de noms et de dates que renferment, relativement à cet objet, les ouvrages les plus savants, ont rendu nos recherches assez difficiles [2], et ont achevé de nous démontrer que les aventures dont la Fontaine entretient dans sa lettre le prince de Conti, et qui occupaient alors si fortement la cour et la ville, sont aujourd'hui ensevelies dans l'oubli le plus complet.

Charlotte Rose de Caumont de la Force était la pe-

---

[1] Conférez l'*Histoire littéraire des femmes françoises*, t. II, p. 307-308. Chaudon, *Dictionnaire*, la *Biographie universelle*, t. XV, p. 248 ; de la Borde, *Notice sur mademoiselle de la Force* en tête de l'édition de l'*Histoire secrète de la maison de Bourgogne*, Paris, Didot aîné ; et surtout le *Journal des Audiences*.

[2] Conférez Anselme, *Histoire généalogique de la maison de France*, in-fol., t. IV, p. 1728 ; *Dictionnaire de la noblesse*, t. IV, p. 49 ; Dangeau, *Mémoires*, t. I, p. 200 ; le *Journal des Audiences*, t. IV, p. 189 ; l'*État de la France*, 1692, in-12, t. II, p. 573. On a écrit *Brion* au lieu de *Briou*.

tite-fille de Jacques de la Force, maréchal de France [1]. Sa famille, une des plus anciennes de la monarchie, alliée aux premières maisons de France, avait pris le parti de la réforme, et, souvent opposée à la cour, était depuis longtemps en défaveur [2]; aussi ne possédait-elle pas les richesses nécessaires au soutien de sa grande illustration. Mademoiselle de la Force entra donc dans le monde dénuée de richesse et même d'attraits. Madame, qui en parle dans ses lettres avec beaucoup de détails, nous apprend qu'elle était laide [3] : cependant la nature lui avait donné un penchant très-prononcé pour le plaisir, et une imagination vive; son esprit était cultivé, son caractère aimable, ses manières engageantes et gracieuses.

Elle mit tous ses soins à tâcher de réparer les torts de la fortune par un mariage avantageux. Reçue comme demoiselle de compagnie chez madame de Guise, elle fut remarquée à la cour, et obtint de brillants succès par les grâces de son esprit [4]. Elle inspira une passion très-vive au marquis de Nesle, qui voulut l'épouser;

---

[1] Anselme, *Histoire généalogique de la maison de France*, t. IV, p. 1728.
[2] Voyez Pierre Lenet, *Mémoires*, année 1650, t. LIII, p. 277-319 de la collection de MM. Petitot et Monmerqué, 1826, in 8°.
[3] *Fragments de lettres originales de* Madame, *Charlotte-Élisabeth de Bavière*, 1788, in-12, t. I, p. 48 à 53; ou *Mémoires sur la cour de Louis XIV et de la régence, extraits de la correspondance allemande de* Madame, *Élisabeth-Charlotte, duchesse d'Orléans*, Paris, 1823, in-8°, p. 341 à 343; *Recueil manuscrit de chansons historiques et critiques*, in-folio, t. III, p. 428 verso. *Mémoires, fragments historiques et correspondance de Madame la duchesse d'Orléans, princesse palatine, mère du régent*, Paris, 1833, in-8°, p. 390 à 392.
[4] L. S. Desmay, *l'Ésope du temps, fables nouvelles*, 1677, in-12, p. 15.

mais les parents du jeune marquis s'y opposaient vivement, parce qu'elle était sans biens, et parce qu'elle avait quitté madame la duchesse de Guise d'une manière peu convenable. Le grand Condé, parent du marquis de Nesle, pour le distraire de son amour et l'empêcher de se marier, le mena à Chantilly, où il assembla toute sa famille, qui, à l'unanimité, déclara de nouveau que jamais elle ne consentirait à cette union. Le marquis de Nesle, désespéré, voulut, dit-on, se détruire. Comme c'est vers cette époque que paraît avoir existé l'intrigue de mademoiselle de la Force avec l'acteur Baron, il est probable qu'on en donna connaissance au marquis de Nesle, et qu'il fut guéri de son amour : un peu honteux d'avoir si mal placé ses affections, il fit accroire à MADAME que mademoiselle de la Force avait usé de sortilége pour se faire aimer. C'est la seule manière dont on puisse expliquer le singulier récit que MADAME fait à ce sujet [1] avec un sérieux qui étonne.

---

[1] MADAME, *Fragments de lettres originales*, etc., 1798, in-12, p. 49 et 50 ou *Mémoires sur la cour de Louis XIV et de la régence*, 1823, in-8°, p. 341 à 343; *Chansons historiques et critiques*, manuscrit, t. III, p. 348. Voici sur mademoiselle de la Force une anecdote que M. Van Praët a extraite d'un recueil manuscrit formé par M. de Brienne : « La célèbre made-
« moiselle de la Force, parmi toutes ses galanteries, connues de tout le
« monde, en a eu une avec Baron le père qui fit grand bruit. Un jour, après
« avoir passé la nuit avec elle, il étoit sorti de grand matin pour éviter le
« scandale; mais, ayant oublié de lui dire quelque chose qui étoit très-
« pressé, il retourna chez elle à son lever, et, comme il étoit fort familier,
« il entra dans la chambre où elle étoit encore au lit sans se faire annoncer.
« La demoiselle se crut obligée de s'en fâcher, parce qu'elle avoit auprès
« d'elle deux prudes qui auroient pu s'en scandaliser. En sorte que, prenant
« un ton sérieux, elle demanda brusquement à Baron *de quel droit il se*
« *donnoit les airs d'entrer si familièrement dans sa chambre*. Baron,

Mademoiselle de la Force fut réduite à faire des romans pour vivre. On ne peut douter que, malgré son défaut de beauté, elle ne fût très-séduisante, puisqu'elle parvint, âgée de plus de trente-trois ans, à inspirer encore le plus violent amour au fils du président Briou, jeune homme bien fait, aimable, et qui n'avait pas encore atteint l'âge de vingt-cinq ans.

Comme il était fils unique et héritier d'une grande fortune, ses parents, et surtout son père, s'opposèrent fortement au mariage qu'il voulait contracter. Mais le jeune Briou se montra décidé à tout sacrifier, et à braver l'autorité paternelle, pour satisfaire la passion qui le dominait. Alors on le retint prisonnier, et on eut soin de lui interdire toute communication avec celle qui l'avait séduit. Celle-ci comprit que l'âge où elle était parvenue ne lui permettait pas de différer la conclusion de cette affaire, et que le temps seul suffirait pour faire avorter ses projets : elle essaya donc d'établir une correspondance avec son amant; mais il était gardé avec tant de vigilance, qu'elle vit d'abord échouer toutes ses tentatives. Elle parvint cependant enfin à gagner un trompette, qui était en même temps un conducteur d'ours, et, par son moyen, elle fit dire au prisonnier qu'elle irait le voir déguisée en ours. Elle vint en effet, revêtue d'une peau d'ours, et dansa devant lui avec les ours que le trompette avait amenés.

« piqué de la réprimande, répondit froidement : « *Je vous demande excuse,*
« *c'est que je venois chercher mon bonnet de nuit que j'avois oublié ici ce*
« *matin.* »

Briou parut s'amuser beaucoup des jeux et de la pantomime de ces animaux si bien apprivoisés; et ceux qui le surveillaient, ne pouvant soupçonner une telle ruse, partagèrent la gaieté qu'il feignait d'éprouver, et éclatèrent de rire lorsqu'ils virent un de ces ours folâtrer avec lui et approcher son museau du visage du jeune homme, comme pour lui parler. Les accents de cette voix chérie, murmurés doucement à son oreille, firent encore sur lui, sous ce déguisement bizarre, une impression plus profonde; et mademoiselle de la Force laissa son amant fortement résolu à suivre les conseils qu'elle lui avait donnés. En conséquence, dès le lendemain, il déclara à son père que ses sages réflexions l'avaient tout à fait persuadé de la folie de son amour, et qu'il n'avait plus aucune envie de se marier : on le crut sur sa parole, et on le relâcha. Il usa de sa liberté pour rejoindre son amante, et ne revint pas dans la maison paternelle.

Briou était devenu majeur le 10 avril 1687, et le 22 mai, malgré les remontrances et l'opposition formelle de son père, il passa son contrat de mariage avec mademoiselle de la Force : les deux conjoints reçurent la bénédiction nuptiale le 7 juin, par l'entremise d'un simple prêtre, nommé Jean du Croy, qui officia sans dispense du curé. Ils allèrent ensemble, avant cette cérémonie, pour faire signer leur contrat à madame la duchesse de Navailles, autrefois gouvernante des filles d'honneur, et qui, par sa louable sévérité, s'était attirée la disgrâce de Louis XIV et avait conquis son estime :

elle signa l'acte, en ayant soin seulement d'y faire ajouter ces mots : « Auquel seigneur président, son père, il communiquera par respect son futur mariage, et espère en obtenir l'agrément. » Ce contrat fut encore signé par d'autres personnages considérables. Enfin les deux époux furent présentés au roi, qui les reçut avec bonté, et leur accorda même un logement dans les dépendances de son château de Versailles. Ils vécurent ainsi comme personnes mariées à la vue de toute la cour et de tous les grands du royaume : madame de Briou allait presque tous les jours chez la dauphine de Bavière, qui l'aimait beaucoup à cause de son esprit [1], et eut même l'honneur de danser avec le Dauphin à la fête que Monsieur donna dans son château de Saint-Cloud, le 27 novembre 1687, en réjouissance de l'heureux succès de l'opération faite sur la personne du roi [2].

Mais le président Briou, furieux de voir son autorité méprisée, et mécontent de ce mariage, avait, dix jours après sa célébration, fait procéder à une information. Il prétendait prouver que cet hymen avait été conclu illégalement, et qu'il devait être annulé. Cependant, comme il vit que mademoiselle de la Force avait de puissants appuis à la cour et dans le monde, et que le roi l'avait prise sous sa protection, il chercha à négocier avec elle,

---

[1] MADAME, *Fragments de lettres*, etc., t. 1, p. 51, ou *Mémoires sur la cour de Louis XIV et de la régence*, 1823, in-8, p. 341 à 343.

[2] Voyez le récit fidèle de cette fête, mis en vers par Laurent, dans la Bibliothèque du roi, manuscrit Y, 5243, imprimé dans les *Mémoires intéressants pour servir à l'histoire de France, ou Tableau des maisons royales*, par Poncet de la Grave, 1789, in-12, t. IV, p. 24 et 138.

et lui offrit une forte somme d'argent si elle voulait consentir à la rupture du mariage : elle s'y refusa.

Ce fut alors que le président Briou alla trouver le roi, qu'il lui exposa les motifs qu'il avait pour considérer le mariage de son fils avec mademoiselle de la Force comme nul, et pour lui faire part de l'intention où il était de le faire casser. Le roi lui répondit qu'il n'empêchait pas le cours de la justice, mais qu'il serait fâcheux de donner le scandale d'un tel procès avec une fille de la qualité de mademoiselle de la Force [1].

Cette réponse n'arrêta point le président Briou ; il fit incarcérer son fils à Saint-Lazare ; et moitié par crainte, moitié par persuasion, il le fit consentir à se joindre à lui pour demander la nullité du mariage [2]. Les nombreux parents et les amis de M. le duc de la Force et de sa fille se plaignirent au roi, qui promit de s'intéresser à cette affaire, et qui ordonna, en attendant, à madame d'Arpajon de prendre avec elle la nouvelle mariée [3]. Louis XIV daigna condescendre jusqu'à parler au président Briou pour l'engager à arrêter les poursuites ; mais, malgré cette puissante intercession, le président demeura inflexible.

Alors vingt-deux des parents de mademoiselle de la Force, parmi les personnes les plus considérables et les plus puissantes du royaume, les Biron, les Lauzun, les d'Uzès, les d'Elbœuf, les la Feuillade, les Montespan,

---

[1] Dangeau, *Mémoires*, t. I, p. 202, sous la date du 14 mai 1687.
[2] Id., p. 210, sous la date du 8 décembre 1687.
[3] Id., p. 217, sous la date du 17 janvier 1688.

les Pardaillon, les Navailles, les Noguet et d'autres, d'une naissance également illustre, s'agitèrent et intervinrent dans le procès. Aussi cette cause fut-elle plaidée définitivement et sur appel, le 15 juillet 1689, toutes les chambres assemblées, attendu, dit le *Journal des Audiences*, la qualité des personnes pour lesquelles la contestation était formée.

La cour, lorsque les plaidoiries furent terminées, sans avoir égard à l'intervention des parents, déclara qu'il y avait eu abus dans la célébration du mariage du sieur Briou et de la demoiselle de la Force, et qu'il était nul. Elle condamna la demoiselle de la Force à mille francs, et le sieur Briou à trois mille francs d'amende, et ordonna que le prêtre Jean du Croy, qui avait célébré ce mariage, serait arrêté, et que son procès lui serait fait à la requête du procureur général [1].

Ainsi finit cette célèbre affaire, dans laquelle Louis XIV, comme dans plusieurs autres occasions, se montra grand monarque, en ne gênant en rien l'indépendance de la justice, et en préférant l'exécution des lois à l'accomplissement de ses volontés [2].

La Fontaine, ainsi que nous l'avons dit, était présent à la plaidoirie et au jugement qui fut rendu dans cette cause : le récit qu'il en fait, dans sa lettre au prince de

---

[1] Nicolas Nupied, *Journal des principales audiences du parlement, avec les principaux jugements qui ont été rendus*, Paris, in-folio, 1733, t. IV, p. 189, chap. 26, sous la date du 15 juillet 1689. Dans ce livre comme dans plusieurs de ceux qui sont cités précédemment, au lieu de *Brion*, lisez : *Briou*.

[2] MADAME, *Fragments de lettres, etc.*, t. I, p. 48.

Conti, est très-plaisant, et en même temps fort exact : après l'avoir terminé, il ajoute :

> La Force, non sans quelque honte,
> A vu rompre les doux liens
> Qui lui promettoient de grands biens.
> Doux liens? Ma foi non, beau sire.
> Sur ce sujet c'est assez rire.
> Je soutiens et dis hautement
> Que l'hymen est bon seulement
> Pour les gens de certaines classes.
> Je le souffre en ceux du haut rang,
> Lorsque la noblesse du sang,
> L'esprit, la douceur et les graces
> Sont joints aux biens; et lit à part.
> Il me faut plus à mon égard.
> Et quoi? — De l'argent sans affaire;
> Ne me voir autre chose à faire,
> Depuis le matin jusqu'au soir,
> Que de suivre en tout mon vouloir;
> Femme, de plus, assez prudente
> Pour me servir de confidente.
> Et quand j'aurois tout à mon choix,
> J'y songerois encor deux fois [1].

Cette déclaration du bonhomme était bien franche et bien sincère. Il oubliait qu'il était marié, et il le pouvait facilement, car depuis longtemps il se comportait comme s'il ne l'avait jamais été. Au reste, son bon cœur perce à la fin de sa lettre. Il dit au prince de Conti qu'il lui écrit *sub sigillo confessionis,* et il le supplie de ne communi-

---

[1] La Fontaine, *Lettres à divers,* lettre 27.

quer sa lettre à personne. « Mademoiselle de la Force
« est trop affligée, et il y auroit de l'inhumanité à rire
« d'une affaire qui la fait pleurer si amèrement [1]. »

Notre poëte eut souvent occasion depuis de voir mademoiselle de la Force chez les deux princesses de Conti, qui aimaient son esprit. Elle a dédié, par des épîtres versifiées avec grâce, à l'une son *Histoire secrète de Bourgogne*, à l'autre l'*Histoire de Marguerite de Valois*[2] : elle fut fort liée avec Chaulieu et avec toutes les personnes de la société du duc de Vendôme que fréquentait la Fontaine[3]. Longtemps après on attribua à mademoiselle de la Force des chansons satiriques et impies, qui coururent manuscrites sur diverses personnes de la cour[4] : ce motif, joint à sa conduite assez scandaleuse, détermina Louis XIV à lui ordonner de sortir du royaume, ou d'accepter de lui une modique pension, en entrant dans un couvent[5]. Comme elle n'avait rien, elle choisit

---

[1] Cette lettre ne fut connue qu'en 1729 par la publication des *Œuvres diverses de la Fontaine*, in-8°, t. II, p. 142. Conférez encore Mathieu Marais, *Histoire de la vie et des ouvrages de la Fontaine*, p. 109, édit. in-12, ou p. 143, édit. in-18.

[2] L'*Histoire secrète de Bourgogne*, 1694, 2 vol. in-12, est dédiée à la princesse douairière de Conti (ci-devant mademoiselle de Blois) ; l'*Histoire de Marguerite de Valois, reine de Navarre*, 1720, 4 vol. in-12, est dédiée à madame la princesse de Conti, la jeune. La Borde, en réimprimant ces deux ouvrages dans sa *Collection de romans historiques relatifs à l'histoire de France*, a eu tort de supprimer ces épîtres dédicatoires. Conférez encore MADAME, *Fragments de lettres*, etc., t. I, p. 52.

[3] Chaulieu *Épître au nom de mademoiselle de la Force à mademoiselle d'Aligre de Boislandrt*, t. II, p. 219, édit. de Cazin, 1777, in-18.

[4] Bayle, *Lettres choisies*, édit. 1724, t. II, p. 555 et 556.

[5] Sandras de Courtilz, *Annales de la cour et de Paris*, t. I, p. 92 et 93. A la page 85, où il est question de mademoiselle de la Force, au lieu de *Nesse*, lisez : *Nesle*, et au lieu de *Brion*, lisez : *Briou*.

ce dernier parti ; mais, dans cette retraite, elle entretenait encore des correspondances avec ses anciens amis. Une épître en vers qu'Hamilton lui adressa en réponse à une de ses lettres prouve néanmoins qu'elle était revenue de ses égarements, et qu'elle avait enfin pris des sentiments conformes à sa nouvelle situation : ce qui ne convenait guère au gai et spirituel historien des aventures libertines du comte de Grammont. Aussi cherche-t-il, dans son épître, à la faire renoncer à son nouveau genre d'existence.

>La Force, croyez-moi, passons dans l'innocence,
>   Dans le repos et dans l'aisance,
>Ce qui reste à fêter de nos tranquilles jours ;
>Des muses et des chants empruntons le secours...
>   Sortez donc d'un triste manoir ;
>   Il feroit vraiment beau vous voir
>   Derrière un parapet de grilles,
>   Nous entretenir au parloir !...
>Revoyons-nous bientôt chez la troupe divine,
>   Près de l'hôtel de Vilgagnon [1].

Mademoiselle de la Force ne céda point aux instances d'Hamilton ; elle persista dans la résolution qu'elle avait prise, et mourut à Paris, dans le couvent où elle s'était retirée, en mars 1724, âgée d'environ soixante-dix ans [2].

La lettre de la Fontaine au prince de Conti, relative

---

[1] Hamilton, *OEuvres*, 1812, in-8°, t. III, p. 237.
[2] Conférez Anselme, *Hist. généal. de la maison de France*, in-fol., t. IV, 1728 ; la *Biographie universelle* ; le *Dictionnaire historique* de Chaudon.

à l'affaire de mademoiselle de la Force, est uniquement consacrée à ce sujet ; mais il n'en est pas de même de celle qu'il lui adressa le mois suivant. Cette seconde lettre est, comme l'autre, en prose et en vers ; la Fontaine y parle des nouvelles de diverses parties de l'Europe, qui faisaient le sujet des conversations de Paris. Il débute d'abord par des stances à la louange de la princesse de Conti, qui commencent cependant par son propre éloge ; ce qui ne réussit qu'aux bons poëtes, toujours sûrs de ne pas être démentis par leurs lecteurs.

> J'ai rang parmi les nourrissons
> Qui sont chers aux doctes pucelles,
> Et souvent j'ose en mes chansons
> Célébrer des rois et des belles [1].

De la princesse de Conti, la Fontaine passe aux affaires d'Italie : « C'est-à-dire d'une princesse extrêmement « vive, à un pape qui va mourir.

> Celui-ci véritablement
> N'est envers nous ni saint, ni père :
> Nos soins, de l'erreur triomphants,
> Ne font qu'augmenter sa colère
> Contre l'aîné de ses enfants.
> Sa santé toujours diminue.
> L'avenir m'est chose inconnue,
> Et je n'en parle qu'à tâtons ;
> Mais les gens de delà les monts
> Auront bientôt pleuré cet homme ;

---

[1] La Fontaine, *Lettres à divers*, lettre 28.

Car il défend les Jeannetons,
Chose très nécessaire à Rome[1]. »

La Fontaine, qui écrivait cette lettre le 18 août 1689, ne pouvait savoir que, six jours auparavant, le pape était mort, universellement et justement regretté. Le peuple de Rome, quand il l'eut perdu, l'invoqua comme un saint, et se disputa ses reliques[2].

En effet, Benoît Odescalchi, qui prit le nom d'Innocent XI en montant sur le trône de saint Pierre, qu'il occupa près de treize ans, est un des hommes qui ont le plus honoré la tiare par leur désintéressement, leur piété, leur zèle pour le maintien de la discipline, leur haine pour le népotisme, la fermeté de leur caractère, et leur talent comme souverains[3].

Quelle que soit l'opinion que l'on puisse avoir des démêlés de la cour de Rome avec Louis XIV, relativement au droit de régale, à celui de franchise des ambassadeurs, et aux quatre articles promulgués par le clergé de France en 1682, tout le monde conviendra aujourd'hui qu'Innocent XI avait raison de désapprouver les persécutions et les supplices que Louis XIV employait pour convertir ses sujets à la foi catholique; que ce pape faisait bien de protester contre ces moyens violents, et d'affirmer que, également contraires aux lois di-

---

[1] La Fontaine, *Lettres à divers*, lettre 28 ; Bayle, *Dictionnaire*, article *Innocent XI*, t. II, p. 1549.
[2] D. Clément, *Art de vérifier les dates*, t. I, p. 345 ; de Beausset, *Vie de Bossuet*, liv. VI, t. II, p. 94 à 230.
[3] *Épître du duc de Nevers à Bourdelot* dans les *OEuvres de Saint-Évremond*, 1753, in-12, t. IV, p. 265.

vines et humaines, ils nuisaient à la cause sacrée qu'on prétendait servir [1].

Mais alors on ne pensait point aussi sagement en France : tout le clergé semblait insurgé contre Rome et protestait depuis plusieurs années contre les brefs qui en émanaient. Le chanoine de Maucroix, cet ami de notre poëte, quoique aussi amoureux du repos que le peut être un chanoine, avait pris part à ces grands débats, et signé, il se pourrait même rédigé les lettres et les violentes protestations qui, à cette époque, furent envoyées, au nom de tous les évêques et théologiens de France, au souverain pontife [2]. Nous voyons que la Fontaine, très-indifférent sur ces matières, et qui n'était que l'écho de l'opinion commune [3], trouve fort étrange que le pape n'approuve pas « nos soins de l'erreur triomphants. » Le pieux et doux Racine, qui par ses lumières était bien capable d'en juger en cou-

---

[1] Ce furent les évêques et les ministres qui, dès l'année 1678, déterminèrent le roi à la révocation de l'édit de Nantes. (Voyez Caylus, *Souvenirs*, t. LXVI, p. 370 de la collection.)

[2] Voyez les *Actes de l'assemblée générale du clergé de France de 1682, sur les affaires*, etc., chez Frédéric Léonard, 1682, in-4°, p. 8, 22, 41, 54. Ces pièces sont toutes signées Maucroix, chanoine de Reims, secrétaire et courrier théologal. Voyez encore *Epistola cleri Gallicani Parisiis congregati ad S. D. N. Innocentium papam undecimum*, 1682, in-4°, p. 23; *Epistola conventus cleri Gallicani*, etc., Parisiis, apud Frederic Leonard, p. 9. A la fameuse déclaration du 19 mars, Fr. Maucroix est encore mentionné comme signataire. Voyez encore la *Vie d'Antoine Arnault*, 1783, in-4°, p. 229. Sur les tristes effets et les causes des persécutions contre les protestants, voyez surtout les *Mémoires de Noailles*, t. LXXI, p. 151 à 290, de la collection de *Mém. relatifs à l'hist. de France*.

[3] Voyez ci-dessus, p. 138; madame Deshoulières, *OEuvres*, 1764, in-12, t. I, p. 167; la Bruyère, *Caractères*, chap. X.

naissance de cause, en voulait à Innocent XI de ne pas favoriser les mesures que prenait le roi de France, pour détruire l'hérésie : dans le prologue d'*Esther*, Racine s'exprime à ce sujet, contre le saint-père, avec une âcreté remarquable. La Piété, dans ce prologue, en s'adressant au vrai Dieu, et en lui parlant de Louis XIV, dit :

> Tout semble abandonner tes sacrés étendards,
> Et l'enfer, couvrant tout de ses vapeurs funèbres,
> Sur les yeux les plus saints a jeté ses ténèbres.
> Lui seul, invariable et fondé sur la foi,
> Ne cherche, ne regarde, et n'écoute que toi.

Ce n'était pas un bon moyen de se réconcilier avec le pape, que de dire qu'il était aveuglé par l'enfer et que Louis XIV était seul éclairé en matière de foi, et le seul soutien de la vraie religion. Nul ne sera non plus tenté de nier qu'Innocent XI faisait aussi très-bien de tâcher de diminuer dans ses États le nombre des *Jeannetons*, dont la nécessité, même à Rome, n'est pas mieux démontrée en bonne police qu'en bonne morale. La Fontaine regrette de donner un nom si commun à ces nymphes d'au delà des monts; sans la rime, il les eût appelées *Chloris*. Après avoir badiné un instant sur ce sujet graveleux, il passe aux affaires d'Angleterre; mais, pour bien comprendre ce qu'il en dit, il faut se transporter aux temps où il écrivait, et connaître quelle était alors la disposition des esprits.

Les députés des communes qui avaient siégé dans le parlement durant le règne de Charles II, réunis avec la chambre des pairs en convention nationale, avaient déclaré que Jacques II, par sa fuite, s'était désisté de la couronne d'Angleterre, et ils avaient proclamé souverains de la Grande-Bretagne le prince d'Orange et sa femme [1]. Sur quoi la Fontaine dit dans sa lettre :

> Dieu me garde de feu et d'eau,
> De mauvais vin dans un cadeau [2],
> D'avoir rencontres importunes
> De liseurs de vers sans répit,
> De maîtresse ayant trop d'esprit,
> Et de la chambre des Communes!

Cependant, par l'assistance de Louis XIV, Jacques II se transporta en Irlande, que Bonrepaux, prévoyant la révolution, avait, d'accord avec Tyronnel, préparée dès longtemps à le recevoir [3]. Là il fut accueilli avec une joie extraordinaire. Londonderry fut la seule ville qui ne voulut pas le reconnaître [4]. Il assiégeait cette ville, où les rebelles s'étaient retirés, à l'époque à laquelle la Fontaine écrivait sa lettre au prince de Conti, c'est-à-dire dans le mois de mai 1689. Divers bruits couraient à Pa-

---

[1] Hume's *History of England*, 1782, in-8°, t. VIII, p. 319; Misson, *Mémoires d'un voyageur en Angleterre*, 1698, in-12, p. 166 à 172.

[2] C'est-à-dire dans un repas ou une fête donnée principalement à des dames. Telle était alors la signification du mot *cadeau*. (Voyez la Fontaine, *Lettres à divers*, lettre 28, édit. 1823, in-8°, t. VI, p. 599, note 1; et ajoutez aux citations de cette note : Molière, les *Précieuses ridicules*, scène 12, et *l'École des Maris*, acte I, scène 2 ; t. II, p. 59 et 279 de l'édit. de M. Auger.)

[3] Voyez les dépêches de Bonrepaux à Seignelay, citées par Mazure, *Hist. de la révol. de 1688 en Angleterre*, liv. XVI, t. II, p. 270, 281, 287 et 288.

[4] Berwick, *Mémoires*, t. I, p. 47 et 54 ; Burnet's *Hist. of his own time*, 1753, in-12, t. IV, p. 26 ; Misson, *Mémoires*, p. 171, 172 et 178.

ris sur l'issue de ce siége et sur les événements de la guerre d'Irlande.

Quels que fussent les torts de Jacques II en politique, on le reconnaissait universellement pour un souverain clément, pour un homme bon et sensible, et l'Europe n'avait pu voir sans horreur un gendre détrôner son beau-père, un père abandonné par ses deux filles [1], un roi trahi et persécuté par des sujets qui lui devaient leur fortune et leur élévation. Parmi ceux dont la conduite révolta davantage fut Churchill, depuis si célèbre sous le nom de duc de Marlborough, l'ami intime et le favori de Jacques II, et le confident de ses amours avec sa sœur Arabella [2]. La Fontaine cependant n'en parle pas, parce que sa trahison, déjà ancienne, n'était plus la nouvelle du jour; mais il fait mention des lords Halifax [3] et Danby [4], qui contribuèrent le plus à faire décerner la couronne d'Angleterre au prince d'Orange et à sa femme, et qui cependant avaient reçu les plus grands bienfaits de Jacques II et de son

---

[1] Mazure, *loc. cit.*, t. II, p. 321; t. III, p. 20 et 206.

[2] Mazure, *loc. cit.*, t. III, p. 210, 321 et 328.

[3] Georges Saville, successivement vicomte, comte et marquis d'Halifax. Voyez Mazure, *Hist. de la révol. de 1688*, 1825, in-8°, t. I, p. 210, 269, 373, 389, 393, 414; t. II, p. 57; t. III, p. 40, 60, 255, 262, 266, 267, 268, 269, 337, 356 et 357; Hume's *History of England*, 1782, in-8°, t. VIII, p. 175, 218, 283 et 302; Burnet's *Hist. of his own time*, 1753, in-12, t. III, p. 50, 52, 68, 136, 259 et 267.

[4] Humes's *History of England*, t. VII, p. 512; t. VIII, p. 11, 63, 78, 86, 87, 88, 97, 205, 226, 283, 313; Burnet's *Hist. of his own time*, t. III, p. 136, 214, 216, 254, 294, 296 et 297; t. IV, p. 5; *Vie de Jacques II d'après les Mémoires écrits de sa main*, 1819, in-8°, t. III, p. 336; Mazure, *loc. cit.*, t. III, p. 350.

frère Charles II. Il paraît aussi qu'alors il courait des bruits peu avantageux sur Bentinck[1] : ce favori du prince d'Orange était accusé de s'être approprié des deniers publics.

> Halifax, Bentinck et Danby
> N'ont qu'à chercher quelque alibi
> Pour justifier leur conduite.
> Quoi qu'en puisse dire la suite,
> C'est un très-mauvais incident.
> Halifax sembloit fort prudent.
> Danby, je ne le connois guère.
> Bentinck à son maître sut plaire,
> Jusqu'à quel point, je n'en dis mot :
> S'il n'eût été qu'un jeune sot,
> Comme sont tous les Ganymèdes,
> On auroit enduré de lui,
> Et dans la pièce d'aujourd'hui
> Bentinck feroit peu d'intermèdes ;
> Mais prompt, habile, diligent
> A saisir un certain argent,
> Somme aux inspecteurs échappée,
> Il a du côté de l'épée
> Mis, ce dit-on, quelques deniers.
> Après tout, est-il des premiers
> A qui pareille chose arrive ?
> Ne faut-il pas que chacun vive ?
> Cependant il a quelque tort,
> Si le gain est un peu trop fort,

---

[1] Sur Bentinck, voyez Mazure, *loc. cit.*, t. III, p. 350. Gourville, dans ses *Mémoires*, t. LII, p. 485 de la collection, défigure le nom de Bentinck, qu'il écrit *Bentem* ; la Fontaine écrivait *Bentin*. Voyez aussi Voltaire, ch. X du *Siècle de Louis XIV* ; il écrit *Benthein*.

Vu les Anglois et leurs coutumes.
Le proverbe est bon, selon moi,
Que, qui l'oüe [1] a mangé du roi,
Cent ans après en rend les plumes.
Manger celle du peuple anglois
Est plus dangereux mille fois.
Bentinck nous en saura que dire :
Je n'y vois pour lui point à rire,
On va lui barrer bien et beau
Le chemin aux grandes fortunes [2].

Je suis loin de donner pour des autorités historiques les vers de notre poëte, et ce qui se débitait alors à Paris sur les serviteurs du prince d'Orange, qui n'était guère aimé [3]; mais il n'y a point lieu de douter que ce *Bentin* (c'est ainsi qu'a écrit la Fontaine ou son éditeur) ne soit le Bentinck qui eut toute la confiance de Guillaume III. Hollandais, et né en 1648, William Bentinck fut d'abord page d'honneur du prince d'Orange [4]. En 1688 il fut envoyé par lui pour complimen-

---

[1] On écrivait autrefois l'*ouë* pour l'*oie*.
   C'est toy qui maints de lôs très amples douës,
   Mais endroit moy tu fais cygnes les ouës.
     Marot, *Rondeaux*, 21, t. II, p. 380, édit. 1731, in-12.

[2] La Fontaine, *Lettres à divers*, lettre 28.

[3] Après la bataille de la Boigne, un nommé la Badie, valet de chambre de Jacques II, qui s'était enfui d'Irlande, fit courir le bruit de la mort de Guillaume, et occasionna en France des réjouissances publiques. Voyez les *Chansons critiques et historiques*, manuscrit, t. III, p. 37; Capefigue, *Louis XIV et son gouvernement*, t. III, p. 124. On fit des gravures qui représentaient le prince d'Orange et le maréchal de Schomberg frappés à mort par la foudre.

[4] Debrett's *Peerage*, 1819, t. I, p. 47; Burnet's *Hist. of his own time*, t. III, p. 203 et 250; t. IV, p. 6; *Voyage de MM. Bachaumont et la Cha-*

ter le nouvel électeur de Brandebourg, et avec la mission secrète de tâcher d'en obtenir des troupes pour l'invasion de l'Angleterre, que le prince d'Orange méditait. Bentinck se fit accorder par l'électeur plus même que le prince n'avait demandé.

Il paraît qu'à l'époque où la Fontaine écrivait on répandait le bruit que Bentinck s'était rendu coupable de concussions assez fortes. Comme il avait la faveur de son souverain, cela ne l'empêcha pas de parvenir aux honneurs; et, après avoir été successivement nommé gentilhomme de la chambre et membre du conseil privé, il fut créé pair, avec le titre de comte de Portland, deux jours avant le couronnement de Guillaume III ; enfin, il fut fait lieutenant général des armées, et envoyé comme ambassadeur en France, en 1698. Les ducs de

pelle, avec *un mélange de pièces fugitives tirées du cabinet de M. Saint-Évremond*, Utrecht, 1797, in-12, p. 114 et 117; *OEuvres diverses du sieur D**** (Nodot), *avec un recueil de poésies choisies de M. B**** (de Blainville), in-12, Amsterdam, 1714, t. II, p. 351; Palmier, *Ode sur la Paix*, dans le *Parnasse françois de Bonafoux*, p. 265; Lister's *Account of Paris*, revised by Henning, 1823, in-8°, p. 24, note *c*, et p. 27, note *f*; Saint-Simon, *Mémoires*, 1829, t. II, p. 38; Temple, *Mémoires*, t. LXIV, p. 83, 232, 245 et 341 des *Mémoires rel. à l'hist. de France*. Le traducteur de Temple écorche ce nom de plusieurs manières ; il écrit *Benthin* et *Benting*. Temple nous apprend que lorsque le prince d'Orange fut attaqué de la petite vérole, Bentinck passa seize jours et seize nuits auprès de son lit, et gagna la même maladie. C'est dans la continuation de l'*Histoire de Rapin Thoiras* qu'on trouve les détails les plus complets sur Guillaume de Bentinck, nouvelle édition, 1749, in-4°, la Haye, t. XI, p. 467. L'histoire nous dit qu'il était cadet d'une maison ancienne et illustre de l'Over-Yssel, ou, selon d'autres, de la Gueldre. Lors de son ambassade à Paris, en 1698, on lui montra les peintures de le Brun et les belles tapisseries qui représentent les victoires de Louis XIV, et on lui demandait si le roi son maître en avait de pareilles. « Non, répondit-il ; il y a partout des monuments des grands exploits de « mon maître, excepté chez lui. »

Portland actuels descendent directement de ce Bentinck; il est le premier auteur de leur illustre maison, dont les armes ont pour devise ces deux mots français : *Craignez honte*. Je ne rechercherai pas jusqu'à quel degré Bentinck fut fidèle à cette devise; mais il est certain que s'il jouit de la faveur de son maître, il n'obtint pas celle de la nation anglaise, et que l'opinion publique lui fut toujours contraire [1].

La Fontaine parle ensuite du siége de Londonderry, et semble prévoir l'événement qui fut fâcheux pour Jacques II : il échoua devant cette bicoque, et le siége, qui avait commencé le 17 avril 1689, fut levé le 21 juillet suivant [2]. Notre poëte voyait très-bien que le roi d'Angleterre n'avait pas les qualités nécessaires pour reconquérir un trône.

> Londonderry s'en va se rendre,
> Voilà ce qu'on me vient d'apprendre [3] :
> Mais dans deux jours je m'attends bien
> Qu'un bruit viendra qu'il n'en est rien.
> J'ai même encor certain scrupule :
> Ce siége est-il un siége ou non ?
> Il ressemble à l'Ascension,

[1] Burnet's *Hist. of his own time*, t. IV, p. 6.

[2] Walter a publié en anglais l'*Histoire véridique du siége de Londonderry*, Londres, 1689, in-4°. Conférez l'article de Georges Walker par M. Deros de la Roquette, dans la *Biographie universelle*, t. L, p. 88. Ce Walter en avait été fait gouverneur. On peut lire la description de ce siége dans l'*Histoire de Rapin Thoiras*, la Haye, 1749, in-4°, t. XI, p. 183-188.

[3] Voyez dans les *Lettres de Bussy-Rabutin*, t. VII, p. 7 et 11, une lettre de l'abbé de Brosses, en date du 20 juillet 1689 : celle de la Fontaine est du 18 août de la même année. *Chansons historiques et critiques*, manuscrit, t. III, p. 37, verso.

Qui n'avance ni ne recule.
....
Les gens trop bons et trop dévots
Ne font bien souvent rien qui vaille.
Faut-il qu'un prince ait ces défauts [1]?

Dans la dernière lettre écrite par la Fontaine au prince de Conti, parmi celles qui nous ont été conservées, nous apprenons que tout était changé, et il n'est question que de nominations dans la robe et dans la finance. Les événements de la guerre paraissaient comme suspendus, et le prince de Conti même se disposait à quitter l'armée. Il fut permis au premier président Novion, qui falsifiait ses arrêts, et qu'on aurait dû chasser ignominieusement, de se démettre de sa charge. Il la vendit à M. de Harlay pour la somme de cent mille écus, et M. de Harlay céda pour sept cent mille francs celle de procureur général à M. de la Briffe, gendre de M. de Novion [2]. Pontchartrain avait

---

[1] La Fontaine, *Lettres à divers*, lettre 28. On se flattait beaucoup alors, à Paris, au sujet des événements d'Angleterre. Voyez Pellisson, *Lettres historiques*, lettres 267 et 268. Il rapporte la prédiction suivante, qui courait Paris :

> L'an mil six cent octante huit,
> Albion sera délivrée
> D'entreprises mal digérées,
> Dont on ne verra aucun fruit,
> Et, par un accident étrange,
> Poissons se nourriront d'Orange.

[2] Novion, étant président, avait en 1665 tenu les grands jours à Clermont en Auvergne, et le roi lui écrivit une lettre à ce sujet. Voyez les *Œuvres* de Louis XIV. « Novion étoit un homme vendu à l'iniquité, à qui l'argent « et des maîtresses obscures faisoient tout faire. Il avoit succédé à Lamoi-

succédé, dans la place de contrôleur général, à M. le Pelletier. Le roi avait donné entrée au conseil à M. de Seignelay, ce qui lui procurait rang de ministre¹. Enfin l'exaltation d'Ottoboni, sous le nom d'Alexandre VIII, à la chaire de saint Pierre, avait suspendu les différends de Rome et de la France. Ce sont toutes ces nouvelles dont la Fontaine entretient le prince de Conti. Il commence par Harlay.

> Son éloge entier iroit loin :
> J'aime mieux garder avec soin
> La loi que l'on se doit prescrire
> D'être court, et ne pas tout dire ².

Il passe ensuite à Pontchartrain.

> Pontchartrain règle les finances.
> Si jamais j'ai des ordonnances,
> Ce qui n'est pas près d'arriver,
> Il saura du moins me sauver
> Le chagrin d'une longue attente,
> Et lira d'abord ma patente.
> Homme n'est plus expéditif,
> Mieux instruit, ni plus inventif.

« gnon, de la femme duquel il étoit cousin-germain. Il vécut encore dans
« l'abandon et dans l'ignominie, et mourut à sa campagne, sur la fin de 1693,
« à soixante-treize ans. » (Saint-Simon, *Mém. auth.*, 1829, in-8°, t. III, p. 360.)

¹ Hénault, *Abrégé chronologique*, t. II, p. 687; Bussy-Rabutin, *Lettres*, édit. 1727, t. VII, p. 41. Sur la retraite de le Pelletier et sur son admirable conduite, voyez Saint-Simon, *Mémoires*. De 80,000 livres de pension qu'il avait, il ne voulut conserver que 20,000 livres.

² La Fontaine, *Lettres à divers*, lettre 30.

L'histoire de l'élévation de Pontchartrain est singulière et mérite d'être rapportée. Son père fut un des juges de Fouquet; la probité de ce magistrat s'était montrée inflexible aux menaces et aux caresses de Colbert, de le Tellier et de Louvois; il n'avait pu trouver lieu à condamnation. La vengeance des ministres le poursuivit dans son fils, qui n'obtint pas la survivance de la charge de président à la chambre des comptes que possédait son père. Il fut réduit à être simple conseiller aux requêtes du palais, et resta ainsi pendant dix-huit ans sans espérance de fortune.

Lorsque, en 1677, la place de premier président au parlement de Rennes vint à vaquer, Colbert se trouva embarrassé pour le choix à faire, parce que dans les états de Bretagne le premier président était toujours second commissaire du roi, et Colbert avait besoin, pour ces fonctions, d'un homme habile qui l'aidât à gouverner cette province. Hotman, un de ses parents, qu'il avait fait intendant des finances, malgré l'aversion qu'il lui connaissait pour Pontchartrain, le lui proposa comme un homme propre à remplir les fonctions délicates de président du parlement de Rennes. Colbert sut sacrifier ses ressentiments aux intérêts de l'État; il fit nommer Pontchartrain, et s'en trouva bien.

Après la mort de Colbert on partagea son ministère : personne n'eût pu en supporter le poids. Seignelay, son fils, eut la marine, Louvois la surintendance des bâtiments, et Pelletier-Desforts les finances : celui-ci, qui eût été mieux placé à la chancellerie [1], appela auprès de lui Pontchartrain, et le fit enfin nommer à sa place. Pontchartrain eut beaucoup de peine à se décider à accepter ce pénible emploi. Il en voulut à Pelletier, le lui déclara, et ne put jamais lui pardonner. « Bien estimable, dit Saint-Simon, de craindre des fonctions qui portent avec elles les richesses, l'autorité et la faveur. »

L'année suivante, Pontchartrain fut revêtu, après la mort de Seignelay, d'une charge de secrétaire d'État avec le département de la marine et celui de la maison du roi.

Au reste, la fortune n'agissait pas en aveugle lorsqu'elle élevait ainsi Pontchartrain ; voici le portrait qu'en trace Saint-Simon : « C'étoit un très-petit homme maigre, bien pris dans sa petite taille, avec une physionomie d'où sortoient sans cesse des étincelles de feu et d'esprit, et qui tenoit encore plus qu'elle ne promettoit : jamais tant de promptitude à comprendre, tant de légèreté et d'agréments dans la conversation, tant de justesse et de vivacité dans les reparties, tant de facilité et de solidité dans le travail, tant d'expédition, tant de subites connoissances des hommes, ni plus de tour à les prendre. Avec ces qualités, une simplicité éclairée et une sage gaieté surnageoient à tout, et le rendoient charmant et en riens et en affaires. Sa propreté étoit singulière, et, à travers toute sa galanterie, qui subsista jusqu'à la fin, beaucoup de piété, de bonté, et j'ajoute-

---

[1] Voyez Gourville, *Mémoires*, t. LII, p. 527, collect. Petitot.

rai de dignité, avant et depuis les finances, et dans cette gestion même, autant qu'elle en pouvoit comporter [1]. »

On voit d'après ces détails qui sont confirmés par l'abbé de Choisy [2], et par d'autres Mémoires du temps, que la Fontaine ne flattait point Pontchartrain. Le long éloge qu'il fait de Seignelay, auquel Boileau adressa la plus belle de ses épîtres, ne paraît pas aussi bien mérité. Madame de Maintenon, dont le témoignage ne peut être suspect, puisqu'elle protégeait Seignelay, en haine de Louvois, lui accorde de l'esprit; mais elle l'accuse d'avoir peu de conduite, et de faire passer ses plaisirs avant ses devoirs [3]. Ce n'était pas là un grief qui pût empêcher notre poëte de juger favorablement le protecteur et l'ami de Chaulieu, celui que ce dernier qualifie

D'esprit supérieur, en qui volupté
Ne déroba jamais rien à l'habileté [4].

[1] Saint-Simon, *OEuvres complètes*, t. XI, p. 115 à 145; Anquetil, *Louis XIV, sa cour, etc.*, t. II, p. 128 à 143. Voyez encore Gourville, *Mémoires*, t. LII, p. 530 de la collection; Choisy, t. LXIII, p. 306; Saint-Simon, *Mémoires*, 1829, in-8°, t. II, p. 335 à 337.

[2] Choisy, *Mémoires pour servir à l'histoire de Louis XIV*, t. LXIII, p. 246 et 306.

[3] Madame de Maintenon, *Lettres*, 16, à la comtesse de Saint-Géran, en date du 30 septembre 1683, t. II, p. 115 de l'édit. de 1755; t. I, p. 142 de l'édition de Léopold Collin; Boileau, *Épîtres*, 9, t. II, p. 107, édit. de Saint-Surin; Mademoiselle, *Mémoires*, t. IV, p. 484, édit. 1825, in-8°, t. XLIII de la collection, année 1684. On trouve le récit, vrai ou supposé, de plusieurs intrigues amoureuses du marquis de Seignelay dans un petit livre curieux pour la peinture des mœurs de cette époque, intitulé : *Les coups imprévus de l'Amour, du Hazard et de la Fortune*, Cologne, 1709, in-12. Brienne, dans ses *Mémoires*, t. II, p. 256, dit : « Le marquis de Seignelay est mort « de trop de débauches, de ratafia et de femmes. »

[4] Chaulieu, t. I, p. 25, *Épître au chevalier de Bouillon*.

D'ailleurs le commencement de son administration dans la marine fut signalé par des succès que notre poëte ne manque pas de rappeler :

> Ne doutez point qu'en son emploi,
> Sous la conduite de son roi,
> Le nouveau ministre n'excelle ;
> N'avons-nous pas vu de nos bords
> Une double flotte réduite
> Et se renfermer dans ses ports
> Mettant son salut dans la fuite ?

La Fontaine fait ici allusion au combat naval donné le 10 juillet 1689, à la hauteur de Dieppe, où M. de Tourville, vice-amiral de France, et M. de Chateauregnaud battirent les flottes anglaise et hollandaise. On poursuivit les ennemis, et le comte d'Estrées, fils du maréchal de ce nom, fit une descente à Teignmouth, le 5 août, où il brûla quatre vaisseaux de guerre et plusieurs vaisseaux marchands [1].

Il paraît que la Briffe [2], qui était nommé procureur général, avait une meilleure réputation que M. de Novion, son beau-père, car la Fontaine dit de lui :

> La Briffe est chargé des affaires
> Du public et du souverain.

---

[1] Hénault, *Abrégé chronologique*, édit. Walckenaer, 1821, t. III, p. 938.
[2] En juillet 1686, la Briffe avait été fait président au grand conseil pour aller être président dans la généralité de Rouen, et à cette époque il avait perdu sa femme. (Voyez les *Mémoires du marquis de Sourches*, t. II, p. 135.)

Au gré de tous il sut enfin
Débrouiller ce chaos de dettes
Qu'un maudit compteur avoit faites.
Ce n'est pas là le seul essai
Qui le rend successeur d'Harlay [1].

La Briffe étoit un ami intime de Turenne, auquel même il prêtait de l'argent. Nous apprenons cette particularité par une lettre de ce grand guerrier à Colbert [2]. Dans l'année qui précède la lettre de la Fontaine, d'Harouys, trésorier des états de Bretagne, manqua pour une somme considérable. La Briffe fut chargé d'éclairer sa gestion, et il parvint à signaler toutes les friponneries de ce comptable : c'est à quoi la Fontaine fait allusion dans ces vers [3]. D'Harouys fut mis à la Bastille, et y mourut.

La Fontaine se réjouit aussi dans cette lettre de la nomination d'Alexandre VIII, parce qu'il espère qu'elle amènera la paix, qui est, selon lui, « la fille du « Ciel et d'Alexandre. » Notre poëte a d'ailleurs entendu dire qu'on doit rétablir, cet hiver, l'Opéra à Rome, ce

---

[1] La Fontaine, *Lettres à divers*, lettre 30.

[2] Lettre de Turenne à Colbert, dans *Mes voyages aux environs de Paris*, par J. Delort, 1821, in-8°, t. I, p. 300.

[3] Madame de Grignan dit, dans sa lettre du 5 janvier 1689 à son mari : « Les affaires de M. d'Harouys vont toujours bien mal. M. de la Briffe l'a « interrogé dix heures par jour, et longtemps encore le jour d'après. On ne « sait rien de ce qu'il a dit, mais le désordre est horrible. » (*Lettres de madame de Grignan au comte de Grignan, son mari*, brochure de 12 pages, publiée par M. de Monmerqué en 1832.) Voyez aussi les *Mémoires de Saint-Simon*, 1829, t. II, p. 272.

qui le met dans des dispositions très-favorables au nouveau pape.

> Si le Saint-Esprit mit jamais
> Quelqu'un au trône de saint Pierre,
> Pour qui le démon de la guerre
> Eût de la crainte et du respect,
> C'est Alexandre; car, sans dire
> Qu'à nul État il n'est suspect,
> Il a tout ce que l'on désire,
> Expérience, fermeté,
> Justice, et sagesse profonde[1].

La Fontaine veut, pour le bien de l'État, que le prince de Conti soit employé dans les négociations. « Si Jupiter « recueilloit les voix, dit-il, votre esprit et votre valeur « auroient une ample matière de s'exercer. » Ceci fait allusion à la défaveur dans laquelle était tombé le prince de Conti auprès du roi, et dont il ressentit les effets à l'ouverture de la campagne de cette année. Il avait sollicité avec instance un régiment qu'on ne lui accorda pas. Il offrit alors de partir comme simple brigadier, et on ne voulut pas y consentir. Enfin, il demanda à servir comme simple volontaire, et comme on n'osa pas s'y opposer, il partit en effet en cette qualité, avec Monsieur le Duc[2].

Conti, ne pouvant être le héros de son temps, voulut

---

[1] La Fontaine, *Lettres à divers*, lettre 30; Hénault, *Abrégé chronologique*, t. II, p. 687; Voltaire, *Siècle de Louis XIV*, chap. XVI.

[2] La Fayette, *Mémoires de la cour de France pour les années 1688 et 1689*, 1742, in-12, p. 165.

du moins en être l'historien, et en cela son attente fut encore déçue. Il avait composé des Mémoires écrits avec autant de noblesse que de précision, et qui, au jugement de Massillon [1], auraient suffi pour établir sa gloire ; mais le sort jaloux l'a poursuivi jusque dans la tombe, et lui a envié la palme de la renommée. Il n'a rien paru de ses *Mémoires*, probablement détruits aujourd'hui, et dans lesquels peut-être nous eussions trouvé des détails sur notre poëte que ce prince chérissait et dont il appréciait tout le mérite.

Plus heureux que Conti, Vendôme exerçait en faveur de sa patrie ses grands talents pour la guerre. Il eut en 1691, tandis qu'il était à l'armée, une maladie qui fit craindre pour ses jours ; des nouvelles plus rassurantes étant venues, la Fontaine lui écrivit une petite lettre en vers pour l'égayer dans sa convalescence. Il l'entretient de la retraite de Fieubet, conseiller au parlement. Cet homme plein d'esprit, d'agrément, de saillies originales, qui faisait facilement des vers [2], une des fortes têtes du conseil du roi, avait, nous apprend de Sourches (*Mémoires*, t. II, p. 392), perdu sa femme en janvier 1686. Très-riche et sans enfants, on crut qu'il allait se remarier ; mais son chagrin fut si violent qu'il prit le parti de se retirer aux Camaldules de Grosbois, près Paris, dans le mois de juillet 1691 [3], ce qui étonna

---

[1] Massillon, *Oraison funèbre du prince de Conti*.

[2] Voyez la fable d'*Ulysse et les Sirènes*, dans le *Recueil des vers choisis du père Bouhours*, édit. 1701, p. 243.

[3] Saint-Marc, *Poésies de Saint-Pavin et de Charleval*, 1769, in-12, p. 6 ;

d'autant plus qu'il aimait le plaisir[1] et était l'ami particulier de Saint-Pavin, connu par son incrédulité[2]. Aussi Fieubet ne paraît-il pas avoir été très-sévère pour lui-même dans sa pénitence, puisque la Fontaine dit :

> Il sembloit, à me voir, que je fusse aux abois.
>   Fieubet, auprès de Grosbois,
>   Tient contenance moins contrite,
>   Non qu'il se soit du tout privé
>   Des commodités de la vie ;
>   Même on dit qu'il s'est réservé
>   Sa cuisine et son écurie,
> Des gens pour le servir, le nécessaire enfin[3].

Fieubet, en effet, tout en confiant au roi son projet de retraite dans une maison religieuse, l'avait prié de ne pas disposer de sa place au conseil ; ce qui prouve qu'il n'était pas bien certain de pouvoir persévérer dans la résolution qu'il avait prise de renoncer au monde : il y persévéra cependant, et mourut dans le couvent des Camaldules, après trois ans de séjour[4]. Saint-Simon,

---

Annales poétiques, t. XXIX, p. 255 ; *Biographie universelle*, article Fieubet, t. XIV, p. 510 ; Dangeau, *Journal*, t. I, p. 376 ; Mathieu Marais, *Histoire de la vie et des ouvrages de la Fontaine*, p. 116 ; *Menagiana*, t. III, p. 356 ; *Santolii opera poetica*, Parisiis, 1694, p. 417.

[1] Voyez le récit d'une de ses intrigues avec la femme d'un maître des comptes nommé Moussy, sœur de Dugué-Bagnols, dans Tallemant des Réaux, *Historiettes*, t. IV, p. 233, édit. in-8°, et t. VII, p. 148, édit. in-12.

[2] Saint-Marc, *Poésies de Saint-Pavin*, 1769, in-12, p. VIII de l'Avertissement.

[3] La Fontaine, *Épîtres*, 23.

[4] Lemontey, *Nouveaux Mémoires de Dangeau*, à la suite de l'*Essai sur l'établissement monarchique de Louis XIV*, p. 83 et 88 ; Piganiol de la

dans ses Notes sur Dangeau, dit que ce fut l'ennui qui le fit périr.

Fieubet avait fait construire sur le quai des Célestins, près de l'Arsenal, un superbe hôtel orné de sculptures et de peintures. Tourreil, membre de l'Académie des inscriptions et belles-lettres, a composé un poëme latin qui est la description de cet hôtel de Fieubet : il y loue surtout l'oratoire, qui paraît avoir été alors la pièce de prédilection pour ceux qui aimaient à étaler un grand luxe dans leurs demeures. Plus tard ce fut le boudoir, et ce changement seul indique la différence des deux siècles [1].

La Fontaine n'approuva pas que Fieubet se fût retiré du monde, même en conservant une partie des douceurs de la vie mondaine : notre poëte déclare, pour son compte, qu'il renonce à toute retraite, mais que s'il avait le malheur de perdre le duc de Vendôme, ou son frère, il se réfugierait dans le prieuré du joyeux abbé de Chaulieu, et se ferait le frère servant de cet aimable ermite.

> Cet exemple est fort bon à suivre :
> J'en sais un meilleur ; c'est de vivre,
> Car est-ce vivre, à votre avis,
> Que de fuir toutes compagnies,

Force, *Description historique de la ville de Paris*, 1765, in-12, t. IX, p. 62.

[1] Conférez Tourreil, *OEuvres*, in-4°, t. I, p. 50, et la *Description nouvelle de Paris et de tout ce qu'il y a de plus remarquable dans Paris*, par M. B*** (Germain Brice), 1685, in-12, t. I, p. 227.

> Plaisants repas, menus devis,
> Bon vin, chansonnettes jolies,
> En un mot, n'avoir goût à rien?
> Dites que non, vous direz bien.
> . . . .
> Tant que Votre Altesse, seigneur,
> Et celle encor du grand prieur,
> Aurez une santé parfaite,
> Je renonce à toute retraite.
> Mais dès qu'il vous arrivera
> Le moindre mal, on me verra
> Vite à Saint-Germain de la Truite,
> Frère servant d'un autre ermite,
> Qui sera l'abbé de Chaulieu.
> Sur ce, je vous commande à Dieu [1].

Ce fut le roi lui-même qui annonça la guérison du prince de Vendôme, et ce qu'il dit à la cour se répandit dans la capitale avec une vitesse extrême.

> Sans cela tout étoit perdu :
> Le poëte avoit l'air d'un rendu.
> Comment! d'un rendu? D'un ermite,
> D'un Santoron, d'un Santena,
> D'un déterré. . . . .

On a dit que Santoron et Santena étaient deux officiers qui s'étaient retirés à la Trappe. Nous ignorons si cela est exact pour le premier; mais quant au comte de Santena, il était originaire du Piémont, fils du marquis de Tana, gouverneur de Turin, et il avait un régi-

---

[1] La Fontaine, *Épîtres*, 23.

ment au service de France. Après avoir mené une vie de débauche, il se convertit et se retira à l'Oratoire, où se trouvait déjà le comte de Charmel, son ami. Il y fit bâtir une très-petite maison et apprit l'état de menuisier. Une visite qu'il fit à la Trappe lui inspira le désir d'entrer dans un couvent et d'en suivre les austères pratiques. Il paraît qu'il y entra d'abord comme novice en 1691; mais il ne fut reçu trappiste que le 14 juillet 1692 [1]. Il se fit remarquer par l'excès de son zèle pour les plus dures pénitences. On le faisait voir à tous ceux qui allaient visiter le couvent de la Trappe. Il portait dans cette retraite le nom de frère Palémon. Le roi d'Angleterre, les maréchaux de Bellefonds et d'Hannières, le cardinal de Bouillon, eurent la curiosité de s'entretenir avec lui. Il mourut le 9 novembre 1694. Quant à Santoron, nous croyons nous rappeler que c'est le nom d'un ermite fameux dans l'histoire ecclésiastique.

Le sage et vaillant Catinat, envoyé en Italie pour commander en chef, avait gagné, le 19 août 1690, une bataille contre Amédée, duc de Savoie, à la vue de Saluces, et auprès de l'abbaye de Staffarde. Toute la Savoie, excepté Montmeillant, fut le prix de cette victoire. L'année suivante Catinat passa en Piémont, et, pendant l'hiver, força les lignes des ennemis retranchés près de

---

[1] Il est fait mention de Santena et de sa conversion dans les *Lettres de Rancé*, 1846, in-8, p. 203, lettre en date du 30 août 1691; conférez la *Relation de la vie et de la mort du frère Palémon, religieux de la Trappe, nommé dans le monde le comte de Santena*, Paris, 1695, p. 4, 29, 76 et 90. Voyez aussi la lettre de madame de Coulanges, en date du 23 juillet 1691.

Suse, s'empara de cette ville, de Villefranche, de Montalban, de Nice, réputée imprenable, et enfin de Montmeillant.

La Fontaine, dans une seconde épître en vers, entretient le duc de Vendôme de ces événements, et du roi, qui avait écrit au duc une lettre flatteuse : notre poëte parle ensuite de l'argent que l'abbé de Chaulieu devait lui remettre à Noël, de la part de M. de Vendôme.

>........En Piémont notre armée,
> Sous Catinat à vaincre accoutumée,
> Complétement a battu l'ennemi,
> Et la Victoire a pris notre parti.
> De Catinat je dirai quelque chose.
> Sur lui le prince à bon droit se repose :
> Ce général n'a guère son pareil ;
> Bon pour la main, et bon pour le conseil.
> ....
> Si vers Noël l'abbé me tient parole,
> Je serai roi : le sage l'est-il pas ?
> Souhaiter l'or, est-ce l'être ? Ce cas
> Mérite bien qu'à vous je m'en rapporte :
> Je tiens la chose à résoudre un peu forte [1]

Les événements les plus remarquables de cette guerre eurent lieu en Piémont et dans les Pays-Bas, où le duc de Luxembourg gagna la bataille de Fleurus. Le Dauphin avait été placé en 1688 avec le maréchal de Duras à la tête de cette belle armée qui, en moins d'un mois, s'était emparée de Heidelberg, de Mayence, de Philis-

---

[1] La Fontaine, *Épîtres*, 24.

bourg, de Manheim, de Spire, de Worms, d'Oppenheim, de Frankendal, de Trèves, et de toutes les places sur le Rhin. En 1690 on mit encore sous ses ordres et sous ceux du maréchal de Lorges [1] l'armée du Rhin [2] ; mais il paraît que cette armée était cette fois seulement destinée à faire diversion [3]. On l'obligea à se replier sur l'Alsace, et le Dauphin reçut l'ordre de revenir à la cour sans avoir eu occasion de combattre l'ennemi, et même sans l'avoir rencontré. Il fut de retour à Fontainebleau le 1er octobre [4]. C'est alors que la Fontaine composa une fable qu'il dédia à son jeune bienfaiteur le duc de Bourgogne, fils du Dauphin, et dans laquelle il fait allusion aux circonstances que nous venons d'exposer.

> Prince, l'unique objet du soin des immortels,
> Souffrez que mon encens parfume vos autels.
> Je vous offre un peu tard ces présents de ma muse :
> Les ans et les travaux me serviront d'excuse.
> Mon esprit diminue ; au lieu qu'à chaque instant
> On aperçoit le vôtre aller en augmentant :
> Il ne va pas, il court ; il semble avoir des ailes.
> Le héros dont il tient des qualités si belles
> Dans le métier de Mars brûle d'en faire autant :
> Il ne tient pas à lui que, forçant la victoire,

---

[1] Guy Aldonce de Durfort, duc de Lorges, pair et maréchal de France, neveu de Turenne.

[2] Voyez les *Lettres du Dauphin à madame de Maintenon*, dans le tome II des *Mélanges de la Société des Bibliophiles*.

[3] Id., lettre du 7 septembre 1690, et Bussy-Rabutin, t. VI, p. 170 à 186, édit. de 1768, à Amsterdam.

[4] Dangeau, *Journal*, t. I, p. 345-353 ; *Fastes des Rois de la maison d'Orléans et de celle de Bourbon*, 1697, in-8°, p. 229-233.

Il ne marche à pas de géant
Dans la carrière de la gloire.
Quelque dieu le retient : c'est notre souverain
Lui qu'un mois a rendu maître et vainqueur du Rhin.
Cette rapidité fut alors nécessaire ;
Peut-être elle seroit aujourd'hui téméraire.
Je m'en tais....[1]

Cette fable parut dans le *Mercure galant* du mois de décembre de cette même année 1690, et le préambule du journaliste qui l'insérait dans son recueil prouve la haute réputation dont jouissait dès lors notre auteur. « Il n'y a rien de plus estimé, dit-il, que les fables de « M. de la Fontaine, et c'est avec beaucoup de justice, « puisque tout ce qui a paru de lui en ce genre peut être « appelé inimitable. Vous verrez par la lecture de celle « que je vous envoie que, malgré l'excuse qu'il prend de « son âge, les années n'ont rien diminué en lui de ce feu « d'esprit qui lui a fait faire de si agréables ouvrages[2]. »

Deux autres fables de notre poëte parurent, mais sans nom d'auteur, l'année suivante, en février et en mars 1691[3]. Ce sont *le Thésauriseur et le Singe*, et *les Deux Chèvres*. Il les inséra depuis, avec celle que nous venons de citer, dans son dernier recueil de fables. Enfin il en publia une troisième, *la Ligue des Rats*, dans le *Mercure galant* d'octobre 1692[4].

---

[1] La Fontaine, *Fables*, XII, 1.
[2] *Mercure galant*, décembre 1690, p. 103 à 114.
[3] Id., février 1691, p. 237, et mars 1691.
[4] Id., octobre 1692.

Le duc de Bourgogne et son précepteur Fénelon auraient voulu que notre poëte ne s'occupât qu'à faire des fables, mais il s'abandonnait à l'inconstance de ses goûts, et s'amusait aussi à composer des pièces de théâtre. Il donna en 1691, au théâtre de l'Opéra, une tragédie lyrique, intitulée *Astrée*. Elle fut mise en musique par Colasse, et eut quelques représentations [1]. Cette pièce est supérieure à *Daphné*, sinon pour le style, du moins pour la conduite. Bien loin que la Fontaine fût indifférent sur le succès de son opéra, comme on a voulu le faire croire, nous savons d'une manière certaine qu'il s'en occupait beaucoup. Le conte ridicule que la Harpe rapporte à ce sujet dans son *Cours de littérature* a été tiré d'une mauvaise compilation de Fravenol, intitulée : *Histoire de l'Opéra en France*. La preuve en existe dans une fort longue lettre, jusqu'ici inédite, en vers et en prose, et tout entière de sa main, adressée à mesdames d'Hervart, de Viriville et de Gouvernet. Madame la marquise de Gouvernet était, ainsi que nous l'avons déjà dit [2], sœur de M. d'Hervart, et madame de Viriville était cette sœur du marquis de Gouvernet dont la Fontaine loue les grâces dans sa lettre à Vergier, précédemment citée : elle avait épousé M. de Groslée, comte de Viri-

---

[1] La Fontaine, *Théâtre*.

[2] Voyez ci-dessus, p. 191. Cette maison de la Tour du Gouvernet est une branche de celle de la Tour du Pin. (Voyez *Histoire des Dauphins français*, 1613, in-12, préface, E, V, verso A, t. III.) L'auteur écrit *Virville* dans le premier endroit et *Viriville* dans le second. (Voyez ci-dessus, page 145.) Madame la duchesse de Tallart était la fille de madame Groslée de Viriville. (Voyez une lettre de madame de Caylus à madame de Maintenon, *Lettres de madame de Maintenon*, t. VI, p. 62.)

ville, capitaine-lieutenant des gendarmes du duc de Berry, et ensuite gouverneur de la ville et citadelle de Montélimart[1].

Ces trois dames, alors réunies à Bois-le-Vicomte, avec les nièces de madame d'Hervart, avaient engagé la Fontaine à venir les y trouver; mais notre poëte s'en défendit parce que la répétition de son opéra exigeait sa présence à Paris : pour adoucir son refus, il commence, selon son ordinaire, par des compliments, et il invoque les Muses pour chanter ces trois dames.

> Intendantes du Parnasse,
> Si de traits remplis de grâce
> Vos faveurs ornent les vers
> Dont j'entretiens l'univers,
> Aujourd'hui je vous implore :
> Donnez à ma voix encore
> L'éclat et les mêmes sons
> Qu'avoient jadis mes chansons.
> Toute la cour d'Amathonte
> Étant à Bois-le-Vicomte,
> Muses, j'ai besoin de vous.
> Venez donc de compagnie
> Par vos charmes les plus doux,
> Ressusciter mon génie.
> Je sens qu'il va décliner;
> C'est à vous de lui donner

---

[1] Le gouverneur de Montélimart, dont parle le *Mercure galant* du mois d'octobre 1692 était probablement le père de celui-ci. Voyez aussi le *Mercure galant*, octobre 1705, p. 157; madame de Senozan, dont il est beaucoup question dans les poésies de Vergier, était sœur d'un Groslée de Viriville.

> Des forces toutes nouvelles :
> Car je veux louer trois belles ;
> Je veux chanter haut et net
> Virville[1], Hervart, Gouvernet.
> J'en ferai mes trois déesses,
> Leur donnant, à ma façon,
> Et l'Amour pour compagnon,
> Et les Grâces pour hôtesses[2].

La Fontaine, continuant sur ce ton, dit qu'il craint de laisser son cœur pour otage : il se reconnaît ainsi, par le cœur, susceptible de constance et de fidélité, mais il ajoute :

> Le reste du composé
> Est l'être le plus volage
> Dont Dieu se soit avisé.

« Toutes Muses que vous êtes (dit-il aux neuf Sœurs) « entreprendriez-vous de me préserver du péril à quoi « je m'exposerois en m'allant enfermer dans un château « où madame d'Hervart et ses nièces me retiendroient « par enchantement contre tout droit d'hospitalité ? » Enfin il s'exprime à cet égard clairement, et donne le véritable motif de son refus : « de demeurer tranquille à « Bois-le-Vicomte pendant que l'on répétera à Paris mon

---

[1] La Fontaine écrit *Virville*, soit pour la mesure, soit parce que c'était l'usage d'abréger ainsi ce nom ; il est bien écrit dans madame de Sévigné, t. IV, p. 264 de l'édit. in-8° de 1818. Il est légèrement altéré dans Vergier, t. II, p. 98, 154 et 263.

[2] La Fontaine, *Lettres à divers*, lettre 31.

« opéra, c'est ce qu'il ne faut espérer d'aucun auteur,
« quelque sage qu'il puisse être [1]. »

Il paraît qu'avant la représentation l'on disait beaucoup de bien de la musique de Colasse pour *Astrée*, et la Fontaine en tirait un bon augure.

>   Oh! si le dieu du Parnasse
>   Avoit inspiré Colasse,
>   Comme l'on dit qu'il a fait,
>   La chose iroit à souhait.

Colasse fut un des meilleurs élèves de Lulli, qui l'employait même pour composer quelques symphonies dans ses opéras, et il devint après lui le musicien en vogue; mais ses compositions, sans être plus savantes, étaient beaucoup plus froides que celles du Florentin : il eut la passion de chercher le secret de la pierre philosophale; par là il se ruina et affaiblit sa santé : il eût mieux fait de dérober le secret de Lulli, son maître, qui, avec les sept notes de la musique, trouva le moyen de devenir millionnaire [2].

Personne ne contestait à la Fontaine sa supériorité dans la fable et dans le conte; mais lorsqu'il s'écartait de ces deux genres il était en butte aux critiques. Aussi, dès qu'on sut qu'il avait composé un opéra, et qu'on en connut le sujet, le mousquetaire Saint-Gilles [3], chanson-

---

[1] La Fontaine, *Lettres à divers*, lettre 31.
[2] Dangeau, *Mémoires*, t. I, p. 100, sous la date du 12 mars 1687; Titon du Tillet, *Parnasse françois*, in-folio, p. 518.
[3] Saint-Gilles, *Muse mousquetaire*, 1709, in-12, p. 71.

nier plein de grâce et conteur assez habile, fit une chanson contre cet ouvrage avant même qu'il eût été mis en musique. Après la représentation il courut un couplet épigrammatique, où l'on jouait assez plaisamment sur le nom de notre poëte, comme dans le rondeau de Stardin.

> On ne peut trop plaindre la peine
> De l'infortuné Céladon,
> Qui, sortant des eaux du Lignon,
> Vint se noyer en la Fontaine[1].

Céladon est l'amant d'*Astrée* dans l'opéra de ce nom. Linière, qui jamais ne manqua l'occasion de faire une débauche et de lancer un trait satirique, composa aussi une chanson pleine d'injures grossières contre l'auteur du nouvel opéra et contre son musicien. Le second couplet est ainsi conçu :

> Reprends Boccace et d'Ouvile,
> La Fontaine, c'est ton fait :
> Crois-tu qu'il te soit facile
> D'être modeste et discret?
> Si ta Muse ne badine,
> On verra la libertine
> Plus sotte qu'une catin,
> Qui fait la femme de bien[2].

---

[1] *Recueil de chansons historiques et critiques*, manuscrit, in-folio, t. II, p. 241.

[2] *Recueil de pièces curieuses et nouvelles*, la Haye, 1695, in-12, t. IV, partie 2, p. 206; *Chansons historiques et critiques*, manuscrit, in-folio, t. II, p. 241.

L'auteur d'une satire intitulée *les Petits-Maîtres*[1], où il voulait se moquer des ridicules qu'affectaient alors les jeunes nobles, s'exprime ainsi :

> Sur les vers la censure agit en souveraine,
> C'est dans un opéra que brille la Fontaine ;
> Il est froid dans un conte, et bien que Céladon
> L'ait mis pour le théâtre au niveau de P*** (Pradon).

Enfin le Noble, dont la vie fut si orageuse et les aventures si romanesques, qui a fait pour vivre tant de mauvais ouvrages, mais qui ne manquait ni d'esprit ni de talent, dans une de ses *Lettres morales sur les fables d'Ésope*, publiées peu de temps après l'opéra d'*Astrée*, s'exprime de la manière suivante sur le compte de notre poëte qu'il désigne par le nom de Fuentès. « Il faut que Fuentès, qui conte avec tant de naïveté et d'agrément, et qui sur cette matière est un original inimitable, n'aille point se faire siffler dans un avorton d'opéra produit sur le théâtre des diminutifs de Lulli[2]. »

Il y avait, dans ce que dit ici le Noble, exagération et mauvaise foi. L'opéra d'*Astrée* ne fut point sifflé, mais il est vrai qu'il ne réussit que médiocrement puisqu'il n'eut que six représentations.

La Fontaine, dans un prologue dont il avait, selon l'usage, fait précéder son opéra, avait mis dans la bouche d'Apollon les paroles suivantes, que ce dieu adresse

---

[1] *Les Petits-Maîtres*, satire, Paris, Claude Barbin, 1694, in-4°, t. XII.
[2] Le Noble, *L'Esprit d'Ésope, ou nouvelle traduction de ses fables en vers, avec une lettre morale sur chacune*, 1695, in-12, p. 18.

au chœur qui recommande avant tout de se soumettre à l'amour :

> Vos chants sont pour l'amour, ma lyre est pour la gloire.
> Du nom de deux héros je veux remplir les cieux,
>   De deux héros que la victoire
>   Doit reconnoître pour ses dieux.
>   Le Rhin sait leur vaillance,
> Le Danube en pourra ressentir les effets.
> Qui peut mieux qu'Apollon en avoir connoissance ?
>   Mais je veux taire ces secrets ;
>   Louis m'apprend par sa prudence
>   A cacher ses projets [1].

Il faut croire que cette singulière manière de cacher un secret déplut à Louis XIV, et qu'il ne se souciait pas qu'on le représentât comme ayant le projet de pousser ses conquêtes jusqu'au Danube ; car on mit un carton dans l'édition qu'on avait faite, en 1691, de cet opéra, afin de supprimer ces vers. Ils ne se trouvent pas dans les éditions de la Fontaine, ni dans le recueil des opéras de Ballard imprimé en France, quoiqu'on les ait insérés dans l'édition de ce recueil faite en Hollande [2]. Les deux héros dont la Fontaine parle dans ces vers sont, je crois, les maréchaux de Luxembourg et de la Feuillade,

---

[1] La Fontaine, *Théâtre.*

[2] *Recueil des opéras*, Amsterdam, 1693, in-18, t. IV ; *Astrée, tragédie de M. de la Fontaine*, 1691, in-4°, p. 37. Il y a un exemplaire de cette édition originale, corrigé par la Fontaine, dans le *Varia variorum* de Huet, t. XII, pièce 43, qui est à la Bibliothèque du roi ; *Recueil des Opéras*, 1703, in-12, Paris, chez Ballard, t. IV, p. 160. Nous apprenons par cette édition que la partition de la musique de Colasse ne fut jamais imprimée.

qui commandaient sous le roi lorsqu'il assiégea Mons. Le prince de Conti se trouvait aussi à ce siége [1].

L'année suivante Louis XIV prit Namur, et retourna à Versailles, tandis que Luxembourg tenait tête à toutes les forces des ennemis. Trompé par les faux avis d'un de ses espions qui avait été découvert, le général français avait fait des dispositions qui devaient le faire battre, quand il fut surpris, le 3 août 1692, par le prince d'Orange, près de Steenkerke. Luxembourg, sans se laisser déconcerter, après avoir tenté deux attaques sans succès, se mit, avec le duc de Chartres, le duc de Bourbon, le prince de Conti, le duc de Vendôme et son frère le grand prieur, à la tête de la brigade des gardes, et commença une troisième attaque. Les guerriers français firent des prodiges; le prince d'Orange fut battu, et forcé de se retirer, après avoir perdu sept mille hommes [2]. Dès que cette nouvelle fut arrivée à Paris, elle y causa une joie extraordinaire, et la Fontaine, pour témoigner la sienne, écrivit au chevalier de Sillery une lettre mêlée de prose et de vers. On venait de publier chez Claude Barbin, dans le *Recueil des œuvres mêlées de Saint-Évremond*, les lettres de ce genre que la Fontaine avait écrites à ce dernier, à la duchesse de Mazarin et à la duchesse de Bouillon [3], et ces lettres avaient puissamment contribué au succès de ce recueil. Le cheva-

---

[1] Anselme, *Histoire généalogique de la maison de France*, 1726, in-folio, t. I, p. 347; Hénault, *Abrégé chronologique*, t. II, p. 691.

[2] Anselme, *Histoire généalogique de la maison de France*, in-folio, 1725, t. I, p. 347; Hénault, *Abrégé chronologique*, t. II, p. 691.

[3] Voyez ci-dessus, p. 157.

lier de Sillery, qui désirait que la Fontaine lui en écrivît souvent de semblables, était très-assidu dans sa correspondance avec lui.

Carloman Philogène Bruslart de Sillery, septième et dernier fils de Louis Roger Bruslart, marquis de Sillery, était le frère de la marquise de Tibergeau[1], dont il a été fait mention précédemment. Après avoir été capitaine de vaisseau, il fut nommé colonel d'infanterie du régiment du prince de Conti, dont il était le premier écuyer[2]. Le roi, en 1685, lui ôta ce régiment pour avoir suivi les princes auxquels il avait défendu de partir[3]. Le chevalier de Sillery se trouvait à la bataille de Steenkerke à côté du duc de Bourbon, qui, trois jours auparavant, était avec le roi à la prise de Namur. Notre poëte attribue la prompte reddition de cette célèbre forteresse à la présence du monarque et à son exemple. Il loue la générosité du duc de Bourbon, dont il avait reçu des bienfaits, et, pour donner une idée de sa valeur sur le champ de bataille, il le compare à un lion poursuivi par des chasseurs.

Tel on voit qu'un lion, roi de l'ardente plage,

---

[1] Voyez t. I, p. 311 à 314.

[2] Saint-Simon, *Mémoires*, 1829, in-8°, t. II, p. 26. Le chevalier de Sillery suivit Conti en Pologne en 1697, et, avant de partir, il épousa une demoiselle Bigot, riche et de beaucoup d'esprit, avec laquelle il vivait depuis longtemps. (Voyez aussi dans Saint-Simon, *Mémoires*, t. II, p. 113 et 114, des détails sur toute la famille des Sillery.)

[3] Dangeau, *Mémoires*, t. I, p. 104, en date du 15 avril 1685; Saint-Simon, *Œuvres*, t. XI, p. 86; *Dictionnaire de la noblesse*, 2ᵉ édit., in-4°, t. III, p. 293 et 294; Walck., *Œuvres de la Fontaine*, 1823, in-8°, t. VI, p. 603, note 3.

> De sang et de meurtre altéré,
> Porte sur les chasseurs un regard assuré,
> Et se tient fier d'être entouré
> De mille marques de carnage[1].

Cette comparaison était plus exacte que flatteuse. Saint-Simon nous peint M. le Duc avec un naturel farouche et un courage féroce. « Il avoit, dit-il, un air presque toujours furieux, et en tout temps si fier et si audacieux, qu'on avoit peine à s'accoutumer à lui[2]. »

En apprenant les grands succès remportés par l'armée du roi, une ambition patriotique pour l'agrandissement de la France s'empare du bon la Fontaine; cependant il s'arrête, parce qu'il se rappelle sans doute les motifs qui firent supprimer les vers de son opéra.

> Ah! si le ciel vouloit que nous eussions le tout!
> Quel pays! Vous voyez ses défenseurs à bout.
> Je n'en dirai pas plus, notre roi n'aime guères
> Qu'on raisonne sur ces matières[3].

Et en effet MADAME nous apprend que Louis XIV ne pouvait souffrir que dans la conversation on parlât de politique. « Du temps du feu roi, dit-elle, on avoit appris à toutes les dames à ne jamais s'entretenir de ces matières[4]. »

---

[1] La Fontaine, *Lettres à divers*, lettre 32.
[2] Saint-Simon, *Œuvres*, t. III, p. 52.
[3] La Fontaine, *Lettres à divers*, lettre 32.
[4] MADAME, *Fragments de lettres originales*, in-12, t. I, p. 63 et 70.

Le chevalier de Sillery et sa sœur Gabrielle n'étaient pas les seuls personnages de cette noble famille qui s'intéressaient à notre poëte. Fabio Bruslart de Sillery, abbé de Saint-Barte, était encore plus intimement lié avec lui et avec de Maucroix. L'abbé de Sillery, après avoir permuté son évêché d'Avranches avec Huet, avait été sacré évêque de Soissons peu de mois avant l'époque de la bataille de Steenkerke et de la lettre de la Fontaine dont nous venons de nous occuper. Avantageusement connu par ses vers, ses sermons et ses dissertations savantes, l'abbé de Sillery aspirait dès lors à être reçu dans l'Académie française ou dans celle des inscriptions [1]. Il fut successivement admis dans toutes les deux, mais notre poëte n'était pas destiné à être longtemps encore témoin de ses succès.

Jusqu'ici nous avons vu la Fontaine recherché pour son génie, aimé pour son caractère, répandu dans le monde, s'intéressant à tout ce qui s'y passait, toujours occupé de ses plaisirs, et quelquefois de ses ouvrages, ou plutôt ne se livrant à la composition de ses ouvrages que parce que c'était pour lui un plaisir de plus. Il avait, jusqu'alors, joui d'une santé robuste ; mais, vers la fin de l'année 1692, il fut attaqué d'une maladie qui fit craindre pour ses jours, et qui porta une irrépa-

---

[1] Walck., *Œuvres de la Fontaine*, 1823, in-8°, t. VI, p. 158, note 1, et p. 628, note 2 ; *Dictionnaire de la noblesse*, t. III, p. 291 ; Walck., *Vie de F. de Maucroix*, dans les *Nouvelles œuvres diverses de la Fontaine*, 1820, in-8°, p. 205 à 230 ; Lambert, *Histoire littéraire de Louis XIV*, t. I, p. 242 à 245. L'abbé de Sillery naquit le 25 octobre 1655.

rable atteinte à cette constitution vigoureuse dont la nature l'avait doué. Notre poëte, par l'affaiblissement de ses forces, sentit enfin que la main du temps s'appesantissait sur lui.

Par tempérament et par caractère la Fontaine était livré à deux penchants qui, quoique opposés, ne sont pas incompatibles, celui des plaisirs et celui de la mélancolie. Lorsque l'âge et les infirmités eurent enfin anéanti le premier, le second resta seul et le domina entièrement. Les idées religieuses, qui dans sa plus tendre jeunesse s'étaient emparées de lui au point de lui suggérer l'idée de se renfermer dans un cloître, revinrent de nouveau frapper son esprit. Les passions les avaient d'abord écartées ; lorsque celles-ci eurent disparu, elles les remplacèrent.

On aperçoit des traces de cette disposition dès l'année 1687. Dans l'épître au savant Huet, sur la querelle des anciens et des modernes, la muse de notre poëte a une gravité qu'elle n'a pas d'ordinaire dans ces sortes de compositions familières. Quoique le sujet soit tout littéraire, l'auteur semble éprouver le besoin de se livrer à des pensées morales et religieuses. Après avoir dit que le goût et la science sont de tous les pays, il ajoute :

>   Hélas ! qui sait encor
> Si la science à l'homme est un si grand trésor ?

La beauté des vers de Racan et de Malherbe lui persuade que ces deux poëtes doivent célébrer les louanges du créateur. Il aime à croire qu'ils sont au ciel, et il implore le secours de son pieux ami pour mériter d'aller les y rejoindre :

> Malherbe avec Racan, parmi les chœurs des anges,
> Là haut de l'Éternel célébrant les louanges,
> Ont emporté leur lyre; et j'espère qu'un jour
> J'entendrai leur concert au céleste séjour.
> Digne et savant prélat, vos soins et vos lumières
> Me feront renoncer à mes erreurs premières :
> Comme vous je dirai l'auteur de l'univers.

Après l'affaiblissement causé par la longue maladie qu'il avait éprouvée, ce penchant pour les idées religieuses et morales s'empara entièrement de l'esprit de notre poëte.

Madame de la Sablière s'approchait de sa fin, et allait bientôt terminer une vie depuis longtemps consacrée à la religion et aux bonnes œuvres. Les exhortations d'une amie presque mourante, d'une amie si constamment chérie et si digne de l'être, jointes à celles de Racine, firent sur la Fontaine la plus forte impression. Son âme aimante et sensible, affaissée par le poids de sa tristesse, éprouva vivement le besoin des consolations célestes. Le curé de Saint-Roch, sur la paroisse duquel il se trouvait, fut instruit de ses dispositions, et entreprit sa conversion.

Depuis quelques semaines la paroisse de Saint-Roch possédait un jeune vicaire, nommé Pouget, qui s'est fait connaître depuis par de savants écrits, mais qui alors, âgé seulement de vingt-six ans, n'avait jamais assisté ni confessé aucun malade. Ce fut lui qu'on choisit pour convertir la Fontaine. Pouget s'y refusait, prétendant qu'un homme si célèbre par des ouvrages scandaleux, et qui avait vécu pendant si longtemps d'une manière si peu conforme aux règles du christianisme, avait besoin d'un guide plus éclairé et plus expérimenté que lui ; mais le curé de Saint-Roch insista, et Pouget se prépara à obéir à son supérieur.

Le père de Pouget était lié avec la Fontaine : ce fut une occasion toute naturelle pour le jeune vicaire de s'introduire chez notre poëte, non comme pasteur, mais comme le fils d'un de ses amis. Il y alla donc, ne paraissant avoir d'autre but que celui de s'informer des nouvelles de sa santé de la part de son père ; et, pour mieux déguiser son dessein, il se fit accompagner d'un homme de beaucoup d'esprit, intimement lié avec notre fabuliste.

Il fut facile, dès cette première visite, de faire tomber la conversation sur la religion, puisque notre poëte alors en était assez fortement occupé. « M. de la Fontaine (dit Pouget dans la relation qu'il a donnée de cette conversion [1]) étoit un homme fort ingénu, fort simple

---

[1] Desmolets, *Mémoires de littérature et d'histoire*, t. I ; *Bibliothèque françoise*, 1737, in-12, t. V, p. 13 et 29 ; *OEuvres diverses de la Fontaine*, 1729, in-8°, t. I, p. 11 et 27. Sur Pouget, voyez encore Adry dans les *Fables de la Fontaine*, édit. de Barbou, p. 28. On trouve une réimpression des pièces citées ici dans Matter, *Lettres et pièces rares et inédites*, 1846, in-8°, p. 344 à 352.

avec beaucoup d'esprit; il me dit avec une naïveté assez plaisante : « Je me suis mis depuis quelque temps « à lire le Nouveau Testament : je vous assure que c'est « un fort bon livre; oui, par ma foi, c'est un fort bon « livre; mais il y a un article sur lequel je ne me suis « pas rendu compte, c'est celui de l'éternité des peines : « je ne comprends pas comment cette éternité peut « s'accorder avec la bonté de Dieu [1]. » — « J'avois, continue Pouget, ces matières fort présentes, parce que je sortois de dessus les bancs de Sorbonne, où ces questions sont fort agitées; je lui expliquai sur cela, avec étendue et vivacité, les principes de saint Augustin et des autres pères ou théologiens. »

Pouget se retira, mais l'ami qu'il avait amené resta. La Fontaine lui dit qu'il était très-satisfait du jeune vicaire, que s'il prenait le parti de se confesser, il ne voulait pas d'autre confesseur que lui. Mais il ajouta qu'il avait des difficultés sur lesquelles il désirait des éclaircissements, et il pria son ami d'engager Pouget à revenir.

Pouget revint dans l'après-midi, et engagea seul avec la Fontaine de nouvelles discussions. Elles furent continuées deux fois par jour pendant dix ou douze jours consécutifs. La garde de la Fontaine, qui se trouvait en

---

[1] Diderot, dans son *Dialogue de Crudeli et de la maréchale D****, est, je crois, le premier qui ait prétendu que la Fontaine avait dit à ce sujet « qu'il s'imaginoit que les damnés finissoient dans l'enfer comme le poisson dans l'eau. » Ce petit conte du philosophe a été répété par Chamfort et par M. Creuzé-Delessert dans la *Vie de la Fontaine* qui est en tête de l'édition des *Fables* publiée par Didot, 1813, in-8°, p. XXX.

tiers à ces longues conférences, craignait qu'elles ne fatiguassent son malade, et elle dit à Pouget, qui exhortait le poëte à la pénitence : « Hé! ne le tourmentez pas tant, il est plus bête que méchant. » Cette femme était surtout singulièrement touchée de sa bonté et de sa douceur. Ainsi, un jour que Pouget avait été plus véhément qu'à l'ordinaire sur les peines réservées aux pécheurs incrédules et endurcis, elle le tira dans un coin de la chambre, et lui dit avec un air de compassion : « Monsieur, Dieu n'aura jamais le courage de le damner ¹ ! »

Pouget, dans sa relation, nous apprend que la Fontaine mit dans ses discussions avec lui beaucoup d'abandon et de franchise. « C'étoit un homme, dit-il, qui, sur mille choses, pensoit autrement que le reste des hommes, aussi simple dans le mal comme dans le bien. Sa maladie le mit en état de faire des réflexions sérieuses; il saisissoit le vrai et il s'y rendoit : il ne cherchoit point à chicaner. »

La Fontaine, après ces longues conférences, déclara à Pouget qu'il était convaincu, et voulut se confesser à lui. Pouget s'excusa sur sa jeunesse et sur son peu d'expérience; il offrit à notre poëte de continuer à le voir et à l'aider de ses conseils, mais il tâcha de le déterminer à prendre un confesseur plus âgé. La Fontaine ne voulut point y consentir, et insista pour n'en avoir pas d'autre que le jeune vicaire du curé de Saint-Roch.

---

¹ D'Olivet, *Histoire de l'Académie françoise*, in-4°, t. II, p. 311. Ces particularités ont été racontées à l'abbé d'Olivet par Pouget lui-même.

Alors celui-ci lui dit qu'avant de se rendre à ses désirs il fallait qu'il se soumît à quelques conditions indispensables sur deux points importants : le premier était relatif à ses *Contes*[1]. Pouget exigeait que la Fontaine prît l'engagement de ne faire usage du talent qu'il avait pour la poésie que pour travailler à des ouvrages de piété, et d'employer le reste de ses jours aux exercices d'une vie pénitente et édifiante; que non-seulement il promît de ne contribuer jamais à l'impression ni au débit de ses *Contes*, mais encore qu'il fît une satisfaction publique, soit devant le saint sacrement, s'il était obligé de le recevoir dans sa maladie, soit dans l'assemblée de l'Académie française, la première fois qu'il s'y trouverait; et enfin qu'il demandât pardon à Dieu et à l'Église d'avoir composé ce livre.

« M. de la Fontaine, dit Pouget, eut assez de peine à se rendre à la proposition de cette satisfaction publique. Il ne pouvoit s'imaginer que le livre de ses *Contes* fût un ouvrage si pernicieux, quoiqu'il ne le regardât pas comme irrépréhensible et qu'il ne le justifiât pas. Il protestoit que ce livre n'avoit jamais fait de mauvaises impressions sur lui en l'écrivant, et il ne pouvoit pas comprendre qu'il pût être si fort nuisible aux personnes qui le liroient. Ceux qui ont connu plus particulièrement M. de la Fontaine, » ajoute Pouget, « n'auront

---

[1] On publia vers cette époque (en octobre 1692) une fable de lui, intitulée : *la Ligue des Rats*, dans le *Mercure galant*, mais sans dire qu'il en était l'auteur. Ce fut aussi alors que parut dans le même journal le joli conte du *Contrat*, qu'on lui a attribué dans un grand nombre d'éditions.

pas de peine à concevoir qu'il ne faisoit pas de mensonge en parlant ainsi, quelque difficile qu'il paroisse de croire cela d'un homme d'esprit et qui connoissoit le monde. »

Cette assertion de Pouget se trouve confirmée par une naïveté plaisante de notre poëte. Avant que Pouget eût consenti à l'assister, Boileau et le grand Racine, instruits des bonnes dispositions de leur ami, lors des premières atteintes de sa maladie, lui avaient amené un bon religieux pour le confesser. Celui-ci exhortait son pénitent à des prières et à des aumônes. « Pour des au« mônes, dit la Fontaine, je n'en puis faire, je n'ai « rien ; mais on fait une nouvelle édition de mes *Con-« tes*, et le libraire m'en doit donner cent exemplaires. « Je vous les donne, vous les ferez vendre pour les pau« vres. » Le confesseur, presque aussi simple que notre fabuliste, alla consulter un célèbre prédicateur, nommé D. Jérôme, pour savoir s'il pouvait recevoir cette aumône [1].

Pouget, cependant, parvint facilement à convaincre la Fontaine qu'il se trompait sur l'opinion qu'il avait de ses *Contes*, et il le fit consentir à faire sur ce point une réparation publique ; mais notre poëte montra beaucoup de résistance sur l'autre point exigé par son directeur, et qui nous reste à expliquer.

Pouget avait appris que la Fontaine avait composé, depuis peu, une pièce de théâtre qui avait paru excellente

---

[1] Louis Racine, *Réflexions sur la poésie*, chap. v, art. 2, t. II, p. 363 des Œuvres complètes, édit. 1808, in-8°, en note.

à tous ceux qui l'avaient lue, et qu'il devait bientôt la remettre aux comédiens pour la faire jouer. Pouget exigeait que la Fontaine fît le sacrifice de cette pièce, se fondant sur ce que la profession de comédien étant interdite par les lois de l'Église, il n'était pas permis de contribuer au maintien de cette profession en travaillant à des pièces pour les faire représenter. Le poëte, qui avait encore présente à l'esprit la controverse qui avait eu lieu à ce sujet entre Nicole et son ami Racine, trouva cette opinion de Pouget trop sévère, et en appela au sentiment d'hommes plus âgés et plus instruits. Pouget y consentit volontiers, et promit d'avance d'acquiescer à la décision qui serait rendue par des théologiens compétents. La Fontaine consulta la Sorbonne, et entre autres M. Pirot, savant professeur et depuis chancelier de l'Église et de l'Université de Paris. Pirot et les autres docteurs de Sorbonne assurèrent à la Fontaine que son jeune directeur lui avait dit la vérité et n'avait rien exagéré; alors il jeta sa pièce au feu, et comme il n'en avait pas de copie, elle n'a jamais été publiée. Ces deux articles réglés, notre poëte se prépara à une confession générale; il y employa beaucoup de temps: sa tête était entièrement libre. Il se confessa ensuite, ajoute Pouget, avec des sentiments de piété très-édifiants.

Cependant la maladie de la Fontaine s'étant aggravée, les médecins jugèrent qu'il était temps de lui faire recevoir le saint viatique. Il fixa lui-même le jour, et convint la veille, avec le jeune vicaire du curé de Saint-Roch, qu'il ferait prier messieurs de l'Académie française de s'y trouver par députés. Le 12 février 1693, jour fixé, qui était le premier jeudi de carême, les députés de l'Académie se rendirent, à dix heures du matin, à l'église, et accompagnèrent le saint sacrement, qu'on porta chez la Fontaine. Lorsque Pouget fut entré dans la chambre, elle se trouva remplie de personnes de la plus haute distinction et d'hommes de lettres qui, pour être témoins de cet acte pieux, s'étaient joints aux académiciens. Le saint sacrement fut posé sur la table devant le malade, qui se trouvait assis dans un fauteuil. Pouget fit les prières prescrites par le rituel, et, dès qu'il les eut terminées, la Fontaine, en présence de cette nombreuse assemblée, exprima dans les termes les plus formels son repentir d'avoir écrit ses *Contes*; il manifesta les intentions où il était de passer le reste de ses jours dans les exercices de la pénitence et de ne plus s'occuper qu'à la composition d'ouvrages de piété. Pouget lui fit ensuite une exhortation pieuse, et le recommanda aux prières de tous les assistants. Tous se mirent à genoux et prièrent, tandis que le malade recevait le saint viatique.

Ainsi se termina cette pieuse cérémonie. La conversion de la Fontaine donna de la célébrité au jeune vicaire de Saint-Roch. L'abbé de Tallemant, de l'Académie française, et madame Deshoulières, qui se mouraient à la même époque, voulurent avoir aussi Pouget pour les assister dans leurs derniers moments [1].

---

[1] *OEuvres diverses de M. de la Fontaine*, édit. de 1729, in-8°, p. XXVI;

Le bruit courut alors que la Fontaine avait succombé à sa maladie, et en même temps Pellisson, qui était dans les ordres, et possédait même un prieuré et une abbaye, mourut presque subitement, le 7 février 1693, sans recevoir le saint viatique [1]. Linière, qui plaisantait sur tout, fit sur-le-champ, lorsqu'il apprit cette double nouvelle, l'impromptu suivant :

> Je ne jugerai de ma vie
> D'un homme avant qu'il soit éteint :
> Pellisson est mort en impie,
> Et la Fontaine comme un saint.

Ce quatrain était injuste par rapport à Pellisson ; et pour ce qui concernait la Fontaine, il n'était vrai que par anticipation, car notre poëte se rétablit. Mais, en retrouvant la vie, il ne retrouva plus l'amie qui en avait fait le charme et la consolation. Madame de la Sablière était morte aux Incurables, le 8 janvier 1693 [2]. Sa maison, que notre poëte habitait depuis vingt ans, cessa d'être aussi la sienne [3]. Il en était sorti pour n'y plus ren-

---

lettre du R. P. Pouget, prêtre de l'Oratoire, à M. l'abbé d'Olivet, de l'Académie française, dans la continuation des *Mémoires de M. de Salengre*, Paris, in-12, t. I, part. 1, p. 285 à 308.

[1] *Notice sur Pellisson*, t. I, p. cvi et cvii des *OEuvres diverses*, 1735, in-12 ; Dangeau, *Mémoires*, t. I, p. 412.

[2] Dangeau, *Mémoires*, t. I, p. 409, sous la date du 9 janvier 1693.

[3] Sa maison de campagne fut possédée par M. le Duc ; et madame de Coulanges, en parlant de la société qui s'y réunissait, disait que « c'éloit les lieux saints aux infidèles. » *Lettre de madame de Coulanges*, en date du 13 mai 1695, t. XI, p. 195 de l'édit. stéréotype de Grouvelle des *Lettres de madame de Sévigné*. Sa maison de ville devait être sur la paroisse de

trer[1], lorsqu'il rencontra dans la rue M. d'Hervart, qui lui dit avec empressement : « Mon cher la Fontaine, je vous cherchois pour vous prier de venir loger chez moi. — J'y allois, » répondit la Fontaine. D'où vient cet attendrissement involontaire que nous fait éprouver un dialogue si court et si simple? C'est qu'il semble nous retracer les vertus des premiers siècles ; c'est qu'on y voit un ami incapable de douter un instant du cœur de son ami. Sans doute beaucoup de personnes alors auraient dit à la Fontaine, comme M. d'Hervart : Venez loger chez moi; mais il n'y a que le seul d'Hervart auquel il ait pu répondre : *J'y allois*.

La Fontaine alla donc demeurer rue Plâtrière dans cet hôtel d'Hervart, célèbre par les fresques de Mignard, et dont nous avons déjà parlé[2]. Pour connaître les touchantes attentions dont il fut l'objet chez son nouvel hôte, il suffit de rapporter un seul fait. Notre poëte avait toujours été fort simple dans ses habillements; mais, dans les derniers temps de sa vie, sans cesse occupé de vers ou de pratiques de dévotion, enfin affaissé par le poids des années, il porta la négligence

---

Saint-Roch, puisque le P. Pouget dit que la Fontaine quitta cette paroisse peu après sa conversion.

[1] Pouget, *OEuvres diverses de la Fontaine*, t. I, p. xxvii, édit. 1729, in-8°; d'Olivet, *Histoire de l'Académie françoise*, t. II, p. 312; Perrault, *Hommes illustres*, 1696, in-folio, p. 84.

[2] Voyez ci-dessus, p. 110. Conférez aussi Montenault, *Vie de la Fontaine*, t. I, p. xxviii de l'édit. des *Fables* in-folio; Segrais, *OEuvres*, 1755, in-12, t. II, p. 135; Germain Brice, *Description de Paris*, 1685, t. I, p. 101; Gourville, *Mémoires*, t. I, p. 252 à 255; Bouquet, *Recueil de défenses*, t. IV, p. 215 et 242; Motteville, *Mémoires*, t. V, p. 406; Chaudon, *Dictionnaire historique*, art. *Hervart*, t. VI, p. 229.

jusqu'à la malpropreté, et il fut plus que jamais sujet aux distractions. Un de ses amis le rencontra un jour, et lui fit compliment sur son habit neuf. La Fontaine fut fort surpris. En effet, il portait depuis deux jours cet habit sans s'en être aperçu, parce que madame d'Hervart prenait soin depuis longtemps, sans qu'il le sût, de substituer des vêtements neufs à ceux qu'il avait usés ou tachés[1].

Le poëte Gacon, qui, jeune alors, n'avait pas encore composé les odieux libelles et les dégoûtantes satires qui depuis ont rendu son nom seul une injure, mécontent de la conversion de la Fontaine, lui adressa, à cette époque, trois épîtres en vers[2] pour l'engager à secouer le joug des décisions ecclésiastiques, et à composer de nouveaux contes. Afin de persuader à la Fontaine que ses productions en ce genre ne sont pas nuisibles aux mœurs, et que même elles sont utiles, il reproduit le même argument que la Fontaine avait déjà lui-même exprimé dans des vers bien supérieurs à ceux de Gacon :

> J'ouvre l'esprit, et rends le sexe habile
> A se garder de ces piéges divers.
> Sotte ignorance en fait trébucher mille,
> Contre une seule à qui nuiroient mes vers[3].

Gacon aurait voulu aussi que la Fontaine lui adressât au

---

[1] Titon du Tillet, *Parnasse françois*, 1735, in-folio, p. 461.
[2] *Le Poëte sans fard, ou Discours satiriques, par le sieur G****, 1696, in-12, p. 103 à 115.
[3] La Fontaine, *Contes*, v.

moins un quatrain. Il dit qu'il le priserait plus que deux ou trois cents ducats, plus que les faveurs de sa maîtresse et que les vins les plus délectables [1]. Mais, se doutant bien que notre poëte, qui est, selon lui, les délices du Parnasse, ne cédera point à ses instances, il termine en disant :

> ....En mon calcul je m'abuse
> D'oser espérer que ta muse
> M'accorde une telle faveur :
> Écris-moi du moins pour me dire
> Que tu ne me veux pas écrire.

La Fontaine ne fit aucune attention aux épîtres de Gacon [2]. Il persévéra dans les sentiments religieux qu'il avait solennellement professés. Il se soumit même, par pénitence, à des rigueurs que son premier directeur Pouget ne lui avait ni prescrites ni conseillées, et que ses amis ont ignorées tant qu'il a vécu : il portait sur lui un cilice que l'abbé d'Olivet a vu entre les mains de M. de Maucroix, qui le gardait comme un monument précieux de la mémoire de son ami [3], ce qui depuis a inspiré à Louis Racine ces beaux vers sur notre poëte :

> Vrai dans tous ses écrits, vrai dans tous ses discours,
> Vrai dans sa pénitence à la fin de ses jours,

---

[1] Gacon, *Discours satiriques en vers*, p. 160; conférez encore p. 53.

[2] C'est là le motif pour lequel Gacon a retranché ces épîtres à la Fontaine dans les éditions qu'il a données de ses discours satiriques en 1698 et en 1701.

[3] D'Olivet, *Histoire de l'Académie françoise*, t. II, p. 313; de Maucroix, *OEuvres posthumes*, 1710, in-12, p. 349 et 366 à 368.

Du maître qui s'approche il prévient la justice,
Et l'auteur de *Joconde* est armé d'un cilice[1].

Quelques auteurs ont à tort avancé que la Fontaine avait composé des contes depuis sa conversion. A la vérité un libraire de la Haye, Adrien Moetjens, imprima en 1694, dans un recueil qu'il faisait paraître tous les mois[2], un conte intitulé *le Contrat,* sous le nom de la Fontaine; mais on sait que ce conte est de Saint-Gilles, qui le réclama dans le temps par une lettre adressée à une dame et écrite à l'imitation de celles du *Mercure galant.*

« Je vous envoie, dit Saint-Gilles, mon cher *Contrat*, avec une belle réprimande que je lui fis, il y a quelque temps, sur ce qu'on m'assuroit qu'on l'avoit vu en Hollande, imprimé parmi les œuvres de la Fontaine, au grand scandale de mon amour-propre.

Ambitieux et vain *Contrat* !
Conte premier né de ma veine !
Fils dénaturé ! fils ingrat !
Vous me quittez pour la Fontaine !
Or, dites-moi, sur quel espoir
Votre désertion se fonde ?
La belle chose de vous voir,
Chétif estafier de *Joconde*,
A sa suite courir le monde !

---

[1] Louis Racine, *Épître à Rousseau*, t. II, p. 92 de ses *OEuvres*, édit. in-8°.

[2] *Recueil de pièces curieuses et nouvelles tant en prose qu'en vers*, in-18, la Haye, 1694, t. II, p. 10.

Honteux de votre égarement,
Revenez à moi promptement !
Déclarez-vous, faites connoître
L'auteur à qui vous devez l'être.
*Mazet de Lamporecchio,
Regnaud d'Ast* et *Pinuccio*
Vous traitent d'imposteur insigne ;
Et vous jouez un rôle indigne
De l'aîné de *Vindicio*[1]. »

Ce conte parut pour la première fois imprimé du vivant de la Fontaine dans le *Mercure galant*, sans nom d'auteur ; mais le journaliste dit qu'il est d'un cavalier qui ne s'occupe de poésie que quand il n'a rien de mieux à faire.

La Fontaine eut, de son vivant, un grand nombre d'imitateurs : dans la fable, on vit paraître d'abord un

---

[1] Saint-Gilles, *Muse mousquetaire*, 1709, in-12, p. 41. Le conte du *Contrat* a été réimprimé dans le *Recueil de nouvelles poésies galantes, critiques, latines et françoises*, Londres, in-12, p. 85, et dans le *Nouveau parterre du Parnasse françois*, la Haye, 1737, in-12 : dans ce dernier recueil il est attribué à tort à un M. Julien Scopon, gentilhomme de Languedoc, réfugié en Hollande, qui en a composé d'autres que madame du Noyer a publiés dans les livres III et IV de ses *Lettres historiques et galantes*, 1741, in-12. Julien Scopon a lui-même publié ses œuvres en un volume in-12, à la Haye, 1728, et il n'y a pas inséré le conte du *Contrat*. Le conte du *Contrat* se trouve encore dans les *Mémoires politiques, amusants et satiriques de messire J. N. D. B. C. de L.* (Moreau de Brasey), 1735, in-12, t. II, p. 283. Ce conte fut d'abord inséré dans l'édition des *Contes de la Fontaine* de 1718, et ensuite dans celles de Paul et d'Étienne Lucas de 1721 et 1732 ; et enfin dans un grand nombre d'autres éditions. Conférez Walck., *Préface de l'éditeur sur les Contes de la Fontaine*, p. X, t. III des Œuvres *de la Fontaine*, édit. de 1823, in-8°. *Vindicio*, dont le sujet ressemble à celui de *Joconde*, est tiré de la reine de Navarre, *Heptaméron*, Paris, in-4°, 1560, p. 12, journée 1re, nouvelle 3.

auteur anonyme¹, puis successivement madame de Villedieu², Furetière³, Perrault⁴, Desmay⁵, Benserade⁶, d'Aubaine⁷, Boursault⁸, Trousset de Valincourt⁹, le Noble¹⁰; dans le conte, Saint-Glas¹¹, Saint-Gilles¹², Sénecé¹³ et Vergier¹⁴.

¹ *OEuvres de M.****, *contenant plusieurs fables d'Ésope mises en vers*, Paris, in-12, 1670, chez Claude Barbin.

² *Fables ou Histoires allégoriques*, 1670, in-12.

³ *Fables morales et nouvelles*, par M. Furetière, abbé de Chalivoy, 1671, in-12.

⁴ *Recueil de divers ouvrages en prose et en vers*, par Perrault, 1676, in-12, p. 238 à 252; *Traduction de Faerne*, 1699, in-12.

⁵ *L'Ésope du temps, fables nouvelles*, par M. L. S. Desmay, 1677, in-12, 1ʳᵉ édit. dédiée à mademoiselle de la Force, 1678, in-12; 2ᵉ édit. dédiée à l'avocat Fourcroy.

⁶ *Fables en quatrains*, par Benserade, 1678, chez Sébastien Cramoisy.

⁷ *Fables nouvelles*, Paris, 1685, in-12, chez Blageart, : ces fables ont été faussement attribuées à Moreau de Mautour ; voyez le *Mercure galant*, mars 1682, p. 79, et le tome VII des *Amusements du cœur et de l'esprit*, p. 16, 125, 335 et 338.

⁸ *Ésope à la cour*, comédie par Boursault.

⁹ Dans le *Recueil de vers choisis* du père Bouhours, 1693, in-12, et dans d'autres recueils du temps.

¹⁰ *Esprit d'Ésope*, par le Noble, 1695, in-12; *Contes et fables de M. le Noble avec le sens moral*, 2 vol. in-12, 1700.

¹¹ *Contes nouveaux en vers*, Paris, 1672, in-12, ou 1678, 2ᵉ édit. : sur Pierre de Saint-Glas, abbé de Saint-Ussans, conférez Baillet, les *Auteurs déguisés*, 1690, in-12, p. 560, et les contes de Saint-Glas, intitulés : *Contes nouveaux en vers*, dédiés à S. A. R. Monsieur; *Nouveau choix de pièces de poésie*, 1715, t. I, p. 50 ; *Menagiana*, t. IV, p. 235 ; et l'*Histoire du Théâtre-Français*, t. XIII, p. 313. Après Saint-Glas est un anonyme dont le recueil est intitulé : *Contes mis en vers par M. D. et poésies diverses*, Cologne, in-12, chez Pierre Marteau, 1688.

¹² *Muse mousquetaire*, 1709, in-12; *Nouveau choix de pièces de poésie*, 1715, t. II, p. 93. Voyez encore une curieuse notice sur Saint-Gilles par M. Labouisse de Rochefort, dans le *Journal anecdotique de Castelnaudary*, 3ᵉ année, n° 1, 6 août 1823. Le conte du *Contrat* fut inséré pour la première fois parmi ceux de la Fontaine dans l'édition de 1718, in-12.

¹³ *Nouvelles en vers et satires*, 1695, in-12.

¹⁴ *Recueil de pièces curieuses et nouvelles, tant en prose qu'en vers*,

Pierre Saint-Glas, abbé de Saint-Ussans, a vu son insipide recueil plusieurs fois réimprimé ; Sénecé, au contraire, a enseveli dans son portefeuille les productions qui devaient longtemps après établir sa réputation comme conteur [1], Vergier, qui composa aussi des fables, a été pour ses contes placé immédiatement après la Fontaine ; Saint-Gilles, qui, suivant nous, a le plus approché de l'auteur de *Joconde*, n'a été ni lu, ni apprécié, et est presque inconnu [2]. Ce poëte aimable, sous-brigadier des mousquetaires, ne composait des vers que pour son plaisir, et les récitait seulement à ses amis. Après la bataille de Ramillies, en 1706, il quitta le service, se convertit, renonça au monde et se renferma dans un couvent de capucins. Il mourut deux ou

la Haye, 1695, in-12, t. III, partie v, p. 523 ; *Recueil de quelques pièces nouvelles et galantes*, Utrecht, 1699, in-12, p. 51 ; *OEuvres diverses de M. Vergier*, Amsterdam, 1726, 2 vol. in-12 ; *OEuvres de Vergier*, 1750, 2 vol. in-12. On pourrait encore ajouter Lautin, de Dijon, qui, à notre avis, est le véritable auteur du conte du *Rossignol*, qu'on attribue aussi à Trousset de Valincourt. Huet fait mention d'un Lautin dans son *Comment. de reb. ad eum pertin.*, p. 274. Il faut encore citer, après Lautin, Reinaud de Gaillard, seigneur de Chaudon, qui mourut à Aix, en septembre 1704, âgé de soixante-six ans. Flachat de Saint-Sauveur dit de lui : « De Chaudon « étoit né avec un génie déclaré pour la poésie, qu'il essaya, dans les pre- « mières années de sa vie, à faire de petits vers et des contes que M. de la « Fontaine, qu'il a suivi de si près, n'auroit pas désavoués. Il avoit renoncé « depuis plusieurs années à la poésie, et ne travailloit plus que sur des su- « jets pieux. » (*Pièces fugitives d'histoire et de littérature ancienne et moderne*, 1704, in-12, p. 264.) Nous voyons donc chacun, dans ce bon siècle de Louis XIV, donner sa jeunesse au plaisir et sa vieillesse à la dévotion.

[1] Le conte intitulé *le Kaïmak* n'a paru qu'après la mort de l'auteur dans l'*Élite des poésies fugitives*.

[2] Conférez Titon du Tillet, *Parnasse françois*, in-folio, p. 567 ; Gudin, *Histoire des contes*, t. I, p. 218 ; Auguste de la Bouïsse, *Journal anecdotique de Castelnaudary*, 6 août 1823, p. 1 à 7.

trois ans après, et ce ne fut qu'après sa mort que son frère [1] recueillit une partie de ses œuvres, et qu'il les publia sous le titre ridicule de *la Muse Mousquetaire.*

Le petit nombre de pièces dignes d'être lues que Saint-Gilles avait composées se trouvent dans ce recueil, mêlées à beaucoup d'autres qui ne méritaient pas d'être imprimées ; mais, parmi ce fatras, on rencontre divers morceaux qui décèlent un talent vrai et facile, et quelques contes supérieurs à tous ceux qu'on a publiés depuis la Fontaine, dont le nom seul a suffi pour sauver de l'oubli celui qui est intitulé *le Contrat.* On a toujours continué à imprimer ce conte comme étant réellement de notre poëte, malgré la réclamation du véritable auteur, qui, cependant, en a composé d'autres aussi remarquables et aujourd'hui presque ignorés [2].

Le conte intitulé *les Quiproquo,* inséré dans les œuvres posthumes de la Fontaine, fut, on n'en peut douter, écrit par lui peu de temps avant sa conversion : il ne put l'anéantir, parce qu'il en avait laissé prendre copie. Lors de la satisfaction publique qu'il fit au moment de recevoir le saint viatique, il confessa qu'il avait consenti à ce qu'on fît, en Hollande, une nouvelle édition de ses *Contes* par lui retouchés, et il déclara qu'il renonçait au profit qui devait lui revenir de cette nouvelle édition. Il se fit, en effet, en Hollande, plusieurs

---

[1] L'Enfant de Saint-Gilles, auteur d'une tragédie d'*Ariarathe :* voyez l'*Histoire du Théâtre-Français*, t. XIV, p. 136.

[2] M. Paul Lacroix a donc tort, dans son édition des *Contes de la Fontaine*, p. 431, de dire que le *Contrat* a été attribué à un auteur inconnu, nommé Saint-Gilles.

éditions des *Contes* de la Fontaine peu après sa conversion ; mais dans aucune de ces nouvelles éditions on ne trouve le conte des *Quiproquo;* il n'a été imprimé qu'après la mort de l'auteur, sur une mauvaise copie : ce qui prouve qu'il avait rompu toute relation avec ses éditeurs de Hollande. Ceci confirme encore ce que nous avons avancé précédemment de sa rupture avec madame Ulrich ; et en effet nous voyons, par un quatrain inséré dans un livre publié en 1694, que les contemporains de notre fabuliste étaient fort bien instruits du goût qu'il avait conservé pour les femmes jusque dans un âge très-avancé, et qu'en même temps ils étaient parfaitement convaincus de la sincérité de sa conversion, et le considéraient comme un homme désormais étranger à toutes les faiblesses et les vanités du monde. Voici comme s'exprime l'auteur du livre en question dans une de ses maximes :

> Il faut être constant lorsque l'on est heureux ;
> La Fontaine l'a dit, sa maxime est très bonne ;
> Je l'en croirois plutôt qu'un docteur de Sorbonne :
> Il a long-temps vécu sous l'empire amoureux [1].

Lorsque, en juin 1693, l'Académie française tint une séance publique pour la réception de la Bruyère, l'abbé de la Vau lut, au nom de la Fontaine, trop faible encore pour assister à cette séance [2], une paraphrase en vers français de la prose des morts *Dies iræ*, dans laquelle, en s'adressant à Dieu, il lui dit :

---

[1] Teissier, *Vérités sur les Mœurs*, 1694, in-12, p. 121.
[2] *Mercure galant*, juin 1693, p. 283.

L'illustre pécheresse ....
Se fit remettre tout par son amour extrême ;
Le larron te priant fut écouté de toi.
La prière et l'amour ont un charme suprême.
Tu m'as fait espérer même grâce pour moi.
....
Tu vois mon cœur contrit et mon humble prière,
Fais-moi persévérer dans ce juste remords :
Je te laisse le soin de mon heure dernière ;
Ne m'abandonne pas quand j'irai chez les morts[1].

La Fontaine, par sa conversion, s'était concilié l'estime de tous les honnêtes gens : à mesure qu'il vieillissait, on sentait mieux tout le prix de ses inimitables productions, et l'affection générale dont il était l'objet s'augmentait de jour en jour. Aussi l'éloge suivant, que dans son discours le nouvel académicien fit de la Fontaine, fut-il d'autant mieux accueilli qu'on avait davantage redouté de le perdre.

« Plus égal que Marot, et plus poëte que Voiture, la Fontaine a le jeu, le tour et la naïveté de tous les deux; il instruit en badinant, persuade aux hommes la vertu par l'organe des bêtes, élève les petits sujets jusqu'au sublime : homme unique dans son genre d'écrire, toujours original, soit qu'il invente, soit qu'il traduise; qui a été au delà de ses modèles, modèle lui-même difficile à imiter[2]. »

---

[1] La Fontaine, *Odes*, 6.
[2] *Recueil des harangues prononcées par MM. de l'Académie françoise*, 1698, in-4°, p. 641, et dans les *Caractères de la Bruyère*, édit. de Blin de Ballu, 1790, in-8°, t. I, p. 73.

Telle était l'idée qu'avaient de notre fabuliste les plus grands écrivains de ce siècle, et tous ses contemporains qui, de nos jours, ont été accusés d'avoir méconnu son rare mérite [1].

Quand la Fontaine reçut le saint viatique, le duc de Bourgogne, alors âgé de dix ans et demi, lui envoya, de son propre mouvement, une bourse de cinquante louis, seul argent qui lui restât de ses économies sur ses menus plaisirs, qui alors ne se montaient qu'à 500 livres par mois [2]. Notre poëte, aussitôt qu'il fut rétabli, rassembla ce qu'il avait de forces pour achever un dernier recueil de fables, qu'il publia enfin en 1694, et qui forma le douzième et dernier livre d'un ouvrage qui vivra autant que la langue française. On n'y a pu ajouter depuis que deux ou trois fables que probablement la Fontaine n'avait pas jugées dignes d'y être insérées, ou qu'il a composées depuis [3].

Le succès de ce nouveau recueil fut tel, qu'on le réimprima deux fois dans la même année ; cependant il contenait peu de fables nouvelles, et se compo-

---

[1] L. S. Auger, *Éloge de Boileau Despréaux,* an XIII (1805), in-8°, p. 36.

[2] Pouget, *Lettre à d'Olivet* dans les *OEuvres de la Fontaine,* édit. de 1729, t. I, p. XXIV; Dangeau, *Journal,* sous la date du 28 décembre 1697, Lettre du duc de Bourgogne.

[3] Entre autres, *la Ligue des Rats, le Soleil et les Grenouilles, l'Hymen et l'Amour, la Tourterelle et le Moineau, le Rossignol en cage, l'Avocat et la Servante.* Les deux premières pièces ont été traduites du P. Commire, la troisième est l'épithalame du prince de Conti, la quatrième est tirée de la comédie : *Je vous prends sans vert,* la cinquième est de du Trousset de Valincourt, et la sixième n'est autre chose que le conte de la *Servante justifiée.* Ces pièces ont, dans différentes éditions, été à tort mises au nombre des fables de la Fontaine.

sait presque en entier de celles que l'auteur avait publiées précédemment avec les ouvrages de François de Maucroix. *Philémon et Baucis, les filles de Minée* et *Belphégor* sont placés par la Fontaine, dans ce volume, au nombre des fables; mais il faut remarquer qu'en réimprimant *Belphégor*, il en retrancha le prologue adressé à mademoiselle de Champmeslé : les éditeurs modernes, qui, à l'exemple de notre poëte, ont joint ce conte à ses fables, auraient dû aussi supprimer ce prologue, et respecter les intentions de l'auteur, qui avait sagement pensé que cette suppression était nécessaire dans un livre destiné à être mis entre les mains des enfants et des jeunes gens.

La Fontaine supprima aussi par scrupule de conscience les dix vers qui terminent la fable 15 du livre XII, adressée à madame de la Sablière, que nous avons cités plus haut [1], et par lesquels il exprimait ses regrets d'être obligé de quitter l'amour et de ne célébrer que l'amitié. Ces vers, qu'il avait lui-même imprimés quand il publia cette fable en 1685 [2], ne se trouvent plus dans ces deux éditions qu'il a données du recueil de 1694 [3], et ils n'ont été rétablis dans ses fables

---

[1] Voyez ci-dessus, p. 81.

[2] *Ouvrages de prose et de poésie des sieurs de Maucroy et de la Fontaine*, 1685, in-12, t. I, p. 13.

[3] *Fables choisies, par M. de la Fontaine*, à Paris, chez Claude Barbin, 1694. Le volume porte au titre courant : *livre VII*. Ce livre est intitulé *livre septième* parce que l'auteur ne le considérait que comme une addition à son second recueil. Claude Barbin le réimprima la même année avec un titre portant : *Cinquième partie*.

que plus de trente ans après sa mort[1]. Ces particularités, qui n'avaient point été remarquées, sont autant de témoignages certains de la sincérité et de la persévérance de notre poëte dans les voies du repentir et de la piété qu'il avait résolu de suivre.

On retrouve dans ce nouveau recueil de fables celles qui sont dédiées au prince de Conti, à madame de la Mésangère, à madame Harvey et à madame de la Sablière, dont nous avons parlé lorsque nous avons rendu compte du volume de la Fontaine qui accompagne les œuvres de François de Maucroix[2]. Presque toutes les fables nouvelles qu'on remarque dans ce recueil ont été composées pour l'instruction et l'amusement du jeune duc de Bourgogne, et plusieurs lui sont dédiées. Mais la Fontaine ne s'est pas contenté de ces hommages, en quelque sorte partiels : il a dédié ce dernier livre de ses apologues à son jeune bienfaiteur par une épître en prose, ainsi qu'il l'avait fait à l'égard du Dauphin pour les six premiers livres. Ce fut même le prince qui indiqua à la Fontaine les sujets de plusieurs des nouvelles fables, entre autres de celle qui est intitulée : *le vieux Chat et la jeune Souris*, dont le prologue, écrit dans le style de nos anciennes ballades, est, par ses formes naïves, si bien approprié au goût et à l'intelligence de l'enfance ! Ce prologue devait plaire d'autant plus au duc de Bourgogne que le titre même de la fable qu'il avait proposée sert de refrain à chaque strophe, et que la Fontaine sem-

---

[1] Dans l'édit. de 1729.
[2] Voyez ci-dessus, p. 64 à 68.

ble se jouer de son sujet, « comme le chat de la souris [1]. »

La fable intitulée *le Loup et le Renard* est une de celles que le duc de Bourgogne avait d'abord écrites en prose; aussi la Fontaine lui dit:

> Ce qui m'étonne est qu'à huit ans
> Un prince en fable ait mis la chose,
> Pendant que sous mes cheveux blancs
> Je fabrique à force de temps
> Des vers moins sensés que sa prose [2].

— Ceci nous prouve que les relations de la Fontaine avec le prince enfant étaient commencées depuis quelque temps, et que le vertueux Fénelon avait mis les fables de notre poëte entre les mains de son royal élève aussitôt qu'il avait été en état de les comprendre.

Lorsque la Fontaine dit qu'il fabriquait ses vers à force de temps, il n'exagère pas; nous en avons la preuve pour une fable de ce dernier recueil, intitulée: *le Renard, les Mouches et le Hérisson*. On a retrouvé une première composition de cette fable tout entière de sa main; et, en la comparant à celle qu'il a fait imprimer, on voit qu'il n'a conservé que deux vers de sa première version [3]. Cette fable, le conte de la *Coupe enchantée*, d'abord inséré dans l'édition des contes de

---

[1] La Fontaine, *Fables*, XII, 5.

[2] Id., XII, 9.

[3] La Fontaine, *Fables*, XII, 13. On trouvera des *fac-simile* de son écriture dans l'édition compacte de 1817, in-8°, dans les *OEuvres de Louis XIV*, 1806, in-8°, à la suite des *Mémoires de Coulanges*, dans l'édit. de M. Monmerqué, dans la première édition de mon *Histoire de la Fontaine*, dans les *Nouvelles OEuvres de la Fontaine et de Maucroix*, etc.

1669, et refait presque en entier dans l'édition de 1671, les nombreuses variantes que présente le poëme d'*Adonis* dans l'édition de 1669 et la copie offerte à Fouquet en 1658, et bien d'autres exemples de ce genre, démontrent suffisamment que cette facilité apparente, qu'on admire dans la Fontaine, est le plus souvent le résultat du travail. Dans les manuscrits de cet homme célèbre que nous avons eu occasion d'examiner, nous avons eu le bonheur de rencontrer les premières et les dernières copies des mêmes morceaux écrites par lui. Les premières sont pleines de changements et de ratures; il n'y en a pas dans les dernières. Il écrivait d'une manière très-nette et très-lisible, et marquait avec soin toutes les divisions du discours, les points, les virgules, les interjections, les interrogations, les lettres majuscules, les alinéas. Aussi les éditions de ses ouvrages qu'il a lui-même soignées sont-elles, sous ce rapport, extrêmement précieuses et doivent toujours être consultées lorsqu'on réimprime tout ou partie de ses œuvres. Champfort a très-bien jugé de ce qu'il fallait penser de cette réputation de facilité qu'on a faite à notre fabuliste. « Doué de l'esprit le plus fin, dit-il, devint en tout le modèle de la simplicité; il déroba, sous l'air d'une négligence quelquefois réelle, les artifices de la composition la plus savante, fit ressembler l'art au naturel, souvent même à l'instinct, et cacha son génie par son génie même [1]. »

---

[1] Chamfort, *Éloge de la Fontaine* dans les *OEuvres de la Fontaine*, édit. 1822, in 8°, t. I, p. LVI.

Voltaire, chez lequel le sentiment exquis du beau et du bon en littérature triomphe des préventions et des passions envieuses qui le dominaient très-souvent, ne peut pardonner à Vauvenargues le mot *instinct* dont il se sert pour caractériser le talent de la Fontaine, quoiqu'il eût lui-même cherché à le rabaisser : « Comme « poëte, dit-il, son instinct était divin, et si l'on s'est « servi de ce mot à son sujet, il signifiait génie [1]. »

Les contemporains de notre poëte ne nous ont rien appris sur la manière dont il débitait ses vers, qui, par l'extrême variété de leur coupe et la rapidité du style, sont si propres à faire briller le talent d'un lecteur habile ; mais le récit de ce qui se passa lors de la séance de l'Académie française tenue, le 1er juillet 1684, pour la réception de Boileau, prouve que la Fontaine lisait avec beaucoup de charme [2]. Cette séance fut terminée par la lecture de la fable *le Renard, le Loup et le Cheval*, qui causa tant de plaisir qu'on pria la Fontaine de la lire encore une fois. Elle ne fut imprimée que longtemps après, dans le recueil dont nous nous occupons.

Dans la dédicace en prose de ce dernier recueil, la Fontaine dit au jeune prince : « L'envie de vous plaire « me tiendra lieu d'une imagination que les ans ont af- « foiblie. Quand vous souhaiterez quelque fable, je la « trouverai dans ce fonds-là. Je voudrois bien que vous

---

[1] Voltaire, lettre à Vauvenargues, en date du 17 janvier 1745, t. LXIII, p. 88, édit. de Renouard, *Lettres inédites*, in-8°, 1822.

[2] Extrait des *Registres de l'Académie française*, donné par M. Raynouard, son secrétaire perpétuel. (*Journal des savants* de mars 1824.)

« y pussiez trouver des louanges dignes du monarque
« qui fait maintenant le destin de tant de peuples et
« de nations, et qui rend toutes les parties du monde
« attentives à ses conquêtes, à ses victoires et à la paix
« qui semble se rapprocher, et dont il impose les con-
« ditions avec toute la modération que peuvent souhai-
« ter nos ennemis [1]. »

Le maréchal de Luxembourg, après le glorieux combat de Steenkerke, avait en effet remporté une victoire plus importante encore à Nerwinde le 29 juillet 1693 [2]. Cependant toutes ces batailles produisaient plus de gloire que d'avantages réels, et il paraît que Louis XIV offrit alors de faire la paix ; mais les conditions qu'il voulait dicter parurent trop dures et bien éloignées de cette modération pour laquelle la Fontaine le loue : aussi elles ne furent point acceptées ; notre poëte n'eut pas le bonheur de voir conclure cette paix qu'il désirait tant [3].

Nous avons déjà eu occasion de citer [4] les vers de la première fable du recueil dont nous nous occupons, par lesquels la Fontaine réitère au duc de Bourgogne l'aveu qu'il avait déjà fait en prose que son talent s'affaiblissait ; on ne s'en aperçoit pas dans la plupart des fables nouvelles que contient le recueil, et qui ont dû

---

[1] La Fontaine, *Fables*, XII, *Épître dédicatoire*.
[2] Saint-Simon, *Mémoires*, édit. 1829, t. I, p. 101 à 112, chapitre 12.
[3] Elle ne fut signée que le 29 octobre 1697 à Riswick. Torcy, *Mémoires*, 1re édit., t. I, p. 50; Voltaire, *Siècle de Louis XIV*, chap. 27, t. XXIII, p. 226, édit. de Kehl, in-12; Hénault, *Abrégé chronologique*, t. II, p. 706.
[4] Voyez ci-dessus, p. 241.

être au nombre des dernières que l'auteur a composées. Celle qui termine le volume, intitulée : *le Juge arbitre, l'Hospitalier et le Solitaire*, que le père Bouhours avait déjà, quelques mois auparavant, placée à la fin de son *Recueil de vers choisis*, est une des meilleures que la Fontaine ait écrites. Elle se recommande à l'attention des lecteurs, non-seulement par le talent du poëte, mais aussi par l'importance de la morale qu'elle sert à inculquer.

> Apprendre à se connoître est le premier des soins
> Qu'impose à tout mortel la majesté suprême.
> ....
> Magistrats, princes, et ministres,
> Vous que doivent troubler mille accidents sinistres,
> Que le malheur abat, que le bonheur corrompt,
> Vous ne vous voyez point, vous ne voyez personne.
> Si quelque bon moment à ces pensers vous donne,
> Quelque flatteur vous interrompt.
> Cette leçon sera la fin de ces ouvrages :
> Puisse-t-elle être utile aux siècles à venir!
> Je la présente aux rois, je la propose aux sages :
> Par où saurois-je mieux finir [1] ?

Dans ce volume, comme dans les quatre autres qui l'avaient précédé, on retrouve toujours cette morale indulgente qui pénètre le cœur sans le blesser, amuse l'enfant pour en faire un homme, et l'homme pour en faire un sage. C'est toujours ce poëte que nul n'a égalé dans l'art de donner des grâces à la raison et de la

---

[1] La Fontaine, *Fables*, XII, 27.

gaieté au bon sens, sublime dans sa naïveté et charmant dans sa négligence[1].

Quoique la Fontaine ait en quelque sorte fait ses adieux au public comme fabuliste par les vers que nous venons de citer, cependant il paraît avoir encore produit plus tard quelques fables. Du moins, il est certain qu'il en composa une qu'on n'a pu retrouver depuis. Elle était traduite ou imitée de la fable latine du père Commire intitulée *l'Ane juge*[2], et ce fut à cette occasion que ce savant jésuite fit les vers latins dont nous avons parlé précédemment[3]. C'est par ces vers[4] que nous apprenons la perte que nous avons faite. Cependant, c'est probablement la seule de ce genre que nous ayons à regretter ; car, à cette époque, la Fontaine semble avoir été uniquement occupé du projet qu'il avait conçu de mettre en vers les hymnes de l'Église : on voit par un fragment d'une lettre à son ami de Maucroix, en date du 26 octobre 1694, qu'il ne pouvait se passer du commerce des Muses, dont il s'était fait une longue habitude. « J'espère, dit-il, que nous attraperons tous « deux les quatre-vingts ans, et que j'aurai le temps « d'achever mes hymnes. Je mourrois d'ennui si je ne

---

[1] Chamfort et la Harpe, *Éloges de la Fontaine* dans le *Recueil de l'Académie des belles-lettres, sciences et arts de Marseille*, pour l'année 1774, p. 2 du 1ᵉʳ et du 2ᵉ éloge.

[2] Joannis Commirii *Carmina*, 3ᵉ édit., 1689, in-12, p. 315, fab. 11. L'élégante traduction de cette fable, qui a paru dans le *Journal des Débats*, le 6 décembre 1822, sous le nom de la Fontaine, est de M. le Bailly.

[3] Voyez ci-dessus, p. 113.

[4] Joannis Commirii *Opera posthuma*, 1704, p. 211 ; *Œuvres de la Fontaine*, préfaces de l'éditeur, t. I, p. CXXXII, et t. VI, p. XII.

« composois plus. Donne-moi tes avis sur le *Dies iræ,*
« *dies illa*, que je t'ai envoyé. J'ai encore un grand
« dessein, où tu pourras m'aider. Je ne te dirai pas
« ce que c'est, que je ne l'aie avancé un peu davan-
« tage [1]. »

Nous ignorons quel était ce grand dessein de la Fontaine. Il ne nous reste rien non plus des hymnes ou psaumes qu'il avait traduits ou imités dans les derniers temps de sa vie ; et, s'il faut dire toute notre pensée, cette perte nous semble peu regrettable. La Fontaine, qui a monté sur des tons si divers et fait résonner avec tant d'habileté la lyre d'Apollon, n'avait pas cependant le genre de talent nécessaire pour toucher avec succès la harpe sacrée, et ce n'est pas lorsqu'il était courbé sous le poids des années qu'on pouvait concevoir quelque espérance de le lui voir acquérir. D'ailleurs, les souhaits qu'il exprimait dans la lettre que nous venons de citer se réalisèrent pour de Maucroix, qui vécut jusqu'à quatre-vingt-dix ans, mais non pas pour lui, dont les forces diminuèrent de jour en jour.

Cependant il continua toujours à faire des vers, et les derniers qu'il composa furent à la louange de Louis XIV. Voici à quelle occasion. Du Fresnoy, un des premiers commis de la guerre, qui, tant par son habileté que par sa femme, qui était la maîtresse de Louvois, avait acquis des richesses et du crédit, fit construire sur le modèle du château de Glatigny, près de Versailles, que

---

[1] La Fontaine, *Lettres à divers*, lettre 33 ; *OEuvres posthumes de F. de Maucroix*, 1710, in-12, p. 348.

Louis XIV avait donné à madame de Montespan, une maison de campagne dans un autre lieu également nommé Glatigny, sur les bords de l'Oise, dans la commune de Jouy-le-Moutier, entre Pontoise et Andresy[1]. Cette maison contenait une galerie de tableaux où étaient représentées les principales batailles et victoires du règne de Louis XIV. Il désira mettre à ces tableaux des inscriptions à la louange du roi, en latin et en français. Il s'adressa à M. Michel-Ange, baron de Vnœrden, qui venait de publier son *Journal historique*, et pour les inscriptions françaises il s'adressa à la Fontaine et lui envoya les inscriptions du baron de Vnœrden, souhaitant qu'il les imitât ou qu'il les traduisît. Notre poëte en composa seize[2], et s'arrêta après le tableau qui avait rapport à la paix de Nimègue. Dans ses derniers vers il compare Louis XIV à Alexandre, à César et à Auguste.

> .... O toi dont la Grèce se vante,
> Et vous dont Rome a vu le mérite adoré,
> Mânes des deux Césars, Louis vous représente ;
> En ce monarque seul on peut tous trois vous voir :
> Arbitre de l'Europe, il en fait le partage ;
> Il sait vaincre, régner, maintenir son ouvrage.
> Le détruise quiconque en aura le pouvoir !...

[1] Saint-Simon, *Mémoires complets et authentiques*, t. I, p. 66 ; l'abbé le Bœuf, *Histoire du diocèse de Paris*, 1755, in-12, p. 165.

[2] M. le Glay a publié ces vers de la Fontaine, les inscriptions du baron de Vnœrden et les deux lettres de Louvois dans les *Mémoires de la Société d'émulation de Cambrai*, Cambrai, 1833, p. 337 à 375. Voyez encore un excellent article sur le baron de Vnœrden dans la *Biographie universelle* de Michaud. Les vers de la Fontaine ont paru seuls dans le journal in-8° intitulé *le Mercure de France*, p. 135.

La Fontaine fut obligé, par le dérangement de sa santé, de suspendre même ce léger travail. Il paraît qu'on crut qu'il avait l'esprit frappé, et que ses amis considéraient les craintes qui l'agitaient comme chimériques, puisqu'il écrivit à de Maucroix, le 10 février 1695, le billet suivant :

« Tu te trompes assurément, mon cher ami, s'il est
« bien vrai, comme M. de Soissons me l'a dit, que tu
« me croies plus malade d'esprit que de corps. Il me l'a
« dit pour tâcher de m'inspirer du courage ; mais ce
« n'est pas de quoi je manque. Je t'assure que le meil-
« leur de tes amis n'a plus à compter sur quinze jours
« de vie. Voilà deux mois que je ne sors point, si ce
« n'est pour aller un peu à l'Académie, afin que cela
« m'amuse. Hier, comme j'en revenois, il me prit, au
« milieu de la rue du Chantre, une si grande foiblesse,
« que je crus véritablement mourir. O mon cher ! mou-
« rir n'est rien : mais songes-tu que je vais paroître de-
« vant Dieu ? Tu sais comme j'ai vécu. Avant que tu
« reçoives ce billet, les portes de l'éternité seront peut-
« être ouvertes pour moi [1]. »

Le lecteur aura pu remarquer cette naïveté, à laquelle seule on aurait reconnu la Fontaine : « Je sors pour al-
« ler un peu à l'Académie, afin que cela m'amuse. » Il règne dans ce billet un tel mélange de fermeté philosophique, d'humilité chrétienne et de crainte religieuse, joint aux sentiments d'une amitié si vraie et si tendre,

---

[1] La Fontaine, *Lettres à divers*, lettre 34.

qu'il suffirait seul pour prouver combien la Fontaine était sincère dans sa foi et dans sa piété, et que l'âge ne lui avait rien fait perdre de la bonté et de la sensibilité de son cœur.

De Maucroix[1], dans la réponse qu'il fit aussitôt (elle est datée du 14 février), après quelques touchantes et pieuses exhortations, dit à son ami :

« Si Dieu te fait la grâce de te renvoyer la santé, j'espère que tu viendras passer avec moi les restes de ta

---

[1] M. Paris, bibliothécaire de Reims, a trouvé dans la bibliothèque de cette ville un cahier de vingt-cinq pages d'une belle écriture du XVIIIe siècle, intitulé : *Extraits d'un Ms. de M. François Maucroix, prêtre, chanoine de l'église de Reims, décédé le 9 avril 1708, âgé de 88 ans ou* (sic) *de 91 ans. Ces Mémoires étaient entre les mains de M. Pierre l'Espagnol, chanoine, et sont à présent* (en 1722) *entre celles de M. Dorigny, lieutenant criminel.*

On trouve dans ces extraits le jugement suivant de Maucroix sur la Fontaine, qui depuis a été imprimé dans les *Mémoires de F. Maucroix* :

« Le 13 mars 1695, mourut à Paris mon très-cher et très-fidèle ami
« M. de la Fontaine. Nous avons été amis plus de cinquante ans, et je re-
« mercie Dieu d'avoir conduit l'amitié extrême que je lui portois jusque dans
« une assez grande vieillesse, sans aucune interruption ni refroidissement,
« pouvant dire que je l'ai toujours tendrement aimé, et autant le dernier
« jour que le premier. Dieu, par sa miséricorde, le veuille mettre en son
« saint repos ! C'étoit l'âme la plus candide et la plus sincère que j'aie ja-
« mais connue. Jamais de déguisement. Je ne sais s'il a menti en sa vie.
« C'étoit, au reste, un très-bel esprit, capable de tout ce qu'il vouloit en-
« treprendre. Ses *Fables*, au dire des plus habiles, ne mourront jamais, et
« lui feront honneur dans toute la postérité. »

Au lieu du *treize mars*, c'est le *treize avril* qu'il faut lire. Il y a encore dans ce manuscrit des lettres et des poésies de Maucroix. Une pièce, entre autres, prouve l'extrême licence de ce temps et de Maucroix ; elle est adressée à mademoiselle de Beaujeu, déguisée en avocat :

> Aimable avocat sans lettre,
> Heureux sur tous les humains
> Le client qui pourra mettre
> Son affaire entre vos mains !

vie, et souvent nous parlerons ensemble des miséricordes de Dieu. Cependant, si tu n'as pas la force de m'écrire, prie M. Racine de me rendre cet office de charité, le plus grand qu'il me puisse jamais rendre. Adieu, mon bon, mon ancien et mon véritable ami. Que Dieu, par sa très-grande bonté, prenne soin de la santé de ton corps et de celle de ton âme [1] ! »

Ainsi Racine, qui, dans sa jeunesse, fut si souvent, dans de joyeux banquets, le compagnon de la Fontaine, se trouvait encore près de lui à l'approche de ses derniers moments ; et la religion, qui inspirait à tous deux et les mêmes sentiments et les mêmes espérances, resserrait les nœuds de cette longue et touchante amitié.

La Fontaine n'avait pas en vain pressenti sa fin prochaine. On prétend qu'elle fut avancée par l'usage indiscret d'une tisane rafraîchissante qu'il prit pour se guérir d'un grand échauffement causé par les remèdes qu'on lui avait administrés pendant sa maladie : quoi qu'il en soit, ses forces diminuèrent rapidement, et il mourut dans l'hôtel de son ami, M. d'Hervart, le 13 avril [2] 1695, âgé de soixante-treize ans neuf mois et cinq jours. Il fut inhumé dans le cimetière des Saints-Inno-

---

[1] De Maucroix, dans les *Œuvres de la Fontaine*, *Lettres à divers*, lettre 35.

[2] Voyez ci-après les *Pièces justificatives*, p. 293, note 2 ; *Mercure galant*, avril 1695 ; Perrault, *Hommes illustres*, 1696, in-fol., p. 84 ; Dangeau, *Nouveaux Mémoires* dans l'*Essai sur la monarchie de Louis XIV*, p. 95, à la date du 17 avril ; Mathieu Marais, *Histoire de la vie et des ouvrages de la Fontaine*, p. 120 de l'édit. in-12, et p. 156 de l'édit. in-18 ; Pouget, dans les *Œuvres de la Fontaine*, 1729, édit. in-8°, t. I, p. XXVI.

cents, et non dans celui de Saint-Joseph, comme l'ont dit à tort tous ses biographes depuis d'Olivet[1].

Quand Fénelon, qui, depuis deux ans, était le collègue de la Fontaine à l'Académie française[2], eut appris qu'il avait cessé d'exister, il traça de ce grand poëte un éloge en langue latine, et le donna à traduire au duc de Bourgogne, afin d'attacher un intérêt puissant à un exercice d'étude, et aussi pour faire bien comprendre à l'enfant royal toute l'étendue de la perte que la France et les lettres venaient de faire dans la personne de ce bon vieillard que ce prince affectionnait, auquel il donnait tout ce qu'il pouvait donner, et qui amusait son jeune âge par des récits en apparence si simples et si faciles.

« La Fontaine n'est plus (dit Fénelon dans cet écrit) !

---

[1] Il s'est trompé aussi sur la date de la mort de la Fontaine et sur le nom de son père. Conférez les *OEuvres posthumes de M. de Maucroix*, p. 348; l'*Histoire de l'Académie françoise*, t. II, in-4°, p. 277; Titon du Tillet, *Parnasse françois*, in-folio, p. 460; Niceron, *Mémoires pour servir à l'histoire des hommes illustres*, t. XVIII, p. 328; Chauffepié, *Dictionnaire*, t. II, p. 70 de la lettre *F*; La Borde, *Essai sur la musique ancienne et moderne*, in-4°, t. IV, p. 252. Tous ces auteurs, ainsi que Montenault, Fréron, et beaucoup d'autres, dans leurs notices sur notre poëte, ont copié les erreurs de d'Olivet. Voy. aussi Germain Brice, *Descript. nouv. de Paris*, édit. de 1698, qui, à l'article du cimetière de Saint-Joseph, t. I, p. 224, fait mention de la sépulture de Molière, et ne dit rien de celle de la Fontaine; et enfin M. le Noir, qui, en imprimant dans le t. VIII, p. 161 du *Musée des monuments françois*, quelques-uns des procès-verbaux dont nous n'avions cité que des extraits, a achevé, sans s'en douter, de dévoiler les niaises impostures des autorités révolutionnaires qui, en 1792, donnèrent à une des sections de Paris le nom de *Section armée de Molière et de la Fontaine*.

[2] Fénelon prononça son discours de réception à l'Académie le 31 mars 1693 : voyez *Recueil de harangues*, 1698, in-4°, p. 620. La Fontaine fut remplacé dans cette compagnie par l'abbé Clérambault, qui prononça son discours de réception le 3 juin 1695.

Il n'est plus ! et avec lui ont disparu les jeux badins, les ris folâtres, les grâces naïves et les doctes Muses. Pleurez, vous tous qui avez reçu du ciel un cœur et un esprit capables de sentir tous les charmes d'une poésie élégante, naturelle et sans apprêt : il n'est plus cet homme à qui il a été donné de rendre la négligence même de l'art préférable à son poli le plus brillant ! Pleurez donc, nourrissons des Muses ; ou plutôt, nourrissons des Muses, consolez-vous : la Fontaine vit tout entier, et vivra éternellement dans ses immortels écrits. Par l'ordre des temps, il appartient aux siècles modernes ; mais par son génie il appartient à l'antiquité, qu'il nous retrace dans tout ce qu'elle a d'excellent. Lisez-le, et dites si Anacréon a su badiner avec plus de grâce ; si Horace a paré la philosophie et la morale d'ornements poétiques plus variés et plus attrayants ; si Térence a peint les mœurs des hommes avec plus de naturel et de vérité ; si Virgile enfin a été plus touchant et plus harmonieux [1]. »

Saint-Simon, après avoir rappelé dans son journal la mort de la marquise de Saint-Simon, âgée de quatre-vingt-onze ans, et de la duchesse d'Uzès, fille du duc de Montausier, ajoute : « La perte de deux hommes il-
« lustres fit plus de bruit que celle de ces deux grandes
« dames ; je veux dire la Fontaine, si connu par ses

---

[1] Adry, préface du *Télémaque*, édit. 1811, in-8° ; de Beausset, *Histoire de Fénelon*, t. I, p. 510 de la 1ʳᵉ édit., ou note *b* des *Pièces justificatives* du liv. I. Dans la 3ᵉ édition de cet ouvrage, t. I, p. 378, l'illustre auteur a tronqué à dessein cette citation. Voy. aussi Ducis, *Œuvres*, édit. 1819, t. III, p. 248 et 250.

« *Fables* et ses *Contes*, et toutefois si pesant en conver-
« sation, et Mignard, si illustre par son pinceau [1]. »

[1] Saint-Simon, *Mémoires*, édit. 1829, in-8°, t. I, p. 281, année 1695.

FIN DU DEUXIÈME ET DERNIER VOLUME.

PIÈCES JUSTIFICATIVES.

I.

Voyez t. Ier, p. 4, 9, 15, 57, 118, 240 ; t. II, p. 287.

GÉNÉALOGIE DE LA FONTAINE

ET DE SES DESCENDANTS.

J'ai dressé la généalogie suivante de notre poëte et de ses descendants, d'après des actes authentiques, conservés dans les papiers de ses descendants directs, ou dans les études des notaires et les dépôts publics des villes de Château-Thierry, de Pamiers et de Paris. J'ai moi-même tiré des copies de plusieurs de ces actes, et je me suis procuré des copies de plusieurs autres, certifiées légalement.

PIERRE DE LA FONTAINE, marchand drapier à Château-Thierry, a eu pour fils :

PIERRE DE LA FONTAINE, qui eut de MARTINE JOSSE, son épouse, NICOLAS DE LA FONTAINE, qui suit; *et Jean de la Fontaine* [1], *Barbe de la Fontaine* [2], *Marie de la Fontaine* [3], et *Louis de la Fontaine* [4]. (Voyez l'acte de partage de 1573.)

---

[1] De *Jean de la Fontaine* sont issus *Claude de la Fontaine* et *Edmond de la Fontaine* qui paraissent n'avoir point eu de postérité.

[2] *Barbe de la Fontaine*, baptisée le 12 novembre 1548, épousa *Jacques de Nelle*, et tous deux ont été enterrés aux Cordeliers, à Château-Thierry ; ils paraissent être morts sans postérité.

[3] *Marie de la Fontaine* paraît être morte sans postérité.

[4] *Louis de la Fontaine* fut marié à *Étiennette Oudan*, dont il eut *Fran-*

NICOLAS DE LA FONTAINE, contrôleur des aides et tailles à Château-Thierry, eut pour fils :

JEAN DE LA FONTAINE, marchand, puis maître particulier des eaux-et-forêts, qui épousa *Catherine Longval*, et eut pour fils :

CHARLES DE LA FONTAINE, conseiller du roi, maître particulier des eaux-et-forêts et capitaine des chasses du duché de Château-Thierry, mort en mars ou avril de l'année 1658. Il épousa *Françoise Pidoux*, fille du bailli de Coulommiers. De ce mariage sont issus deux fils et une fille, savoir : JEAN DE LA FONTAINE, le poëte, qui suit ; *Claude de la Fontaine*, qui se fit prêtre, et mourut sans postérité à Nogent-l'Artault ; *N... de la Fontaine*, mariée à *M. de Villemontée* [1].

çois de la Fontaine, conseiller au grenier à sel, marié à *Colard*, et mort en 1600. Celui-ci eut pour fils *Louis de la Fontaine*, qui épousa *Madeleine Petit* et donna le jour à *François de la Fontaine*, avocat, marié à *Marie Le Gevre* ; de ces derniers est issu *Crépin de la Fontaine*, procureur du roi, marié à *Marie-Marguerite Lefebvre*, dont il eut *Robert de la Fontaine*, marié à *Anne-Catherine Despaubourg* ; ce *Robert* eut au moins trois enfants, savoir : 1° *Pierre-Crépin-Robert de la Fontaine*, maistre des eaux et forêts, bailli de la Fère ; 2° *Marie-Madeleine de la Fontaine*, mariée à *Jean-Marie de la Fontaine* ; 3° *Jeanne-Madeleine de la Fontaine*.

Tels sont tous les renseignements que j'ai pu recueillir sur la descendance collatérale de *Nicolas de la Fontaine*, le bisaïeul de notre poëte, et par conséquent issue ainsi que lui de ses trisaïeuls, *Pierre de la Fontaine* et *Martine Josse*. La date de la naissance de *Barbe* repose sur une note donnée par M. Hugues de la Fontaine à M. le vicomte Héricart de Thury. Cette note fait aussi mention de *Louise*, fille de *Jehan de la Fontaine* et de *Marie Jannart*, baptisée le 10 juillet 1549 : parrain, *Louis Josse* ; marraines, *Jehanne Guérin*, femme de *Charles Jannart*, et *Jehanne Jannart*, femme de *Pierre Chéron*. Ce *Jehan de la Fontaine* doit être un frère de *Pierre*, et non son fils. *Pierre* était mort en 1552 ; ce fait est prouvé par l'acte de baptême de *Jehanne*, fille d'*Antoine Tornant*, en date du 25 juin 1552, où *Louis de la Fontaine*, fils de défunt *Pierre*, figure comme témoin.

[1] Il y avait en 1665 un M. de Villemontée, évêque de Saint-Malo. J'ignore s'il était de la famille alliée à celle de la Fontaine.

PIÈCES JUSTIFICATIVES. 293

JEAN DE LA FONTAINE, le fabuliste, avocat au parlement, conseiller du roi, maître particulier des eaux-et-forêts à Château-Thierry, gentilhomme servant de madame la duchesse douairière d'Orléans, né le 8 juillet 1621[1], mort le 13 avril 1695[2], a épousé, en novembre 1647[3], Marie Héricart, fille du lieutenant général de la Ferté-Milon, morte à Château-Thierry, le 9 novembre 1709[4]. Il n'est issu de ce mariage qu'un fils, qui suit :

CHARLES DE LA FONTAINE, greffier des maréchaux

---

[1] *Extrait des registres de la paroisse de Saint-Crespin, de la ville de Château-Thierry, diocèse de Soissons.*

Le VIIIe jour de ce présent mois (juillet), en l'an mil six cent vingt et un, a été baptisé par moi soubsigné curé, un fils, nommé Jehan ; le père, maistre Charles de la Fontaine, conseiller du roy et maistre des eaux et forêts au duché de Chasteau-Thierry ; la mère, damoyselle Françoise Pidoux ; le parrain, honorable homme Jehan de la Fontaine ; la marraine, damoyselle Claude Josse, femme de Louis Guérin, aussi maistre des eaux et forêts audict lieu.

Signé, DE LA BARRE, curé ; et DE LA FONTAINE.

[2] *Extrait du premier registre des sépultures de la paroisse Saint-Eustache de Paris, 14 avril 1695.*

Fol. 48, art. 7. Jean de la Fontaine.
Le jeudy 14, défunt Jean de la Fontaine, l'un des quarante de l'Académie françoise, âgé de soixante-seize ans, demeurant rue Plâtrière, à l'hôtel d'Hervart, décédé du 13 du présent mois, a été inhumé au cimetière des Innocents. *Signé*, CHANDELET. 64 liv. 10 sols.

[3] Le contrat de mariage de Jean de la Fontaine et de Marie Héricart a été passé par Jehan Viol et Thierry François, notaires à la Ferté-Milon ; il est daté du 10 novembre 1647.

[4] *Extrait des anciens registres mortuaires de Château-Thierry.*

L'an mil-sept-cent-neuf, le neuf novembre, a été inhumée au grand cimetière de Château-Thierry, dame Marie Héricart, veuve de Jean de la Fontaine, gentilhomme servant ordinaire de madame la duchesse d'Orléans, âgée de soixante et dix-sept ans, au convoi de laquelle ont assisté les parents et amis avec nous soussignés.

Signé, PINTREL, PINTREL, DOUCEUR, curé.

de France, né le 8 octobre 1653 [1], mort en 1722, marié à *Jeanne-Françoise du Tremblay* [2], dont il eut un fils et trois filles, savoir : CHARLES-LOUIS DE LA FONTAINE, qui suit ; *Marie-Guillemette de la Fontaine, Louise-Élisabeth de la Fontaine, Jeanne-Françoise de la Fontaine.*

CHARLES-LOUIS DE LA FONTAINE, avocat au parlement, né le 24 avril 1718 [3], mort, le 14 novembre 1757 [4], à Pamiers, avait épousé dans cette ville, le 9 novembre 1751, *Antoinette le Mercier* [5] qui y était née le 24 juillet 1730, de *Georges-Louis le Mercier*, écuyer, seigneur de Chalanges, garde-marteau, conseiller du roi [6]. De ce mariage sont issus :

[1] *Extrait des registres de baptême de la ci-devant paroisse de Saint-Crespin de Château-Thierry, déposés au secrétariat de l'administration municipale dudit canton de Château-Thierry.*

Le huit octobre mil-six-cent-cinquante-trois, a été baptisé par nous, prêtre et curé de ladite paroisse soussigné, un fils Charles. Son père, Jehan de la Fontaine, maistre des eaux forêts ; sa mère, Marie Héricart ; le parrain, M. François de Maucroix, chanoine de l'église cathédrale de Reims ; la marraine, Herbelin, femme de Me Jean Josse, avocat au parlement.

Signé, HERBELIN, FRANÇOIS DE MAUCROIX, DROUART.

[2] C'est par ce mariage que feu M. du Tremblay, premier commis des finances, directeur de la caisse d'amortissement, et auteur d'un intéressant recueil de *Fables*, se trouvait allié à la famille de la Fontaine. Jeanne-Françoise du Tremblay, née en 1689, mourut le 29 avril 1763. Ses filles moururent : Jeanne-Françoise de la Fontaine, à l'âge de quarante-cinq ans, le 23 octobre 1762 ; Marie-Jeanne-Guillaume de la Fontaine, appelée aussi Marie-Guillemette, à soixante-dix ans, en 1785 ; et Élisabeth-Louise de la Fontaine, en 1787, à l'âge de soixante et onze ans.

[3] Acte de naissance de Charles-Louis de la Fontaine, délivré par le greffier du tribunal du district de Château-Thierry.   *Signé*, CAULAY.

[4] Acte mortuaire du même, extrait des registres de sépulture de la paroisse Notre-Dame de Mercadal, à Pamiers, en date du 15 novembre 1757.
Signé, VERDIER, curé.

[5] Le contrat de mariage est du 9 novembre 1751 ; il a été passé par Sauvin, notaire de Saint-Félix de Rientort, et se trouvait en 1809 dans l'étude de Jean Marc, notaire à Varilhes, département de l'Ariége. L'acte de ce mariage est extrait des registres de la paroisse et cathédrale de Pamiers.

[6] Après la mort de Charles Louis de la Fontaine, sa veuve s'est remariée

HUGUES-CHARLES DE LA FONTAINE, né à Pamiers, en Roussillon, le 12 juillet 1757 ; décédé à Château-Thierry, le 16 août 1724, à soixante-sept ans ;

Marie-Françoise-Claire de la Fontaine, qui épousa le comte *Marin de Marson*, dont elle eut M. *Marin de Marson* ;

Marie-Claire de la Fontaine, née le 16 avril 1756[1], à Pamiers, mariée, à Château-Thierry, à *Pierre-Louis Despotz*, décédée veuve, le 13 décembre 1820, sans laisser de postérité, et ayant institué pour son légataire universel Louis-Christophe-Anne Héricart de Thury.

II.

Voyez t. Ier, p. 4 et 57.

Extraits de divers actes passés entre Jean de la Fontaine et Claude de la Fontaine, son frère.

Ces actes sont tellement détériorés qu'il m'eût été impossible d'en tirer parti si M. de Monmerqué, conseiller à la cour royale, qui les avait examinés avant moi dans un état de délabrement un peu moins grand, n'avait pas eu la complaisance de me remettre les extraits qu'il en avait faits.

L'acte de cession de 1649, dont nous allons donner extrait, est sous seing-privé, et paraît avoir été écrit de la main de Claude de la Fontaine.

à M. de Neuilly, et une fille née de ce mariage a épousé M. Devigny, acteur de la Comédie française.

[1] L'extrait de naissance de *Marie-Claire*, tiré des registres de la ville de Pamiers, est signé de Jean-François Estrades, capitaine du château d'Usson, comme témoin. Nous avons été en correspondance avec cette dame dans les dernières années de sa vie. Elle écrivait très-bien.

« Furent présents en leurs personnes maistres *Jehan de la Fontaine*, advocat en la cour du parlement, demeurant à Château-Thierry, et à présent à Razoy, et *Claude de la Fontaine*, son frère, confrère de l'oratoire de Jésus, demeurant audit Razoy, lesquels, comme majeurs et jouissants de leurs droits, ont fait le traité et accord qui en suit :

« C'est à sçavoir que ledit Claude de la Fontaine donne audit Jehan de la Fontaine tous ses biens généralement quelconques, tant meubles qu'immeubles, qui lui sont échus jusques à aujourd'hui, et lui échéront à l'advenir par succession, donation ou autrement, tant du côté de son père que du côté de sa mère, renonçant à tous les droits et prétentions qu'il a présentement et pourroit avoir à l'advenir sur tous lesdits biens ; met ledit Jehan de la Fontaine en son lieu et place, lui fait telle cession et transport de tous ses noms, droits et actions que besoin, et ce moyennant onze cents livres de pension à prendre sur tous lesdits biens, sa vie durant, laquelle pension ledit Jehan la Fontaine, son frère, s'oblige de lui payer, par chacun an, en quatre quartiers par avance, après la mort de leur père, et non point auparavant. A l'effet de quoi, pour seureté de ladite pension, ledit Jehan de la Fontaine oblige tous ses biens, et d'autant que ledit Claude de la Fontaine lui fait ladite donation, tant pour l'amitié fraternelle qui est entre eux, qu'en faveur du mariage contracté entre Jehan de la Fontaine et damoiselle Marie Héricart.

« Ledit Jehan de la Fontaine promet faire agréer et signer le présent traité à la dame Marie Héricart, sa femme, et ratifier quand elle sera en aage. Fait ce vingt et un de janvier mil six cent quarante-neuf. »

On lit ensuite de la main de Jean de la Fontaine :

« Ce qui a été par moi accepté, Jehan de la Fontaine, et avons tous deux signé.

Signé, DE LA FONTAINE, CLAUDE DE LA FONTAINE. »

On lit ensuite ce supplément de traité :

« A été accordé par lesdits Claude et Jean de la Fontaine, qu'ils passeront contrat du présent traité par-devant notaire, à leur commodité, et en attendant que ledit traité aura pareille force et validité. Fait le même jour vingt et un de janvier mil six cent quarante neuf. *Ce qui a été accepté par moi, et avons signé.*

Signé, DE LA FONTAINE, CLAUDE DE LA FONTAINE. »

Les mots que nous avons mis en italique sont de la main de notre fabuliste, le reste est évidemment écrit par son frère Claude. On lit ensuite plus bas, d'une jolie écriture de femme :

« Je soussinée (sic), Marie Héricart, femme de Jean de la Fontaine, avocat au parlement, authorisée, et en présence dudit la Fontaine, mon mari, consens et accorde, en tant qu'à moi touche, que le présent traité ait force et vertu, suivant ce qui est escrit cy-dessus. Fait ce vingt-cinquième de janvier mil six cent quarante-neuf.

« *Signée*, MARIE HÉRICART. »

On voit à la suite de ce traité une mention portant, « Que l'original de cette donation a été présenté, le 17 mai 1649, au greffe des insinuations de la paroisse de Château-Thierry, par Jehan de la Fontaine, et qu'il a été insinué sur les registres. Cette mention est suivie d'une autre semblable, constatant l'insinuation faite, le même jour, au greffe des insinuations du siége royal .. » (*Le reste est illisible.*)

M. de Monmerqué, au sujet de cet acte, qui contenait donation sous seing-privé des biens présents et à venir, observe que cela n'était pas alors défendu par les ordonnances. L'ordonnance de 1731 a réformé cette législation, et n'a permis les donations des biens présents et à venir que par contrat de mariage. Elle a de plus exigé, sous peine de nullité, que toute donation fût faite par-devant notaire.

Il paraît que Claude se repentit de la donation qu'il avait faite à son frère, car il fut fait entre eux une transaction passée devant Charpentier et Bellier, notaires à Château-Thierry, le 16 septembre 1652. Nous n'en avons pas vu l'expédition; mais cette date est annoncée dans l'acte du 24 avril 1658 dont nous allons parler. Mais auparavant il faut exposer ce qui rendit cet acte nécessaire. Après la mort de son père, en mars ou avril 1658, Claude de la Fontaine annonça de nouveau l'intention de faire rescinder la donation qu'il avait faite à son frère. Il demandait « qu'il fût procédé au partage des biens de feu Charles de la Fontaine, leur père, même de ceux de la succession de défunte demoiselle Françoise Pidoux, leur mère, nonobstant ladite transaction et donation faite par lui au profit dudit maître de la Fontaine, son frère aîné. » Claude soutenait qu'il était lésé, et que les avantages faits à son frère (Jean), par son contrat de mariage, étaient excessifs. Jean de la Fontaine s'en rapporta à l'avis des amis de leur famille, et offrit de revenir au partage des deux successions, à la charge par son frère de payer sa part des dettes et charges dont lui, frère aîné, s'était trouvé seul tenu, comme héritier et donataire. Des scellés avaient été apposés, à la requête des créanciers; l'inventaire et l'état des biens avait été fait en leur présence. C'est dans cette position des choses qu'une nouvelle transaction fut passée devant Bellier, notaire à Château-Thierry, le 24 avril 1658, en présence de témoins, par laquelle, « maître Claude de la Fontaine, pour se libérer des dettes et charges des successions de ses père et mère, et pour nourrir paix et amitié avec son dit frère, a, de nouveau, cédé, quitté, et transporté audit Jean de la Fontaine, son frère aîné, à ce présent en personne, acceptant pour lui, ses hoirs et ayant cause, tous et un chacun, ses droits successifs, noms, raisons et actions qu'il pourroit avoir pour raison desdites successions de leurs père et mère, à quelque prix et somme que lesdits biens et droits se puissent monter, tant en meubles qu'immeubles, offices et droits en dépendant, et annexes généralement quelconques, sans en rien retirer ni retenir. Cette cession est faite à la charge, par Jean de la Fontaine, d'acquitter son frère Claude de toutes les charges et dettes dont sont tenues lesdites successions, et en outre, moyennant la somme de 8,225 liv., à compte de laquelle a été présentement payé, par ledit maître Jean de la Fontaine, la somme de 6,400 liv., en louis d'or et d'argent, écus d'or et pistoles d'Espagne, et autres monnoies ayant cours, présents ledit notaire et témoings; et le surplus montant à la somme de 1,825 liv., ledit maître Jean de la Fontaine a promis, et s'est obligé de le payer audit maître Claude de la Fontaine, d'huy à quinze mois; c'est à savoir 225 liv. dans le premier jour de juillet, 800 liv. huit jours après, et 800 liv. dans les autres six mois. »

III.

Voyez t. Ier, p. 58.

Extrait de l'acte de vente, en date du 2 janvier 1676, de la maison de la Fontaine à Château-Thierry, à Antoine Pintrel.

« Par-devant notaires royaulx à Chasteau-Thierry, soubssignés, furent présents en personnes, *Jehan de la Fontaine,* gentilhomme servant de madame la duchesse d'Orléans, et damoiselle *Marie Héricart,* son épouse, séparée quant aux biens..., lesquels ont volontairement recognu avoir vendu à *Anthoine Pintrel,* gentilhomme de la grande vénerie du roi, et damoiselle *Marie Cousin,* son épouse, une maison couverte en thuiles, scize en la rue des Cordeliers dudit Chasteau-Thierry, cour devant, jardin derrière[1]..., tenant la to-

---

[1] Ici est dans l'acte une minutieuse description des lieux, qui n'est qu'une énumération de chambres, de caves, etc.

talité desdicts lieux, d'un costé auxdicts pères cordeliers, d'autre à la cour Buisson, d'un bout aux murailles de la ville, et d'autre à ladicte rue des Cordeliers, auxdicts vendeurs appartenant du propre dudict sieur de la Fontaine, par la succession de maître Charles de la Fontaine, son père..., et de tel droit et communauté que lesdicts sieur et damoiselle vendeurs ont en ladicte cour Buisson, et en une fontaine, venant desdicts pères cordeliers. Cette vente fait moyennant la somme de unze mil liv., savoir, quatre mil cinq cents liv., pour demeurer par lesdicts sieur et damoiselle vendeurs quittes vers ledict sieur et damoiselle achepteurs de pareille somme, qu'ils leur doibvent par contrat de constitution de rente passé pardevant Rimbert et Delaulne, notaires à Chasteau-Thierry, le disiesme de desembre, mil six cent cinquante-huit... Quant au par-dessus du dict prix, montant à six mil cinq cents liv., il a été payé..., auxdicts sieur et damoiselle vendeurs, la somme de cinq cents livres en louis d'or et écus d'argent...; et pour le restant, montant à six mil livres, lesdicts sieur et damoiselle Pintrel en ont présentement créé et constitué vers lesdicts sieur et damoiselle de la Fontaine vendeurs, par chacun an, la somme de trois cents livres de rente solidairement, l'un pour l'autre[1]..., à laquelle rente ladicte maison, jardin et lieux, sont spécialement, par privilège et préférence, hypothéquez...; et à ce faire et passer est intervenu en personne maître Claude de la Fontaine, ecclésiastique, demeurant à Nogent-l'Arthault, lequel a volontairement déclaré, et dé-

---

[1] Quatre jours après, le 6 janvier 1676, par acte passé devant les mêmes notaires, cette rente fut transportée, par la Fontaine, à Marie Héricart, sa femme, l'autorisant à en toucher le montant et à en donner quittance. Enfin, par un autre acte, en date du 9 novembre 1679, cette rente a été transportée de nouveau, par Marie Héricart et de la Fontaine, à Jacques Jannart, substitut du procureur général au parlement de Paris, pour s'acquitter envers lui de diverses sommes que la Fontaine et sa femme lui devaient et qui excédaient celle de 6,000 livres, mais qui ont été réduites à cette somme au moyen de la remise faite du surplus par ledit sieur Jannart.

clare qu'il ne prétend aucun droict ni hypothèque sur ladicte maison et lieux ci-dessus spécifiés, soit pour sa part ou autrement, comme en ayant transigé avec ledict sieur de la Fontaine, son frère..., même, pour plus grande seureté de ladicte acquisition, il s'oblige avec lesdicts sieur et damoiselle de la Fontaine, vendeurs, envers lesdicts sieur et damoiselle Pintrel, achepteurs. Fait et passé à Chasteau-Thierry, en la maison de Nicolas de Visinier[1], vétéran des gardes du roi, l'an mil six cent soixante seize, le second jour de janvier avant midy. »

Suivent les signatures, dans l'ordre ci-après :

DE LA FONTAINE, MARIE HÉRICART, CLAUDE DE LA FONTAINE, MARIE COUSIN, PINTREL; JOREL, DELAULNE, *ces deux derniers notaires.*

La minute de cet acte, et ceux dont il est fait mention dans les notes, se trouvaient, lorsqu'on en a tiré des copies, dans l'étude de Me Nusse, notaire à Château-Thierry.

IV.

Voyez t. Ier, p. 58.

Extrait d'une lettre de M. Nérac, de Château-Thierry, à M. du Temple, ex-maire de cette ville, en date du 19 décembre 1820, en réponse à diverses questions faites par l'auteur de cet ouvrage.

« La Fontaine avait eu de son père la maison rue des Cordeliers. Cette maison est celle appartenante à madame Tanevot, comme seule héritière de Masson; elle est tellement désignée

---

[1] Il est fait mention de Visinier dans une lettre de la Fontaine à Jannart, en date du 5 janvier 1658. Voyez les *Œuvres de la Fontaine*, in-8°, éd. 1823, t. VI, p. 476.

au contrat passé devant Delaulne, notaire, qu'il ne peut y avoir la moindre équivoque. La Fontaine n'a jamais eu d'autre maison. Ce qui a accrédité la version que la Fontaine a habité ou possédé la maison de mademoiselle Verreulx, c'est que sa maison a été vendue par un M. de la Fontaine, dit des Franquets, qui n'est pas même parent ni descendant de la famille de Jean de la Fontaine, et que M. Verreulx, alors doyen des avocats, avait fait construire un cabinet dans son jardin, servant à resserrer les bêches, les râteaux, et autres instruments de jardinage. S'étant amusé à faire peindre, dans l'intérieur de ce cabinet, divers animaux, tels qu'un chat, un chien, etc., par un nommé Lecerf, barbouilleur, il avait fait mettre au-dessus de la porte de ce cabinet l'inscription : *Cabinet de la Fontaine*. Voilà la plaisanterie qui a donné lieu à cette version. »

Nous avons trouvé dans les papiers des héritiers de madame Despotz une lettre de Ch. H. Nérac, substitut du procureur-syndic du district, en date du 15 juin 1792, l'an quatrième de la liberté, adressée à madame Despotz, *Grande Rue*, pour lui envoyer copie de la délibération de la commune de Château-Thierry, qui arrête que la *rue des Cordeliers* sera désormais appelée *rue Jean de la Fontaine*.

V.

Voyez t. Ier, p. 167 et 239.

Sur divers actes où il est fait mention de Jean de la Fontaine comme gentilhomme servant de la duchesse douairière d'Orléans.

Outre ceux que j'ai cités, j'en ai vu un assez grand nombre; mais les seuls dont j'ai gardé note sont :

« Le bail de la Trueiterie, passé, le 4 novembre 1686, par

Delaulne, notaire, entre Pierre Tignot, laboureur, et Marie Héricart, femme séparée, quant aux biens, de JEHAN DE LA FONTAINE, *gentilhomme servant de madame la duchesse douairière d'Orléans.* »

L'acte, en date du 28 août 1691, passé à Château-Thierry, par Leleu, notaire, « d'une constitution de 50 livres de rente, pour madame Dumesnil, faite par madame de la Fontaine, et son fils, celle-ci stipulant au nom de JEAN DE LA FONTAINE, *gentilhomme servant de madame la duchesse douairière d'Orléans*, et comme fondée de procuration de son mari Jean de la Fontaine et de son fils Charles de la Fontaine. »

A la vérité, dans l'acte du 2 janvier 1676, extrait ci-dessus, comme dans quelques autres actes, le mot *douairière* ne se trouve pas dans l'énonciation de cette qualité de gentilhomme servant de la duchesse d'Orléans; mais il est évident que c'est par omission ou par ignorance de la part de ceux qui ont dressé ces actes. Si la Fontaine avait été gentilhomme servant de la duchesse d'Orléans en titre, il ne se serait pas paré uniquement du titre de la charge qu'il avait remplie auprès de la douairière, longtemps après la mort de celle-ci; il aurait fait mention de ses deux titres, ou aurait préféré celui qui le rattachait à la maison du duc d'Orléans encore existant. D'ailleurs, malgré l'ode qu'il fit pour célébrer le mariage d'Henriette, rien ne prouve qu'il ait approché de sa personne, tandis que nous voyons, par plusieurs pièces en vers qui se trouvent dans ses *OEuvres*, et par la dédicace d'un de ses volumes au duc de Guise, qu'il était protégé par Marguerite et admis dans son intimité. (Voyez les *OEuvres de la Fontaine*, in-8°, édit. 1823, t. VI, p. 98, 265, 380.)

FIN DES PIÈCES JUSTIFICATIVES.

TABLE

DES PRINCIPALES MATIÈRES

RENFERMÉES DANS L'HISTOIRE DE LA VIE ET DES OUVRAGES
DE JEAN DE LA FONTAINE,

DISPOSÉES PAR ORDRE CHRONOLOGIQUE.

TOME II.

LIVRE QUATRIÈME.

Dates.	Age.		Pages.
1679	58	Réflexions sur l'art théâtral en France.	1
		Lulli engage la Fontaine à travailler pour le théâtre.	2
		Daphné, opéra.	2
		La Fontaine se brouille avec Lulli.	3
		Le Florentin, satire.	3
		Madame de Thianges réconcilie la Fontaine et Lulli.	4
		La Fontaine fait des vers pour Lulli.	4
		Épître à madame de Thianges.	5
		Déclin du crédit de madame de Montespan. . .	7
		Ses intrigues pour maintenir son pouvoir. . . .	7
		Paix de Nimègue. . . . . (t. I.)	323
1680	59	Louis XIV reçoit le nom de Grand . . . . (t. I.)	323
		Mademoiselle de Fontanges devient la maitresse	

Dates.	Age.		Pages.
1680	59	du roi...	9
		Quatrains pour un almanach donné à madame de Montespan par madame de Fontanges en 1680	10
		Épître à madame de Fontanges........	10
		Cette épître circule en manuscrit........	10
		Mariage du prince de Conti avec mademoiselle de Blois..................	10
		Mariage du Dauphin avec la princesse de Bavière.	10
		Mort de mademoiselle Vanghangel et de M. de la Sablière..................	44
1681	60	Mort de madame de Fontanges.........	44
		Louis XIV épouse madame de Maintenon. Cet événement ôte à la Fontaine tout appui à la cour....................	15
		La Fontaine publie, après la mort de Pintrel, son ami, la traduction des *Épîtres de Sénèque,* dont ce dernier était l'auteur.........	17
		Traductions en vers de divers poëtes anciens...	17
		Épitaphe du tombeau d'Homonée.........	17
		De Maucroix prend part aux querelles du clergé de France et de Louis XIV contre Innocent XI.	217
1682	61	Poëme du *Quinquina* et autres ouvrages en vers.	18
		Mort de l'abbé Cotin; la Fontaine se présente pour le remplacer à l'Académie.........	27
		Fable de *Jupiter et les deux Tonneaux*.....	18
		Histoire de la découverte du quinquina......	18
		Ce remède est mis à la mode en France.....	20
		La duchesse de Bouillon désire que la Fontaine écrive un poëme sur le quinquina......	20
		Il y souscrit à regret...............	20
		Il versifie le traité qu'avait publié son ami de Monginot..................	21
		Détails sur de Monginot.............	22
		La Fontaine loue Colbert.............	23
		Contes de *Belphégor* et de *la Matrone d'Ephèse*..	23
		Galathée..................	24

Dates	Age.		Pages.
1682	61	*Ballades sur la naissance du duc de Bourgogne.*	25
		Joie dans Paris au sujet de cet événement.	25
		Épigramme contre Colbert.	26
1683	62	Mort de Colbert.	26
		La Fontaine sollicite une place à l'Académie.	26
		Il est le concurrent de Boileau.	28
		Roze attaque la Fontaine dans l'Académie.	28
		Benserade le défend.	20
		La Fontaine est élu.	30
		Le roi n'accorde pas d'abord son consentement à sa nomination.	30
		Ballade pour le roi.	30
		Madame de Thianges intercède auprès du roi pour la Fontaine.	31
		Elle donne une fête au roi.	31
1684	63	Dédicace de l'opéra d'*Amadis*.	4
		Boileau est nommé à l'Académie, et le roi approuve sa nomination et celle de la Fontaine.	34
		Séance publique de l'Académie pour la réception de la Fontaine.	35
		Discours du récipiendaire.	35
		Réponse du directeur.	35
		Perrault lit une épitre chrétienne.	36
		Quinault, son poëme intitulé : *Sceaux*.	35
		Benserade, sa traduction du *Miserere*.	37
		La Fontaine, son *Discours à madame de la Sablière*.	37
		Changement opéré dans madame de la Sablière.	39
		De sa liaison avec le marquis de la Fare.	39
		Elle lui inspire une passion violente.	39
		Cette passion s'affaiblit.	40
		Elle en conçoit un chagrin profond, et se jette dans les bras de la religion.	41
		Récit de madame de Sévigné à ce sujet.	41
		La Fare prend du goût pour le jeu et pour la Champmeslé.	43

TABLE DES MATIÈRES.

Dates. Age. Pages.

1684	63	Autre cause de la conversion de madame de la Sablière.	44
		Le nouveau genre de vie de madame de la Sablière a des résultats fâcheux pour la Fontaine..	45
		La Fontaine avoue qu'il n'a pas le courage de l'imiter.	46
		Il cherche ailleurs des distractions qu'il ne trouvait plus chez elle.	46
		Séance publique de l'Académie française pour la réception de Boileau.	279
		La Fontaine lit la fable intitulée : *le Renard, le Loup et le Cheval*.	279
		Il est accueilli par les princes de Conti et de Vendôme.	47
		Le cynisme de leur société exerce sur la Fontaine une fâcheuse influence.	47
		Il rompt l'engagement qu'il avait pris.	48
		Jugement de Baillet à son sujet.	48
		Il met seulement plus de retenue dans ses nouveaux contes.	49
		La Fontaine aimait à défendre les jeunes femmes contre les attaques des femmes âgées.	49
		Détails sur madame Deshoulières.	50
		Elle attaque le temps présent dans une *épître* et dans une *ballade*.	51
		Diverses réponses lui sont adressées.	52
		Ballade en réponse à madame Deshoulières.	52
		Ballade contre l'amour.	53
		La Fontaine est intimement lié avec le comte de Fiesque.	55
		Réclamation du comte de Fiesque envers la république de Gênes.	55
		Louis XIV lui fait payer cent mille écus par cette république.	57
		Compliment au roi pour le comte de Fiesque.	57
		Détails sur le comte de Fiesque.	58

Dates.	Age		Pages.
1684	63	*Comparaison d'Alexandre et de César*, à M. le Prince.	93
		Mort de Raimond de la Fage.	110
		Louis XIV reçoit les ambassadeurs siamois.	5
		Ragotin, comédie.	58
1685	64	La Fontaine et l'abbé Tallemant sont élus pour les démarches qu'il convient de faire relativement au démêlé de l'Académie avec Furetière.	122
		Furetière est exclu de l'Académie.	122
		Le Florentin, comédie.	59
		Des pièces qui composent réellement le *Théâtre de la Fontaine*.	59
		Fragment d'*Achille*.	62
		Le roi donne une pension de 2,000 liv. à madame de la Sablière.	45
		Comparaison de la Fontaine et de Molière sous le rapport dramatique.	63
		Jugement de Chamfort à ce sujet.	63
		Ouvrages de prose et de poésie des sieurs de Maucroix et de la Fontaine.	64
		Amitié de F. de Maucroix et de la Fontaine.	65
		Jugement de Bayle sur ces nouveaux ouvrages de la Fontaine.	65
		Fable intitulée : *la Folie et l'Amour*.	66
		Conte intitulé : *le fleuve Scamandre*.	66
		Regrets de la Fontaine de ne pouvoir visiter la Troade.	67
		Philémon et Baucis, dédié au duc de Vendôme.	67
		Détails sur le duc de Vendôme, et sur son frère.	68
		Regrets touchants de la Fontaine.	69
		Réflexions à ce sujet.	70
		Les Filles de Minée.	70
		Une des aventures des filles de Minée est tirée d'une inscription.	71
		L'épitaphe du tombeau d'Homonée se trouve dans le même recueil.	71

Dates.	Age.		Pages.
1685	64	*Daphnis et Alcimadure*..	71
		Détails sur madame de la Mésangère..	71
		Fable intitulée : *le Renard anglois*.	73
		La Fontaine avait de grands admirateurs en Angleterre..	73
		On veut l'attirer dans ce pays.	73
		L'ambassadeur d'Angleterre et madame Harvey lui font des avances. . . . . : . .	73
		La Fontaine loue madame Harvey et la duchesse de Mazarin.	74
		Détails sur la duchesse de Mazarin et sur Saint-Evremond..	75
		Madame la duchesse de Mazarin chérissait la Fontaine et veut l'attirer à elle..	80
		La Fontaine ne peut se résoudre à quitter madame de la Sablière.	80
		Fable intitulée . *le Corbeau, la Gazelle, la Tortue et le Rat*.	81
		Éloge de madame de la Sablière..	82
		Elle lui conseille de dédier son nouveau recueil à de Harlay..	82
		Portrait de M. de Harlay.	82
		De Harlay se charge du fils de la Fontaine.. . .	83
		Dédicace à de Harlay.	83
		La Fontaine avoue que c'est madame de la Sablière qui lui a dit de la composer.	84
		La Fontaine ne s'inquiéta plus de son fils quand de Harlay s'en fut chargé.	84
		Distraction de la Fontaine relativement à son fils.	85
		Explication de ce fait.	85
		Autre anecdote relative à la Fontaine et à son fils.	86
		Réfutation de cette anecdote.	87
		Les distractions de la Fontaine augmentent avec l'âge, pour plusieurs raisons..	87
		Récit d'un dîner donné à la Fontaine par Bonaventure d'Argonne et ses amis.	88

Dates.	Age.		Pages.
1685	64	Trait de distraction et d'insouciance de la Fontaine dans un procès.	88
		Réponse naïve de la Fontaine, à un dîner chez le Verrier.	89
		Mot de madame de la Sablière sur la Fontaine.	90
		Contes et Nouvelles en vers; 2 vol. in-12, nouvelle édition faite en Hollande.	90
		Jugement de Bayle sur la Fontaine au sujet de cette édition de ses *Contes*	91

LIVRE CINQUIÈME.

		La Fontaine a composé plusieurs petits ouvrages de circonstance.	93
		Il en adresse un au prince de Conti.	93
		La Fontaine excuse dans les héros les fautes que l'amour fait commettre.	94
		Détails sur le grand Condé.	94
		Son amitié pour la Fontaine.	95
		Son goût pour les discussions.	95
		Mort du prince de Conti.	96
		Portrait du second prince de Conti.	96
		Il est aimé de la cour, de l'armée et du peuple.	97
		Louis XIV et madame de Maintenon sont jaloux de son mérite.	97
		Ce prince allait souvent chez sa belle-sœur.	98
		Causes de la disgrâce des deux princes de Conti.	98
		Le second prince de Conti se retire à l'Ile-Adam.	99
		Révocation de l'édit de Nantes, le 22 octobre 1685.	139
		Le roi ôte au chevalier de Sillery son régiment.	249
		Épître au prince de Conti.	100
1686	65	Lettre en prose et en vers à M. Simon de Troyes.	101

Dates.	Age.		Pages.
1686	65	De ce qui occupait le public à l'époque de cette lettre.	101
		Projets de Guillaume, prince d'Orange.	101
		Ligue d'Augsbourg.	102
		Du duc de la Feuillade.	102
		Il secourt Candie.	102
		Il fait construire la place des Victoires, et élève un monument à Louis XIV.	103
		Description de la maison de Perrault, l'architecte-médecin.	103
		On forme la place Vendôme.	104
		On commence la statue équestre en bronze de Louis XIV.	104
		La Fontaine va voir dans l'atelier de Desjardin la statue de Louis XIV.	105
		Jugement de la Fontaine sur Bayle et sur Leclerc.	107
		La Fontaine va au sermon.	108
		Naïveté de la Fontaine sur le prophète Baruch.	108
		La Fontaine respectait la religion.	109
		Sur l'avis de Boileau et de Racine, il supprime un de ses contes.	109
		Racine lui impose silence en lui citant un prétendu passage de l'Écriture.	110
		La Fontaine est lié avec le peintre Mignard.	110
		Des belles fresques de l'hôtel d'Hervart.	110
		Liaisons de la Fontaine avec Raimond de la Fage.	112
		Vers pour les portraits de Van der Bruggen.	112
		Vers pour le portrait de M. Bertin.	113
		Liaisons de la Fontaine avec des jésuites, le père Bouhours, le père Commire et l'abbé le Camus.	113
		Réponse en vers à la lettre de M. Girin de Grenoble.	114
		La Fontaine fait un dernier voyage à Château-Thierry.	115
		Lettre de la Fontaine à Racine.	115
		La Fontaine se réconcilie avec sa femme à la

Dates.	Age.		Pages.
		Ferté-Milon.............................	117
1686	65	Il lui passe une procuration générale.........	117
		Touchants égards de la Fontaine envers madame de la Sablière...........................	116
		De madame de la Fontaine et de son séjour à Château-Thierry........................	117
		Date de la mort de madame de la Fontaine....	117
		La Fontaine était aimé de tous ses collègues de l'Académie.............................	118
		Causes de la querelle de la Fontaine et de Furetière..................................	118
		Création de l'Académie française...........	118
		Craintes du parlement à ce sujet............	118
		Elles étaient fondées.......................	119
		Torts de l'Académie.......................	119
		Causes de la querelle de Furetière avec l'Académie...................................	120
		L'Académie exclut de son sein Furetière.....	122
		Un procès s'engage entre lui et l'Académie...	122
		Furetière écrit des libelles contre ses confrères, et meurt avant d'avoir vu paraître son dictionnaire...............................	122
		Ambassade de Siam.......................	4
		Prétendue distraction de la Fontaine relativement à l'expulsion de Furetière.................	122
		La Fontaine, comme membre du bureau, soutenait les droits de l'Académie contre Furetière.	122
		Il mettait cependant peu d'intérêt à ces querelles.	123
		Description d'une des séances de l'Académie, par Pavillon...............................	123
		Lâches calomnies de Furetière contre la Fontaine.	122
		Épigramme contre Furetière...............	124
		Sonnet en bouts rimés contre le même......	124
		Détails sur Dulot, inventeur des bouts rimés..	124
		Jugement que Furetière porte de la Fontaine dans son recueil de *Fables*.....................	127

TABLE DES MATIÈRES.

Dates.	Age.		Pages.
1686	65	Furetière et la Mothe se croyaient, dans la Fable, supérieurs à la Fontaine pour l'invention...	127
		Réponse de la Harpe à ce sujet, insuffisante...	127
		Peu de poëtes ont été aussi inventeurs que la Fontaine...	127
		Considérations sur ce qui constitue l'invention en poésie...	127
		Application de ces considérations à la Fontaine.	127
		Titre que la Fontaine donnait à son recueil de Fables...	130
		Mort du prince de Condé...	95
1687	66	Occasion de la querelle sur les anciens et les modernes...	130
		Séance de l'Académie française...	131
		Perrault y lit son poëme intitulé : *le Siècle de Louis le Grand*...	131
		Il allume une guerre littéraire dans l'Académie et sur le Parnasse...	131
		Colère de Boileau dans cette séance...	132
		Railleries de Racine...	132
		Épigramme de Perrault...	133
		La Fontaine se déclare en faveur des anciens..	133
		Épître à M. Huet...	133
		Éloge de la Fontaine par Perrault...	136
		— — par Voltaire...	136
		Mariage de mademoiselle de la Force avec le fils du président Briou...	210
		Liaisons avec François d'Usson, seigneur de Bonrepaux...	137
		Bonrepaux convertit des ouvriers utiles et les emmène en France...	138
		Épître à M. de Bonrepaux...	139
		La Bruyère et Fontenelle ont, comme la Fontaine, applaudi à la révocation de l'édit de Nantes.	140
		La Fontaine sollicite pour ses vers les bienfaits du roi...	141

Dates.	Age.		Pages.
1687	66	Motifs de madame de Maintenon pour éloigner la Fontaine de la cour.	141
		Madame la duchesse de Bouillon veut emmener la Fontaine en Angleterre.	142
		Les princes de Conti et de Vendôme et le duc de Bourgogne subviennent aux besoins de la Fontaine.	142
		Détails sur M. et madame d'Hervart.	143
		Amitié et soins touchants de M. et de madame d'Hervart pour la Fontaine.	143
		Effet que produit la société de madame d'Hervart sur la Fontaine.	144
		Chansons pour madame d'Hervart.	145
		Lettre de la Fontaine à M. de Bonrepaux.	145
		Regrets sur madame de la Sablière.	147
		Louanges de madame d'Hervart.	148
		Société habituelle de la Fontaine.	149
		Il orne sa chambre de bustes et de bas-reliefs.	149
		On faisait chez lui de la musique.	149
		Conseils donnés à la Fontaine.	151
		Ses résolutions.	151
		Portrait de Ninon de Lenclos.	151
		Motifs qui l'engageaient à ne point attirer la Fontaine chez elle.	155
		Jugement qu'elle porte sur lui.	157
		Son erreur à cet égard.	157
		Lettre à madame la duchesse de Bouillon.	157
		Descartes n'est pas le premier auteur du système sur l'âme des bêtes.	158
		Éloge de madame la duchesse de Bouillon.	159
		La Fontaine mêle son propre éloge à celui de Waller et de Saint-Évremond.	160
		Mort de Waller.	161
		Jugement de la Fontaine sur Jacques II.	162
		Singulière transition.	162
		Les duchesses de Mazarin et de Bouillon chargent	

TABLE DES MATIÈRES.

Dates. Age. Pages.

	Saint-Évremond de répondre à la Fontaine.	163
1687	66 *Réponse de Saint-Évremond*	163
	Saint-Évremond loue la morale de la Fontaine.	164
	Il lui annonce la mort de Waller, et fait l'éloge de la muse de la Fontaine.	163
	Autre lettre de la Fontaine à Saint-Évremond.	165
	Aveux de la Fontaine sur lui-même.	166
	On transportait alors les filles publiques dans les colonies.	167
	La Fontaine fait l'éloge de Waller.	167
	Portrait de Waller.	167
	La Fontaine s'avoue partout redevable à Marot, à Rabelais et à Voiture.	169
	La Fontaine commence à éprouver des infirmités qui l'empêchent d'écrire et de marcher.	169
	Lettre de la Fontaine au père Bouhours.	170
	La Fontaine n'avait pas encore renoncé aux femmes.	171
1688	67 La Fontaine passe la belle saison à Bois-le-Vicomte.	189
	Il y voit mademoiselle de Beaulieu.	189
	Distraction qu'elle lui cause.	189
	Lettre de la Fontaine à Vergier.	190
	Sur mademoiselle de Gouvernet et sur la marquise de Gouvernet.	191
	Réponse de Vergier à la Fontaine.	192
	Portrait de la Fontaine par Vergier.	192
	Vergier plaisante la Fontaine sur son éloignement pour sa femme.	192
	Vergier entre dans la marine.	193
	Lettres de la Fontaine adressées à madame Ulrich.	171
	Révolution dans les mœurs.	172
	Détails sur madame Ulrich.	174
	Son mariage.	174
	Ses liaisons avec Dancourt.	174
	— avec le financier Boulanger.	176

Dates.	Age.		Pages.
1688	67	Ses liaisons avec le marquis de Sablé, le duc de Ventadour et la duchesse de Choiseul-Praslin..................	176
		— avec la Fontaine............	176
		Elle compose la pièce intitulée : *la Folle enchère*.	175
		Amabilité de la Fontaine dans le tête à tête avec les femmes.................	178
		Madame Ulrich le subjugue et lui arrache de nouveaux vers, entre autres le conte intitulé : *les Quiproquo*................	181
		Détails sur mademoiselle Thérèse, fille de madame Ulrich.................	180
		Jugement de madame Ulrich sur les *Contes* de la Fontaine..................	182
		Derniers détails sur madame Ulrich.......	182
		Époque à laquelle eut lieu son intrigue avec la Fontaine.................	182
		Révolution en Angleterre...........	182
		Jacques II est détrôné, et le prince d'Orange est proclamé roi................	183
		Prise de Philisbourg.............	183
		Campagne du Dauphin sur le Rhin, et prises d'un grand nombre de places fortes.....	240
		Ballade sur le nom de Louis le Hardi.....	184
		Vers à la manière de Neuf-Germain sur la prise de Philisbourg.............	184
		Règles de ce genre de poésie.........	184
		Anecdote sur Neuf-Germain et le cardinal de Richelieu.................	184
		Mariage du prince de Conti avec mademoiselle de Bourbon..................	185
		Fable qui a pour titre : *le Roi, le Milan et le Chasseur*.................	185
		Épithalame pour mademoiselle de Bourbon et le prince de Conti.............	185
		Cet hymen ne fut pas heureux.........	186

27.

Dates.	Age.		Pages.
1688	67	Liaison du prince de Conti avec la duchesse du Maine, sa belle-sœur.	186
		Intrigue du prince de Conti pour s'emparer de l'esprit du Dauphin.	187
		Elle est découverte par le roi.	88
		La Coupe enchantée, comédie.	60
		Le Veau perdu, ou les Amours de campagne.	62
		Lettre de Vergier à madame d'Hervart.	193.
		Autre portrait de la Fontaine.	194
		Bontés de madame d'Hervart pour la Fontaine.	195
		Derniers détails sur mademoiselle de Beaulieu.	195
		Derniers détails sur Vergier.	196

LIVRE SIXIÈME.

1689	68	Détails sur la jeune douairière de Conti.	197
		Le Songe, adressé à la princesse de Conti.	199
		Mademoiselle de la Fontaine et mademoiselle Rolland.	198
		Du grand prieur de Vendôme, et de ses soupers du Temple.	200
		Lettre à S. A. S. Monseigneur le duc de Vendôme.	200
		Combat naval, à la hauteur de Dieppe, où M. de Tourville remporte une victoire sur les Anglais et les Hollandais réunis.	232
		Bon mot du chevalier de Sillery.	201
		Aveux de la Fontaine.	202
		Liaison de la Fontaine avec l'abbé de Chaulieu.	202
		Détails sur Chaulieu.	202
		Singuliers aveux de la Fontaine.	204
		Lettre au prince de Conti.	205
		Procès de mademoiselle de la Force avec le président Briou et son fils.	206

Dates.	Âge.		Pages.
1689	68	Silence des auteurs à ce sujet.	206
		De mademoiselle de la Force.	206
		Ses aventures avec le marquis de Nesle.	207
		— avec l'acteur Baron.	208
		— avec le fils du président Briou. . .	209
		Le jeune Briou veut épouser mademoiselle de la Force malgré son père.	209
		On enferme le jeune Briou.	209
		Mademoiselle de la Force s'introduit auprès de lui déguisée en ours. . . . . . :	209
		Le jeune Briou s'évade de la maison paternelle..	210
		Il conclut son mariage avec mademoiselle de la Force	210
		Les époux sont présentés au roi et bien accueillis. . . . . ·.	211
		Le président Briou veut faire casser ce mariage.	211
		Il fait des propositions à mademoiselle de la Force, qui les refuse.	212
		Le roi intervient, mais inutilement.	212
		Le président Briou fait incarcérer son fils à Saint-Lazare..	212
		Il le fait consentir à se joindre à lui pour demander la nullité de son mariage.	212
		Tous les parents de mademoiselle de la Force interviennent.	212
		La cause est plaidée et jugée..	213
		Arrêt du parlement qui casse le mariage. . . .	213
		Lettre au prince de Conti à ce sujet.	214
		Aveux de la Fontaine.	214
		Liaison de mademoiselle de la Force avec Hamilton.	216
		Derniers détails sur mademoiselle de la Force. .	216
		Seconde lettre au prince de Conti.	217
		Éloge de la princesse de Conti.	217
		Singulier reproche de la Fontaine contre Innocent XI.	217
		Mort d'Innocent XI, le 12 août 1689.	218

TABLE DES MATIÈRES.

Dates	Age		Pages
1689	68	Du jugement qu'on doit porter de ce pape.	218
		Fausse direction de l'opinion publique en France sur ce sujet.	219
		La Fontaine est entraîné par cette opinion et par celle de Maucroix qui prend part à ces querelles.	219
		Sentiments de Racine.	220
		Événements de la révolution d'Angleterre.	220
		Jacques II est trahi par toute sa famille.	221
		Des lords Halifax et Danby.	222
		Des bruits peu avantageux qui couraient sur Bentinck.	223
		Détails sur William Bentinck.	224
		Du siége de Londonderry.	226
		Dernière lettre de la Fontaine au prince de Conti.	227
		Novion vend sa charge à de Harlay.	227
		De Harlay cède la sienne à la Briffe.	227
		Pontchartrain succède à Pelletier.	228
		De Seignelay a entrée au conseil.	228
		Ottoboni est nommé pape.	228
		Détails sur Pontchartrain.	228
		Pourquoi il fut d'abord en disgrâce.	229
		Origine de son élévation.	230
		Son portrait par Saint-Simon.	230
		De Seignelay.	231
		Allusion de la Fontaine aux victoires navales remportées sous l'administration de Seignelay.	232
		De la Briffe.	233
1690	69	Mariage de madame de la Mésangère avec le comte de Nocé ou Noçay.	72
		La Fontaine se réjouit de l'élection d'Alexandre VIII.	233
		Fait des souhaits pour que le prince de Conti soit employé.	234
		Conti va faire la guerre comme simple volontaire.	234
		Victoire remportée par Catinat près de Staffarde.	239
		Victoire du duc de Luxembourg à Fleurus.	240

LIVRE VI.

Dates.	Age.		Pages.
1690	69	Campagne du Dauphin sur le Rhin.	241
		Le Dauphin reçoit l'ordre de revenir.	241
		Fable intitulée : *les Compagnons d'Ulysse*, dédiée au duc de Bourgogne.	241
		L'auteur du *Mercure galant* en fait l'éloge et publie deux autres fables de la Fontaine.	242
		Fable intitulée : *le Loup et le Renard*, d'après une fable en prose du duc de Bourgogne.	277
1691	70	Maladie du duc de Vendôme.	235
		Épître en vers de la Fontaine au duc de Vendôme.	235
		Détails sur Fieubet.	235
		Sa retraite.	235
		Résolution que prend la Fontaine.	237
		De Santoron et de Santena.	238
		Sentiment de la Fontaine sur Catinat et sur ses victoires.	240
		Seconde *Épître en vers de la Fontaine au duc de Vendôme*.	240
		Astrée, opéra de la Fontaine.	243
		La Fontaine n'était pas indifférent sur le succès de son opéra.	243
		Lettre de la Fontaine à mesdames d'Hervart, de Viriville et de Gouvernet.	243
		Colasse fit la musique d'*Astrée*.	246
		Détails sur Colasse.	246
		La Fontaine est en butte aux critiques au sujet de son opéra.	246
		Chanson de Saint-Gilles à ce sujet.	247
		Couplet épigrammatique contre l'opéra d'*Astrée*.	247
		Chanson de Linière contre l'opéra d'*Astrée*.	247
		Opinion de le Noble sur le même sujet.	248
		La Fontaine, dans le prologue de son opéra, loue Louis XIV sur ses projets de conquêtes.	248
		Ce passage du prologue déplaît au roi, et la Fontaine le supprime.	248
		Événements de la guerre.	250

Dates.	Age.		Pages.
1692	71	Bataille de Steinkerck, le 3 août 1692.	250
		Lettre de la Fontaine au chevalier de Sillery.	250
		Publication des lettres de la Fontaine à la duchesse de Bouillon et à Saint-Évremont par Claude Barbin.	250
		M. le duc de Bourbon fait des dons à la Fontaine, et montre sa valeur au combat de Steinkerque.	251
		Louis XIV n'aimait pas qu'on parlât politique.	252
		Liaison de la Fontaine avec l'abbé de Sillery.	253
		La Fontaine est atteint d'une maladie violente.	253
		La Fontaine revient aux idées religieuses	254
		Racine et madame de la Sablière exhortent la Fontaine à se convertir.	255
		Le curé de Saint-Roch lui envoie Pouget, son vicaire.	255
		Le père de Pouget était lié avec la Fontaine.	256
		Entretien de la Fontaine et de Pouget sur la religion.	256
		Nouveaux entretiens de Pouget et de la Fontaine.	257
		Jugement que portait sur la Fontaine la garde qui le soignait.	258
		La Fontaine, converti, veut se confesser, mais à Pouget seul.	258
		Pouget n'y consent qu'à deux conditions.	259
		Naïveté plaisante de la Fontaine.	260
		La Fontaine accepte une des conditions proposées par le père Pouget, mais il fait de la résistance pour l'autre.	261
		Il demande pour arbitres des docteurs de Sorbonne, qui condamnent son sentiment.	261
		Il se soumet, et brûle une comédie qu'il avait composée.	261
		Il se confesse.	261
1693	72	Il reçoit le saint sacrement, le 12 février 1693.	262
		Il demande pardon à Dieu de ses *Contes*, en présence des membres de l'Académie et de plu-	

LIVRE VI.

Dates.	Age.		Pages.
		sieurs personnages illustres.	262
1693	72	L'abbé de Tallemant et madame Deshoulières demandent aussi Pouget pour se confesser. .	262
		Mort de madame de la Sablière.	263
		Mort de Pellisson.	263
		Le bruit court que la Fontaine est mort. . . .	263
		Quatrain sur la Fontaine et Pellisson.	263
		La Fontaine sort de la maison de madame de la Sablière.	263
		M. d'Hervart lui offre un asile.	264
		Réponse touchante de la Fontaine.	264
		Soins de M. et de madame d'Hervart pour la Fontaine.	264
		La Fontaine devient très-négligé dans ses habillements.	265
		Le poëte Gacon adresse trois épitres en vers à la Fontaine.	265
		Il veut l'engager à composer de nouveaux contes.	265
		La Fontaine persévère dans sa conversion, et se soumet par pénitence à des rigueurs qu'il cache à ses amis.	266
		Vers de Louis Racine sur la Fontaine.	266
		La Fontaine, après sa conversion, n'a plus composé de contes.	267
		Dans le même temps est publié *le Contrat*, conte de Saint-Gilles.	193
		Ce conte a été faussement attribué à la Fontaine.	267
		Il est de Saint-Gilles, qui a réclamé contre cette erreur.	267
		Des imitateurs de la Fontaine de son vivant. . .	268
		De Pierre de Saint-Glas.	270
		De Sénecé et de Vergier.	270
		De Saint-Gilles.	270
		Le Conte intitulé *les Quiproquo* a été composé avant la conversion de la Fontaine.	271
		La Fontaine renonce au profit d'une édition de	

Dates.	Age.		Pages.
		ses *Contes* qu'on faisait en Hollande..	271
1693	72	Il rompt toute liaison avec ses éditeurs de Hollande et avec madame Ulrich..	272
		Représentation de *Je vous prends sans vert*, comédie..	60
		Opinions des contemporains sur la sincérité de la conversion de la Fontaine..	272
		Quatrain de Teissier à ce sujet..	272
		Réception de la Bruyère à l'Académie française, le 15 juin 1693..	272
		La Fontaine fait lire par l'abbé de la Vau la paraphrase de la prose des Morts *Dies iræ*..	273
		Hommage public rendu à la Fontaine par la Bruyère..	273
		Le duc de Bourgogne, encore enfant, devient le bienfaiteur de la Fontaine..	274
		Victoire de Nerwinde, le 29 juillet 1693..	280
		Louis XIV offre la paix à des conditions trop dures..	280
1694	73	*Fables choisies mises en vers*, cinquième partie..	274
		Ce nouveau recueil est imprimé deux fois dans la même année..	274
		Il contient peu de fables nouvelles..	274
		En y joignant *Belphégor*, la Fontaine en a retranché le prologue..	275
		Il supprime aussi des vers sur l'amour dans la fable 15 du livre XII..	275
		Plusieurs fables de ce recueil sont dédiées au duc de Bourgogne..	276
		Le recueil entier est aussi dédié au duc de Bourgogne..	276
		Fable intitulée : *le Vieux Chat et la jeune Souris*, dédiée au duc de Bourgogne..	276
		La Fontaine travaillait avec soin ses ouvrages ; il a refait la fable intitulée : *le Renard, les Mouches et le Hérisson*..	277

Dates.	Age.		Pages.
1694	73	Il écrivait d'une manière très-nette et ponctuait avec beaucoup de soin.	278
		Sa facilité apparente était le résultat du travail.	278
		Dédicace en prose de cette cinquième partie au duc de Bourgogne.	279
		La Fontaine lisait bien ses vers.	279
		Jugement de Voltaire sur ce qu'on nommait l'instinct de la Fontaine.	279
		Louanges données à Louis XIV sur sa modération et sur ce qu'il s'occupe à conclure la paix.	280
		La Fontaine avoue que son génie décline.	280
		On ne s'en aperçoit pas dans la dernière fable de ce recueil, *le Juge arbitre, l'Hospitalier et le Solitaire.*	281
		Le cinquième volume des fables que la Fontaine a publié n'est pas inférieur aux quatre autres.	231
		Mort de Fieubet, le 9 novembre 1694, à soixante-huit ans.	239
		Lettre de la Fontaine à de Maucroix, 26 octobre 1694.	282
		Il ne nous reste rien des hymnes et des psaumes que la Fontaine avait traduits ou imités : cette perte est peu regrettable.	283
		Les forces de la Fontaine s'affaiblissent.	285
1695	74	*Billet de la Fontaine à de Maucroix,* 10 février 1695.	285
		Ce billet prouve que sa conversion était sincère.	285
		Réponse de F. de Maucroix à la Fontaine, le 14 février 1695.	286
		Racine assiste la Fontaine dans ses derniers moments.	287
		Mort de la Fontaine, le 13 avril 1695.	287
		Éloge de la Fontaine par Fénelon.	288

FIN DE LA TABLE DU SECOND VOLUME.

TABLE

DES PIÈCES JUSTIFICATIVES.

Pages

I. Généalogie de la Fontaine et de ses descendants. . . . 291
II. Extraits de divers actes passés entre Jean de la Fontaine et Claude de la Fontaine son frère. 295
III. Extrait de l'acte de vente, en date du 2 janvier 1676, de la maison de la Fontaine à Château-Thierry, à Antoine Pintrel. 299
IV. Extrait d'une lettre de M. Nérac de Château Thierry à M. du Temple, ex-maire de cette ville, en date du 19 décembre 1820, en réponse à diverses questions faites par l'auteur. 301
V. Sur divers actes où il est fait mention de Jean de la Fontaine comme gentilhomme servant de la duchesse douairière d'Orléans. 302

FIN DE LA TABLE DES PIÈCES JUSTIFICATIVES

www.ingramcontent.com/pod-product-compliance
Lightning Source LLC
Chambersburg PA
CBHW060628170426
43199CB00012B/1476